致广大而尽精微
普惠金融中国实践案例

李焰 王琳 主编

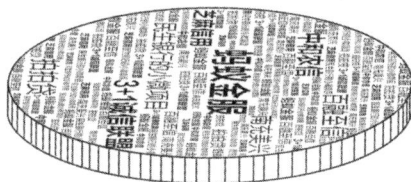

中国人民大学出版社
·北京·

序言

"致广大而尽精微",取自老子《礼记·中庸》中"君子尊德性而道问学,致广大而尽精微,极高明而道中庸"一句。尽管原意是劝诫君子做人治学的道理,但用于本书,依然十分合意。

金融是现代经济社会生活中一个重要内容,如同柴米油盐。下至黎民百姓,上至国家决策者,无不视其为不可或缺的存在。不知从何时开始,金融吸引了众多精英人才,大量优秀学子蜂拥而至,社会优秀的人才纷纷跻身金融街,成为光鲜靓丽族群中的一员。金融行业在众多聪明大脑的辛勤耕耘下,创新产品层出不穷,风生水起,获利丰厚——2008 年金融危机前"美国企业的利润约一半进了华尔街"[①]。

当人们盛赞繁花似锦的金融业引起社会资源源源不断地流向实业企业、个人时,会发现金融业总会出些"不大不小"的差错,比如将过多的资源引入住房抵押贷款领域,导致美国爆发由次级债危机引发的全球金融危机和经济波动;有过多的资金进入房地产,助推中国房价一路高走,房市若高悬的"黄河",令所有国人担心一夜之间"黄河"决堤冲毁毕生积累的财富。这些现象,都可以用"过度金融"进行大致概括,也就是说,将过多金融供给提供给没有对等需求的行业(领域)将导致金融泡沫。

---

① 斯蒂格利茨. 不平等的代价. 北京:机械工业出版社,2012.

当金融大河浩浩荡荡涌向本已资源充沛的土地时，还有一片土地因缺少"金融之水"的滋润而贫瘠。金融贫瘠之地包括一些偏远地区的人群、低收入群体、中小微企业。这类企业和个人由于诸多原因，被传统金融不同程度地"忽略"，其表现为金融服务供给不足，例如，少数人群无法获得基础的账户服务，从而无法获得相应的支付、存款服务，中小微企业和个体户相对普遍地存在信贷资金供给不足问题。如果排除掉由于违约风险高而被金融机构拒绝的客户，还存在很大一部分有很好信用和真实还贷能力者，因为种种原因被传统金融机构拒之门外。

所以，金融服务存在供求不对等的结构性供求失衡。导致金融结构失衡的原因是复杂的，解决这个问题需要社会各界共同努力，包括政府、非营利组织和商业性机构。2006 年联合国提出普惠金融（financial inclusion）的概念，其目的也是整合社会各类资源，形成金融服务的均衡效果，解决金融对部分人群的服务贫瘠问题。

但是，理想的丰满与实践的骨感相遇，总会产生无尽的问题和困惑。比如，对低收入群体和中小微企业提供金融服务，需要有区别于大型金融服务的操作技术和流程，有特殊的风控手段，有不同的组织机构设置和激励机制，以适应微型金融的特殊性。传统大型金融机构如果做这个业务，就必须完成业务组织的变革，如果不做，什么力量会驱使它们从事小微金融业务？专门从事小微金融的组织，同样面临边际成本高的挑战。对它们来说，如果提高利率以求覆盖成本并有一定收益，势必提高客户的成本负担，并引发道德与社会责任的争议，但不提高利率，就必须付出财务不可持续的代价，怎么办？小微金融领域中不同细分层次有不同的风险收益特点，某些细分市场可能有很大的盈利潜力，吸引大量逐利的金融机构涌入，为这个客户群体提供过度金融，从而导致灾难（如 2008 年美国的次级债危机、2010 年印度安德拉邦的微型信贷债务危机）。于是，看似为弱者服务的金融却反而伤害了这个群体。如何避免这个问题出现？

普惠金融，看起来是一个复杂的系统工程，它涉及被传统金融忽略的群体、提供小微金融服务的金融组织和社会团体、维护社会稳定和谐发展的政府部门等相关利益主体，涉及特殊的金融服务技术和方法，涉及法律法规的引导和规范。但无论怎样，这种多维度的系统建设的最终目的，是使一部分被忽略的群体得到应得的金融服务。在这个复杂系统建设中，我们看到：

第一，商业力量和公益力量汇聚，共同服务于多层级的客户群体，但细观之可以发现，二者进入的客户层级不一样：商业力量在盈利动机驱动下，自然涌入有较好收益的客户市场，表现为对微型企业、部分中小企业和消费者个人的热情服务；公益力量在服务社会理念驱动下，自然进入商业力量不愿进入的领域，表现为对贫困群体热情服务；至于商业力量和公益力量不愿进入、无力进入，或者进入不够的客户领域，则需要政府的扶助参与。各路神仙在普惠金融实践中究竟积累了怎样成功与失败的经验？哪些模式是值得在特定群体中推广的？

第二，政府部门在普惠金融体系建设中承担了双重角色：扶植与监管——既要设法促进普惠金融体系建设，又必须要有监管；不仅要有适度的直接参与，更要引导市场力量参与。如何扮演正确的角色，是一个挑战。政府该做什么？在中国现有金融环境下最应该做什么？

第三，大数据、互联网、云计算、人工智能推动的信息革命极大地影响到金融领域。以互联网为运作平台的数字金融极大地降低了小微金融的边际成本，在便捷、低成本、可触达等多个方面远远超过传统金融，为小额分散但大量的微型金融带来了巨大的技术红利。以至于从服务对象看，这种依托于数字技术的数字金融基本等同于数字普惠金融。中国拥有世界近五分之一的庞大人口，有竞争不充分和存在结构缺陷的金融体系，也有相对不完善的金融监管体系，这些因素的组合，为数字金融在中国异军突起创造了天时地利人和。从 2012 年开始，数字金融在中国快速发展，不仅如洪水般冲击传统金融领域，而且无论规模还是创新都远远走在世界前列。中国的数字普惠金融有哪些实践？数字金融机构一路走来经历了怎样的艰辛和坎坷？它对传统金融有哪些冲击和影响？

面对普惠金融这样一个宏大、复杂的系统工程，有无数问题需要人们面对，也有日新月异的创新实践不断提出解决方案。在这样一个企业家、政府、客户多方互动的过程中，形成了许多鲜活的案例，这些蕴含从业者无限创造力的案例无论成功还是失败，均有值得人们深思和提炼的商业逻辑与道德逻辑。观之，思之，总结出其中规律性的内容，对于推动普惠金融实践以及金融理论研究，都会有一定的价值，这就是我们编写此书的初衷。

本书的案例集多位案例研究者的研究成果而成。感谢作者许华岑、罗煜、王琳、施佳宏、周琳、曾恋云、张迎新、陈新宇、琚聪怡、李洋锐、王佐、佟文昭、苏剑晓、唐语勤、王朴宁、孙宝的付出，感谢点评人陈岩、张宁、李存刚、宋华、王君、毛基业的精彩点评，感谢中国人民大学出版社费小琳、崔毅编辑对本书编辑提出的极有价值的建议，感谢陈岩对本书书名提出的极富想象力的建议，感谢王琳对编辑此书付出的辛勤努力，感谢国家自然科学研究基金（项目号71272150）和国家社会科学研究基金（项目号 15AZD012）对此研究的资助。

最后，希望我们的观察和思考，能够对社会实践者、政策制定者、行业监管者、学术研究者有所启迪，使普惠金融的事业真正能够"致广大而尽精微"。

李焰
2017 年 9 月于北京

目录

Financial Inclusion

微型金融篇

中小企业融资篇

数字普惠金融篇

信用篇

微型金融篇

　　微型金融（microfinance）起源于微型贷款（micro loan），主要是为被传统金融机构排斥的个人和微型企业提供信贷。进入 20 世纪 70 年代，尤其在以帮助农村贫困妇女实现自我发展的孟加拉乡村银行及其创建者被授予诺贝尔和平奖后，微型贷款被越来越多地赋予帮助弱小群体实现自我发展和财务自由的工具性质。随着对这类群体提供诸如账户、储蓄、小额信贷等多类金融服务的拓展，微型贷款改名为微型金融。但是，其服务弱势群体、使每个人都能享受现代金融服务的理念始终如一。

　　本篇案例内容对我国微型金融实践进行专门讨论。

1

Financial Inclusion

微型金融可以实现社会绩效与财务绩效双重目标吗？

——对南充美兴的考察[①]

许华岑[②]

---

① 本案例执笔人为许华岑。调研小组成员为许华岑、王亚镭。本报告根据现场收集资料、访谈记录等整理而成，未经南充美兴小额贷款有限责任公司审定。

② 美国马里兰大学研究助理，联系邮箱：brinxu@terpmail. umd. edu。

摘要：服务弱势群体的社会目标与财务盈利的商业目标往往难以兼顾，成为困扰 MFIs（Microfinance Institutions）发展的重大问题。中国首家全外资小额贷款公司——南充美兴小额贷款公司（以下简称"南充美兴"）通过实施社会绩效管理瞄准社会目标。同时，在资源约束的条件下，通过平衡服务深度和服务广度，生产效率和管理效率，在有效控制经营成本的前提下，以利率为杠杆获取财务盈利，实现财务目标，从而构建了兼顾双重目标的内在机制。南充美兴的成功经营为 MFIs 兼顾双重目标提供了宝贵经验。

微型金融是一种重要的扶贫工具，联合国曾将 2005 年作为"小额信贷年"对这一概念在全球予以推广，2006 年孟加拉乡村银行创始人尤努斯（Yunus）博士则因为在减贫领域的突出贡献而获得诺贝尔和平奖。1994 年，中国引入微型金融，迄今，不仅中国农业银行、邮政储蓄银行、农村信用社、国家开发银行等正规金融机构积极开展小额信贷业务，还逐步建立了村镇银行、小额贷款公司等专营小额信贷业务的机构，微型金融已经成为缓解弱势群体融资难题的根本力量（何广文等，2009）。然而，近年来随着农村金融市场化改革的推进，包括村镇银行、小额贷款公司在内的各类 MFIs "偏离三农""垒大户""嫌贫爱富"等现象日益突出，服务弱势群体的社会目标与财务盈利的商业目标难以兼顾，成为困扰 MFIs 发展的重大问题。

为此，本案例以中国首家全外资小额贷款公司——南充美兴为例，探讨 MFIs 如何兼顾双重目标的问题。下文拟分三条主线展开：南充美兴双重目标实现情况，南充美兴如何平衡双重目标，以及社会绩效在其中的作用。

一、双重目标实现情况

（一）衡量标准

在微型金融发展早期，扩大对弱势群体的覆盖面（outreach）是其主要目标，随后，财务可持续能力（financial sustainability）变得越来越重要，MFIs 的目标开始变得多元，最终在国际范围内形成了一个相对一致的观点，即认为 MFIs 具有覆盖弱势群体和财务可持续的双重目标（double bottom line）（张正平，2011）。

关于双重目标实现情况的衡量标准，不同学者看法不同。其中较有代表性的有：Yaron（1992）提出以补贴依赖指数（SDI）作为衡量指标，Morduch（1999）则提出以操作可持续比例（OSR）和经济可持续比例（ESR）作为衡量指标。国际知名的微型金融信息交换机构（Microfinance Information Exchange）指出，实践中多综合总资产收益率（ROA）、净资产收益率（ROE）、经营可持续（OSS）[1]、财务可持续（FSS）[2]等指标衡量 MFIs 的财务可持续能力。张正平（2013）综合上述

---

[1] OSS = OI/（OF + FC + LC），其中，OI 为年经营收入，OF 为年经营费用，FC 为年财务支出，LC 为贷款损失准备金。如果 OSS 大于 1，则表明该机构具备"经营可持续能力"。

[2] FSS = OI/（OF + FC + LC + CC），其中，OI 为年运营收入，OF 为年经营费用，FC 为年财务支出，LC 为贷款损失准备金，CC 为资本成本。如果 FSS 大于 1，则表明该机构具备"财务可持续能力"。

观点，采用经营可持续和财务可持续两大指标体系，并细化成七个指标，以衡量双重目标实现情况（见表1-1）。本文参照张正平的观点。

表1-1　　小额信贷机构双重目标实现情况衡量指标和衡量内容

目标	衡量指标	衡量内容
对弱势群体的覆盖面	活跃贷款户	服务广度
	总贷款额	服务广度
	人均贷款额/人均 GNI	服务深度
财务可持续能力	活跃客户数/信贷员数	生产效率
	（人均贷款成本 + 贷款损失预提费用）/总贷款额	管理效率
	OSS＝经营收入／调整后经营费用	经营可持续能力
	ROE ＝ 经营利润／平均净资产	盈利能力

注：1. 活跃贷款户为"Active Borrowers"的翻译，GNI 为国民总收入。
2. 由于相关数据难以获得，这里以 ROE 作为 FSS 的替代指标，以此衡量财务可持续能力。下同。
资料来源：张正平，2013。

（二）衡量结果

南充美兴是中国首家外资小额贷款公司，由法国美兴集团、世界银行国际金融公司和德国复兴信贷银行共同投资设立。公司性质为非金融机构，不吸收公众存款，主要经营小额贷款业务。定位的是金融体系最末端市场，服务的是社会最底层群众。自 2007 年开业以来，南充美兴旨在帮助无法从传统金融途径获得金融服务的弱势群体，坚持发放小额信用贷款，坚持服务"三农"客户，坚持普惠金融的推广，坚持践行企业社会责任。截至 2014 年年底，贷款余额 47 531.47亿元，活跃贷款客户 15 135 户，权益收益率 12.15％，保持良好的经营态势。同时，继 2014 年 8 月开设第一家分公司——达州分公司后，目前正在筹建巴中、遂宁分公司。达州分公司已经于 2015 年 1 月实现盈利，验证了南充美兴微贷模式的可复制性。南充美兴双重目标实现衡量指标情况见表1-2。

表 1 - 2　　　　　南充美兴双重目标实现衡量指标

	2007.12	2008.12	2009.12	2010.12	2011.12	2012.12	2013.12	2014.12
活跃贷款户数（户）	—	1 908	3 293	5 580	6 311	9 181	11 771	15 135
贷款余额（万元）	323.08	1 761.46	6 049.80	13 318.48	20 084.59	24 646.69	35 991.04	47 531.47
人均贷款额/人均 GNI（%）	91.09	224.01	411.73	464.36	519.28	383.45	387.28	356.75
生产效率（户）	—	62	94	103	103	145	149	139
管理效率（%）	—	13.27	12.40	9.92	9.55	9.52	7.88	10.58
ROE（%）	−63.82	4.27	3.11	6.20	9.60	13.48	13.26	12.15

资料来源：南充美兴历年审计报告。

从覆盖面看：2007—2014 年，南充美兴的贷款余额逐年持续增加，从 2007 年的 323.08 万元增加到 2014 年的 47 531.47 万元，增加了 146 倍；活跃客户数量同样逐年增加，从初期的 1 000 余户扩展到 2014 年的 1.5 万余户，增加了 14 倍；人均贷款额/人均 GNI 在 2007—2011 年逐年增加，随后虽然有所下降，但均保持在平稳水平。从这三个指标来看，南充美兴成立至今，对弱势群体的服务广度持续扩大，服务深度也有所提高。

从财务可持续性看：南充美兴的生产效率呈上升趋势，有效客户数从成立初期的 62 个增加到 2014 年的 139 个；管理效率在 10% 左右波动，近年呈上升趋势；ROE 逐年上升，2011 年后均保持在 10% 以上。从这三个指标来看，南充美兴实现了财务可持续，且其可持续能力有不断提高的趋势。

可见，南充美兴的覆盖面和财务可持续性均有所提高，双重目标得以较好兼顾。近年来，南充美兴的成功经营吸引了众多同行的考察学习以及海内外多家银行及投资机构的合作兴趣。蝉联 2011 年、

2012 年、2013 年"中国小额贷款公司竞争力 100 强";2010 年、2011 年、2013 年获"中国小额信贷机构最佳社会责任奖"等奖项,在微型金融行业享有广泛的知名度和美誉度。

二、如何锚定社会绩效目标?

对于 MFIs 来说,扩大对弱势群体的覆盖面是其与生俱来的使命;相比之下财务可持续能力更像一种约束(Robert S. Kaplan,2013)。MFIs 通过实施社会绩效管理以瞄准覆盖弱势群体的社会目标,履行社会责任,逐渐成为新共识(孙正平,2011)。

那么,南充美兴是如何实施社会绩效管理的?南充美兴的社会绩效管理始于 2010 年 11 月,旨在通过实际行动,以符合社会普遍价值观的方式体现扶持弱势群体的社会使命。围绕社会使命,南充美兴将社会绩效管理的目标群体扩大到客户、股东、员工、社区、环境这五大群体,通过客户服务、员工发展、环境保护、社区互动、投资者关系五个构面的内容,将各利益相关方都纳入社会绩效管理体系中,以有效瞄准社会使命,避免出现目标偏移(见图 1-1)。

南充美兴不仅提出上述理念,而且将其落实到日常管理中。具体做法有:第一,成立了专门的社会绩效管理部门,针对社会绩效目标设置流程,将其转化为实际行动。第二,通过会议、培训、宣传等途径,使公司使命为全体员工所熟知。我们发现上至总经理,下至普通员工,都能够结合自身岗位职责,非常清晰地阐述公司使命和社会绩效的内容和要求。第三,为保证社会绩效管理的落地实施,设置社会绩效细化指标(见表 1-3)并进行分析,检测各流程的实施效果。

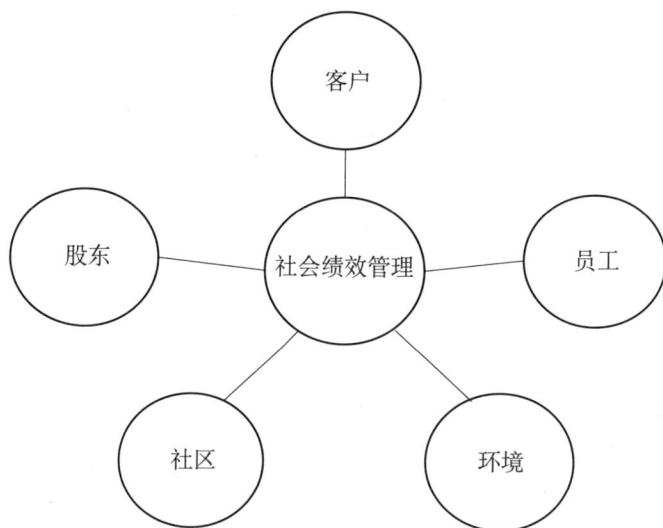

图 1-1　南充美兴绩效管理的五个利益相关者

资料来源：南充美兴社会责任章程（员工手册）。

表 1-3　　　　　　　　**南充美兴社会绩效指标及分解**

	指标名称	指标定义	考核方式
客户	贷款发放速度	贷款在 3 天之内发放的比例	定量
	续贷率	贷款在不同期间内续贷的比例	定量
	产品使用率	客户使用不同产品数量的比例	定量
	普惠金融占比	新增客户在与美兴合作之前从未在其他金融机构贷款的比例	定量
	非银行客户占比	客户在与美兴合作之前从未与其他金融机构有过合作的比例	定量
社区	客户营业额增长	客户在美兴贷款期间的营业额增加了 25% 的比例	定量
	客户所雇员工的增长	客户在美兴贷款期间所雇用的员工增加了 10% 的比例	定量
员工	员工培训率	员工在过去的 12 个月之内接受过培训的比例	定量
	员工离职率	员工在过去的 12 个月之间离职的比例	定量
环境	环境影响	贷款对环境产生影响的比例	定量
	股东	以季度为单位报送股东社会绩效报告	定性

资料来源：南充美兴社会绩效报告。

2014 年 5 月，国际评级公司沛丰评级公司（Planet Rating）对南充美兴的社会目标实现情况进行评价，最终评定为4－（最高为5＋，但目前还未有公司取得5＋），这是其在中国公司中颁发的最高评价等级，充分肯定了南充美兴的社会目标实现情况。

三、如何平衡双重目标?

尽管实施社会绩效管理有助于瞄准社会目标，但在实践中，基于制度性缺陷或经济利益诱致等因素，一些MFIs仍然会经常出现过度关注财务目标而偏离社会目标的现象。中国的监管制度规定小额贷款公司不得吸收公众存款。因此，小额贷款公司的资金主要来源于自有资金。在这样的信贷资源约束下，服务深度和服务广度的平衡问题尤为突出。

那么，南充美兴是如何兼顾双重目标的? 我们发现，南充美兴构建了兼顾双重目标的内在机制（见图1－2）。一方面，在信贷资源约束的情况下，通过平衡服务深度（人均贷款额/人均GNI）和服务广度（活跃贷款户），不断提高扶持弱势群体的覆盖面，实现社会目标。另一方面，在人力资源约束的情况下，通过平衡生产效率（活跃客户

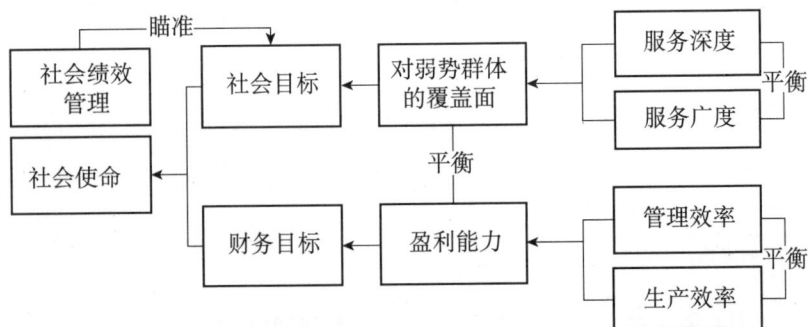

图1－2　南充美兴双重目标平衡机制

数/信贷员数）和管理效率 ［（人均贷款成本＋贷款损失预提费用）/总贷款额］，在有效控制经营成本的前提下，以利率为杠杆获取财务盈利，实现财务目标。平衡，可谓是其中的关键要素。

（一）服务深度和服务广度的平衡

作为无法吸收公众存款的小额贷款公司，如果在有限的资本金内过分逐利，必然会偏离公司最初的价值目标和市场定位。南充美兴的经验主要有：

一是平衡信贷额度配给。一方面，南充美兴在贷款限额内（信用最高限额 50 万元），按照贷款额度对客户进行分层管理（5 万元之内为微型贷款，5 万至 15 万元以内为小型贷款，15 万元以上为中小型贷款）。根据放贷笔数而非额度对员工进行绩效考核。在总额度上设定一个"大额贷款"上限，即每月单笔超过 10 万元的贷款不能超过总贷款余额的 25％，以此制止员工过分逐利的冲动，鼓励员工拓展客户数量。

另一方面，南充美兴加入"斯玛特客户保护认证"（Smart Campaign)、"微型金融客户保护联合行动原则"，根据客户在南充美兴的信贷历史记录给予评级（由高到低分为 AA、A、B、C、D 五个等级），根据客户的评级结果和实际需求，逐步调整授信额度，避免客户过度负债。这样，短期内可能无法体现效益，但是伴随着客户跟公司一起成长起来，长期效益就体现出来了：南充美兴的客户续贷率接近 50％；续贷客户中 70％的客户较上次增加了信贷额度。正是凭着这样的"投资"眼光，南充美兴以"慢"换"快"，不断拓展客户广度，夯实客户规模（见图 1-3）。

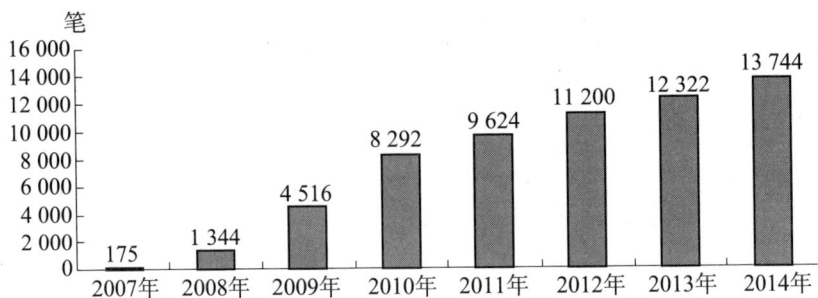

图 1-3 历年发放贷款笔数情况

资料来源：南充美兴社会服务报告（2014 年）。

二是平衡信贷产品类型。虽然南充美兴的主要信贷产品"美商贷""美易贷"已经能够满足大部分目标客户的需求，但为进一步扩大服务范围，在此基础上又推出了"装修贷款""货运贷款""创业贷款""助学贷款""环保贷款"等产品。比如，南充美兴经营范围主要在南充三区六县，这些地区大部分属于城乡接合部。随着地方新农村建设，不少征地农民虽然得到政府补偿的新房，但因为没有一技之长难以找到工作，有陷入贫困的威胁。为此，南充美兴适时推出"创业贷款"，重点支持这部分客户，以此帮助客户及家人将本可能沉没的人力资本与货币资金结合起来快速改变其贫困状况，取得了良好的扶贫效果。2015 年年初，南充美兴进一步推出"环保贷款"，重在支持建设沼气池、购买太阳能热水器或从事其他节能减排和环境保护的项目。

此外，南充美兴设置伤残贷款指标（约占信贷总额的 0.5%），专门用于鼓励信贷人员拓展长期被传统金融排斥在外的伤残客户，提高对弱势群体的覆盖面。

三是平衡信贷环境效益。南充美兴注重贷款的环境效益，坚决拒绝世界银行国际金融公司的《限制清单》中涉及的行业（见表1-4），并根据贷款的环境影响分为 A、B、C 三个等级。A 类为严重不良影响，B 类为中等不良影响，C 类为对环境影响较小或无不良影响。截至目前，发放贷款中 B 类和 C 类的占比达 95％以上。贷款发放之后信贷人员会定期拜访客户，跟踪贷款项目对环境的影响情况。

表 1-4　　　　　　　　　限制行业清单

序号	禁止行业
1	涉及强制性劳动或雇用童工的生产或行动。
2	生产或交易任何违反国家法律法规或国际条约与协议，或触犯国际禁令的产品及上述违法行为。
3	香烟的生产和交易。
4	涉及武器、军火和弹药的生产和交易行为。
5	酒精饮品的生产和交易。
6	从事赌场、赌博或同性质企业。
7	社会及 CITES 规定野生动植物及其产品的交易行为。
8	放射性物质的生产和交易。
9	未黏合的石棉纤维的生产和交易。
10	商业伐木作业等行为。
11	含有 PCBs 物质的产品的生产和交易行为。
12	大量危险化学品的生产、贸易和交易行为。
13	涉及国际禁令管制下的药品的生产和交易行为。
14	涉及国际禁令管制下的农药和除草剂的生产和交易行为。
15	涉及国际禁令管制下的破坏臭氧层物质的生产和交易行为。
16	涉及使用超过 2 500 米长度的渔网进行海洋捕鱼的行为。
17	在未经原住民完全同意的情况下，侵占其拥有土地或进行开采或其他活动。

资料来源：南充美兴社会责任章程。

就这样，南充美兴通过良好的商业治理、风险控制和业务规模，有效地平衡了服务深度和服务广度，从而撬动更多的资本，获取长期而稳定的商业回报。

（二）管理效率和生产效率的平衡

在总贷款额一定的前提下，信贷风险控制得越好，管理效率就越高；在活跃客户数一定的前提下，信贷员人均管户数越高，生产效率就越高。可见，管理效率与生产效率的平衡，实质是人力资源投入与信贷风险控制之间平衡。

一是平衡人员配置与风险控制。南充美兴结合区域特点，在引进法国美兴集团的微贷模式时，做了大量本土化改进，将以前以硬性指标（即财务指标）为主、依赖计量分析的版本改为硬性指标和软性指标（非财务指标）并重的模式。对各种贷款申请和评估文件进行专门设计，信贷员根据表格内容对客户进行评估之后，贷款审批人员不用上门现场评估也能对客户情况做出准确的判断，从很大程度上提高了生产效率，节约了运营成本。

另外，这种风控模式主要依靠信贷员的人工评估和贷款审批人员的判断，因此对人员的数量和素质要求都比较高。在长期实践中，南充美兴建立了自身独特的人才观，认为小微信贷业务是一个坚持长期积累客户的过程，个人的"关系""资源"都是有限的，而肯吃苦、人踏实、善交流、有上进心，才是选人的核心。因此，招聘时对有过一定社会经历甚至遭受过挫折，正处于困境或家庭负担较重的应聘者比较偏好。这样从招聘环节就确定了成员基调，减少日后摩擦。新员工入职后，安排 3 个月的封闭式培训，使其快速融入团队。在为员工提供具有竞争力和激励性的薪酬福利体系的同时，搭建了包括后备人才、中层管理者及精英人才的阶梯式人才培养渠道。南充美兴目前的 182 名员工中，90％来自南充本地，员工离职率低于 10％，高层管理者 100％来自于一线队伍的客户经理。完善的人力资源管理体系有效提升了南充美兴的管理效率。

二是平衡流程设置与风险控制。对客户的评估过程由信贷员人工完成，如何控制信贷员的道德风险成为摆在面前的一个关键问题。南充美兴通过摸索，建立了主协办双人尽调模式，选拔能力突出的信贷员担任小组长，配备其他信贷员组成一个小组。小组的每个贷款项目均配备主办、协办两位信贷员（小组长为主办信贷员），负责做好客户的贷前调查、贷中审查、贷后管理。小组长既是团队管理者，又是专职贷前调查人员，还要帮助其他信贷员做好信贷业务。对小组长的考核以该团队总体业绩为依据，偏重于贷款户数和贷款质量。双人贷前调查完成后，按照申请额度的不同，可由信贷员独立审批完成或报信贷委员会评审（信贷委员会按照审批权限不同分为三个级别）。

这样，既发挥了主办信贷员的业务优势，督促其对协办信贷员进行"传、帮、带"，又能够对主办、协办信贷员双方形成制衡，达到了提高效率和风险控制的双重效果。目前 110 个信贷员管理着 1.5 万多位客户，人均管理约 140 位，不良贷款率仅为 0.34%。

（三）覆盖面和盈利能力的平衡

作为以发放小额贷款为主的小额贷款公司，贷款的价格——利率——对其盈利能力具有至关重要的作用；如果利率过高便会损害目标客户的利益，影响扶贫效果。目前，南充美兴分期还款类贷款占全部贷款的 80%，执行 1% 的月利率，并在贷款发放时按贷款金额的 1% 一次性收取手续费用，实际年化利率 22.32%；整贷整还类贷款占全部贷款的 20%，执行 1.6% 的月利率，实际年化利率 19.2%。同期，当地其他小贷公司月利率分别在 1.25%～2.5%；商业银行的年化利率分别在 8.95%～15.6%。可见，南充美兴利率定价高于商业银行，在小贷公司中属于中等。

调研发现，南充美兴较高的利率定价很大程度上归结于贷款成本。一是人工成本较高。与坐台制的商业银行不同，为向客户提供

"短、频、快"和方便快捷的信贷服务，南充美兴的信贷员会到客户家放款。而且，为减少客户的还款负担、降低风险，往往是一周或一个月收一次款，一笔贷款要收 12～50 次款。操作成本大大增加。二是商业银行的贷款额度大，一笔贷款可能是几百万元甚至上亿元。而南充美兴的平均单笔额度为 4 万元左右，但是操作成本却几乎是相同的，因此大大增加了贷款成本。三是资金来源不同。南充美兴无法吸收公众储蓄，通过支付股利或借外债的方式来吸收资金，资金成本较高。四是风险成本。南充美兴 90％以上的贷款为信用贷款，风险比抵押贷款（商业银行开展的小微业务多数要求抵押担保）大得多。

弱势群体可以接受这样的利率定价吗？答案似乎是肯定的。小额生产投资一般具有很好现金流。正常情况下，收益能够覆盖借款成本。特别是对于农民来说，农耕活动季节性强，向南充美兴借款以在农闲时经营生产项目，并不占用时间成本，却能产生额外的收益。此外，南充美兴贷款定价公开、透明，没有隐形的、额外的相关费用支出，且放款效率、服务专业度方面都具有优势。比如，实行客户保护条例，禁止信贷员在催收过程中辱骂或强迫客户等。这些构成了南充美兴的"软实力"。南充美兴极低的不良贷款率、逐年持续递增的客户数量和较高的客户满意度（见表 1-5）验证了其在利率定价和覆盖面之间的平衡。

表 1-5　　　　　　　南充美兴客户满意度调查结果

调查项目	2012 年	2013 年
美兴印象	90.60％	94.00％
贷款产品	93.00％	98.00％
贷款流程	89.30％	92.60％
服务质量	78.00％	79.80％
员工专业度	98.00％	99.80％

资料来源：南充美兴市场部客户满意度调查报告（2012、2013）。

综上所述，南充美兴围绕扶持弱势群体的社会使命，以社会绩效管理为瞄准手段，较好地平衡了服务深度和服务广度、生产效率和管理效率、利率定价和覆盖面等柔性管理机制。为此，南充美兴赢得当地政府和民众的尊敬和信赖，给自身带来正面影响力，增加信用程度并争取到更多融资机会。2013 年，成功取得四川省商务厅批复同意增加投资总额至 3 亿元人民币，并成功融得海外资金 1 900 万美元；2014 年获股东增资 5 000 万元，注册资本金达到 1.5 亿元，并利用财务杠杆引进外债 16 960 万元，保证了业务的快速增长和市场的需求，进一步实现了财务盈利能力的可持续发展，也较好地兼顾了扶持弱势群体的社会目标和可持续发展的财务目标。

四、实现双重目标任重道远

（一）平衡兼顾双重目标

可持续地服务弱势群体是 MFIs 追求的双重目标。然而，可持续发展的财务目标与服务于弱势群体的社会目标会产生矛盾。这种矛盾的本质和根源是公平和效率的矛盾。从南充美兴的实践中，我们发现兼顾双重目标重在"平衡"二字。首先，平衡是一把尺度。既是发展目标或计划在时间和空间上的平衡，又是执行计划时资源供应的平衡。其次，平衡是一种态度。MFIs 首先应牢牢把握服务弱势群体的社会使命，进而在商业化的环境中探索可持续的发展路径，这既需要理念上的认识到位，又需要实践中的摸索总结。再次，平衡是一种舍得。作为兼具双重目标的 MFIs，在业务发展中更应该注意有所为有所不为，损害环境和客户利益的、不利于长期发展的业务，即使短期内能够带来财务效益，也应该坚决地放弃。

（二）实施社会绩效管理

社会绩效管理对实现 MFIs 可持续发展而不偏离其宗旨和目标具有重要的作用和意义，既是实现双重目标的内在需求，也是平衡推进双重目标的动态过程。MFIs 实施社会绩效管理的作用和意义，可通过客户、员工、社区、环境、股东等不同构面表现出来。南充美兴社会绩效管理的借鉴意义主要在于：首先，社会绩效管理和评估是一个复杂的系统工程，不同利益相关者对此有不同的诉求并以不同的形式参与评估。在一定程度上，参与国际组织和借鉴其先进经验，采用标准化的社会绩效体系有利于中国 MFIs 的发展。其次，中国的 MFIs 近年来取得了长足发展，但仍需进一步构建和完善其社会绩效评价体系并细化操作流程，使财务目标和社会目标完成情况可以清晰、规范地进行评价和披露，赢得更好的社会认同和发展环境。

（三）完善市场配套措施

MFIs 想要获得更大的发展，让更多的被正规金融排斥在外的贫困、低收入人群获得发展机会，促进普惠金融体系的建设，离不开政策配套环境的发展和完善。一方面，引导市场竞争机制发挥作用，建立健全 MFIs 资金进入退出机制，通过市场手段、方法约束和规范MFIs 的发展；另一方面，结合经济社会发展和微型金融实际，完善法律法规、评级分类、规划编制等配套措施，为微型金融的长足发展奠定良好的市场基础。

综上所述，MFIs 的长足发展要求其必须更加重视兼顾双重目标，这也是其获得投资、政策和制度支持的重要前提。本研究以南充美兴为例，探讨 MFIs 如何兼顾双重目标的问题。对于正在飞速发展的中国微型金融而言，本研究所做的努力和探索还远远不够，唯以期取得抛砖引玉之效果。

参考文献

［1］COPESTAKE J. Mainstreaming Microfinance：Social Performance Management or Mission Drift? World Development Vol. 35，No. 10，1721－1738.

［2］DABLA-NORRISE，JI Y，TOWNSEND R，FILIZ UNSAL D. Identifying Constraints to Financial Inclusion and Their Impact on GDP and Inequality：A Structural Framework for Policy. IMF Working Paper，2015.

［3］ABRAHAM A，PAVONI N. The Ecient Allocation of Consumption under Moral Hazard and Hidden Access to the Credit Market. Journal of the European Economic Association，2005，3（2－3）：370－381.

［4］MORDUCH J. The Microfinance Schism. World Development，2000，28：617－629.

［5］JACOB Y. Successful Rural Finance Institutions. Discussion Paper No. 150.

［6］KAPLAN R. Case Study Research Design and Methods. London：SAGE Publications，Inc，2013.

［7］何广文. 县域经济更需要本土化的金融服务. 农村金融研究，2013（1）.

[8]　世界银行扶贫协商小组（CGAP）. 利率上限与小额信贷. 2004.

[9]　周孟亮. 我国小额信贷社会绩效评价指标设计研究. 农村金融研究，2011（2）.

[10]　张正平，郭永春. 小额信贷机构目标偏离影响因素实证研究——基于固定效应模型的检验与比较. 财贸经济，2013（7）.

[11]　孙良顺，周孟亮. 小额信贷机构使命偏移研究述评. 西北农林科技大学学报（社会科学版），2014（5）.

[12]　何剑伟. 小额信贷商业化中的目标偏移——一个理论模型及西部小额贷款公司的经验研究. 当代经济科学，2012（7）.

[13]　张正平. 微型金融机构双重目标的冲突与治理：研究进展述评. 经济评论，2011（5）.

[14]　张正平，王麦秀. 小额信贷机构能兼顾服务穷人与财务可持续的双重目标吗？——来自国际小额信贷市场的统计证据及其启示. 农业经济问题，2012（1）.

案例点评

尽管微型金融服务的对象以低收入群体、小微企业等被传统金融机构忽略的客户群体为主，有很强的社会责任感，但微型金融不等同于慈善，它所提供的金融服务均是有偿的。有偿的意义有两个方面，第一，敦促借款人建立还款意识，通过有效使用借款（将借款用于有偿还能力的用途上）提高自己的经济能力和收入水平，达到授人以渔的效果；第二，实现微型金融机构的可持续发展。所以，微型金融尽管被很多致力于借助金融手段消除贫苦的公益人士寄予厚望，但强调实现财务收支平衡和盈余，进而实现财务可持续，始终是微型金融机构的重要目标。

社会绩效是利他，财务绩效是利己，从表面看两个目标是冲突的，并且追求其中任一目标到极致，都必然会损害另一目标。因此，所谓同时实现"利他"与"利己"双重目标，需要在侧重点上有所平衡。稍微过量，就会有服务效果或者持续发展能力的差异。在本案例中，专门从事小微企业信贷服务的南充美兴在对弱势群体贷款覆盖面和财务可持续两个国际公认的双重目标衡量指标上交出了满意答卷。按照案例的分析，其双重目标实现的关键是有很好的控制机制和控制手段，包括"平衡额度""平衡产品""平衡环境影响"等。

这个案例给我们的启迪是：只要有很清晰的战略目标，小微金融机构可以做到社会利益和机构利益同时兼顾。但遗憾的是，案例在进一步展示南充美兴决策层在坚守服务社会底层的小微客户群体基本目标方面的决策过程以及相关背景方面，内容还不够充分。

此外，在阅读此案例时脑中始终萦绕一个问题：评价社会绩效的贷款覆盖面指标中，为什么只有贷款户数、贷款额度，缺少贷款利率指标？如果以较高的利率实现较大的贷款覆盖面，能够说很好实现了社会绩效吗？显然这是一个有待讨论的问题。

点评人：李焰[①]

---

① 中国人民大学商学院财务与金融系教授、博士生导师，中国人民大学中国普惠金融研究院理事会秘书长、主任，联系邮箱：liyan@rbs.ruc.edu.cn。

2

Financial Inclusion

微型金融的边界
——以中和农信小额信贷为例

罗煜[①]

———————————

　　① 中国人民大学财政金融学院副教授，联系邮箱：luoyu2011@ruc.edu.cn。感谢张皓冰的助研工作。段洪波、高巍、连按禾夏、李焰、李珍妮、罗申、王琳也为本案例调研提供了帮助，在此一并表示感谢。

摘要： 我们以中和农信项目管理有限公司（以下简称"中和农信"）在农村地区发放的微型贷款为例探讨微型金融的边界。微型金融在客户定位、贷款额度、信贷产品、风控方式等方面与传统金融有本质性区别，这构成了微型金融的上边界。微型金融需要在社会使命目标下确定能够实现财务自足的贷款利率，这是它区别于公益慈善的下边界。我们通过 Rosenberg 模型和成本加成定价法计算出，中和农信在维持一个较低的利润率（1％）目标时应收取的利率与中和农信实际贷款利率 20.64％ 几乎相等，说明中和农信基本处于财务自足状态。

一、为什么要讨论微型金融的边界问题？

当前，发展"普惠金融"已成为一个社会热点。普惠金融的概念是指"立足机会平等要求和商业可持续原则，通过加大政策引导扶持、加强金融体系建设、健全金融基础设施，以可负担的成本为有金融服务需求的社会各阶层和群体提供适当的、有效的金融服务"。[①] 就国际经验来看，以微型贷款为主体的微型金融被视为实现普惠金融的最重要的途径之一。

---

① 2015 年《政府工作报告》缩略词注释．（2015－03－11）[2018－01－31]．http://www.gov.cn/xinwen/2015－03/11/content_2832629.htm.

微型金融在国际范围内有着丰富的理论和实践积累，国内也有各种以微型金融的名义开展业务的机构，但其中很大一部分并不符合国际上对微型金融的通用界定。例如，我国商业银行所谓"小微贷款"与国际标准相差甚大；9 000 家小贷公司大多数依然沿用银行的信贷模式，贷款数额不低、利率较高，只有寥寥几家追求微型金融的社会使命。中国微型金融概念的混淆使用，与我国中小企业长期"融资难"的大背景有关，但微型金融概念的"移花接木"使得本来为最低端客户服务的真正的微型贷款（微贷）被边缘化，一些国际微型金融研究领域的主流问题没有得到很好的研究，造成符合国际标准的微型金融在中国实践中面临不少难题：如何设计制度给缺乏抵押品的低收入群体贷款？如何征信，审贷？如何控制风险？与传统银行的区别在哪？商业可持续性和社会使命如何平衡？

回答上述问题涉及如何准确认识微型金融的服务边界。微型金融的边界划定表明了它与其他金融服务方式的区别。首先是微型金融与传统金融的边界，即微型金融的上边界。[①] 是不是有些金融需求，传统金融机构不能够或者不愿意提供，必须依靠其他的机构来提供？答案是肯定的，微型金融的存在就是为了弥补传统金融的空缺。以农村为例[②]，国有大型商业银行、农村合作金融机构、邮政储蓄银行是农村信贷服务的主要供给者，近年来又出现了一批新型的农村金融机构，如村镇银行、小额贷款公司等。这些金融机构都提供小额贷款服务，但层次有明显区别。微型贷款与传统信贷的区别在于：微贷服务

---

　　① 这里"传统金融"是指主要的金融服务方式，如传统银行业，它们的服务对象通常是有资产可供抵押的中高端客户，以及近年逐渐受到重视的为中小企业提供信贷服务的银行和非银行金融机构。

　　② 微型金融在城市和农村的实现形式有所不同，但本质特征是一致的。

的客户是不能从传统金融机构获得贷款的贫困或低收入人群，他们位于客户金字塔的最底层；微贷需要利用有别于传统信贷的产品设计、风险控制方法，如利用熟人社会的信息对称性，采取联保贷款的方式增加同伴监督，贷款给妇女，采用社会惩罚、再贷款激励，简便快捷的审批等；微贷的贷款额度很小。

其次是微型金融与公益慈善的边界，即普惠金融的下边界。金融服务无法回避成本问题。在技术条件一定的情况下，金融的普惠程度越高，成本越高。如果不是慈善赠予或持续接受补贴，那么必然存在一个下边界，在这个边界上，微型金融能够自我可持续生存。微型金融必须在商业可持续性和社会使命之间寻找一个平衡点。其中一个核心的工作就是在既定社会使命目标的前提下（寻求一个较低的利润率水平），确定能够实现财务自足的贷款利率。

20 世纪 90 年代初期，国际非政府组织在中国进行了小额信贷试点项目。在这些项目的试验期陆续终止后，一些从小额信贷项目转变为小额信贷机构。中和农信就是其中的一个。中和农信前身是中国扶贫基金会小额信贷项目部，于 2008 年转制成公司化运作，是一家专注于农村中低收入群体小额信贷的社会企业。中和农信旨在通过无需抵押，上门服务的小额信贷方式支持贫困地区中低收入家庭开展创收性活动，同时还提供多种形式的非金融服务，全面提升客户的综合能力，从而实现可持续脱贫致富。中和农信是中国众多小额信贷机构中，业务最接近国际上"微型金融"概念、发展较成功的一家，是研究中国普惠金融发展的代表性案例。通过对中和农信的业务模式和财务数据的研究，我们可以观察到微型金融的上下边界。这将有助于人们更好地认识微型金融的概念，形成有利于我国微型金融事业发展的针对性政策。

二、微型金融与传统金融的边界

我们以中和农信在农村地区发放的微贷为例，探讨微型金融与传统金融的边界。微型金融表面上看是在传统金融的客户之外将金融服务的对象层次朝向更低端延伸，实际上是金融运作方式的本质性转变。微型金融在信贷产品设计、风险控制方法等方面与传统金融有着巨大的差异。这种差异划分了微型金融的上边界。

（一）客户定位

从客户层次定位上看，中和农信的服务对象与传统金融机构以及新兴的营利性小贷公司几乎没有重叠，是从金融机构获得贷款可能性极低的低收入农民。之所以有这个客户定位，是因为中和农信的前身是中国扶贫基金会的内设机构，扶贫是根本目标，小额信贷是实现手段。这符合国际上微型金融的主流理念。目前，在我国农村信贷市场上，占据最主要地位的是农村信用社，其次是农业银行和邮政储蓄银行。但这三大金融机构在面向"三农"提供信贷支持时，面临着交易成本激增的问题，当贷款额度到了5万元以下，盈利可能性很小，因此客户很难进一步下沉。以农村信用社为例，其信贷服务覆盖了8.7万户农民，约占全国农民数的1/3，仍有相当一部分农民被排斥于金融服务之外，只能依赖民间借贷融资。中和农信服务的是剩下的2/3农民中的一部分，在农村金融市场，它实际上并不构成对其他金融机构的竞争，而是对现有金融体系的一种补充。

（二）贷款额度

虽然都被笼统称作"小额信贷"，但相比于传统金融机构提供的小额贷款，中和农信的贷款额度更小，应更严谨地称作"微贷"。目前，中和农信的人均贷款规模为 1 万元。小组贷款中，不同的客户级别贷款限额不同：第一次贷款的客户是一级客户，客户得到过一次贷款并按期归还，再贷款就可自动升为二级客户，二次贷款并未逾期的可自动升级三级客户。每户第一次贷款限额为 1 万元，二级客户限额为 1.2 万元，三级客户限额为 1.6 万元。个人信用贷款的最高额度仅为 5 万元。小组贷款一般为一年期，农户在还款时，实行 10 个月等额本息还款，这就将农户的还款压力平摊在整个借贷期间。小额贷款既不能直接影响农民的大额投资，也不足以让农民以信誉为代价而故意违约。即使违约，单笔损失也不会对中和农信产生大的影响。

（三）信贷产品

中和农信的主打信贷产品是小组联保贷款，其区别于主流信贷产品的特点是：第一，无需抵押。传统金融机构在审批贷款时，注重是否有抵押或担保，以"物"为本；而中和农信的服务对象是传统金融机构的非优质客户，没有抵押或公职人员担保。针对这样的客户特征，小额信贷产品设计理念是不看客户现在的资产情况，而相信客户未来的还款能力与还款意愿。因此微贷是一种以"人"为本的信贷产品。第二，采用联保方式。中和农信的联保贷款借鉴了以孟加拉乡村银行为代表的国际微型金融机构的信贷模式，并结合中国具体情况有所改造。申请贷款的客户需要首先自发组织一个联保小组，中和农信完全不干涉小组的组成。联保小组通常由 5 人组成，组员均有借贷需求，相互负有贷款连带偿还责任。联保在信贷客户筛选中的作用很明显。一般联保的客户多为邻里、朋友或者亲戚（直系亲属除外）之类的"熟人"。熟人社会中，人们对彼此的背景和人品都有较为透彻的了解，信息沟通及时，信息量丰富，信息质量高，一些不良的人群基本就能在组建联保小组的过程中自动直接筛除。因此，联保小组这一机制具有隐形的征信作用，降低了信息不对称程度。第三，主要贷款给妇女。之所以将妇女作为重要客户群体，是因为妇女是家庭的核心，更加期盼家庭的稳定，且妇女的诚信度也更高，对于借钱的责任心和把控风险的意识较强。此外，妇女通常不需要大额投资，中和农信的小额贷款更加符合这一群体的需求。因而面向农村妇女发放贷款有助于提高妇女的家庭地位，也有助于降低贷款的风险和违约率，还有助于盘活家庭小产业，实现家庭增收的目标。

（四）风控方式

由于采用了无抵押的联保贷款模式，中和农信的风险控制方式也就显著区别于传统金融机构针对有抵押或担保贷款而采用的风控手段。联保是微贷中最重要的风控手段，联保小组使得主要的风险控制在小组成员之间的自动选择和监督机制中得以实现。小组贷款的形式利用了中国乡土社会中人际交往所形成的信任和道德，不仅降低了信息不对称程度，还会提高被助者违约的声誉受损成本，减少了借贷活动中常见的逆向选择和道德风险的问题。联保小组很大程度上为小贷机构分担了贷前审核、贷中监控、贷后处理的工作。然而，联保方式也存在运行的难度和潜在的风险。问题之一是随着服务半径的扩展，组建小组的成本可能会提升，小组质量会下降。根据规则，只有同时聚齐了3~5人的借款人时才能够形成小组，但不同人的借贷需求并不经常能同时发生，相互信任、熟悉的人在同时段具有额度接近的信贷需求更加不易，新的贷款申请人进行这样的匹配，交易成本并不低，有可能导致小组的质量下降。问题之二是如何防止"多人借款，一人用钱"即串谋现象的发生。这需要信贷员具备更强的甄别能力，而遴选优秀的信贷员需要更高的成本。中和农信的基层信贷员工作比较辛苦，例如一组不到5万元的一年期贷款，需要信贷员至少上门服务12次，其中1次调查，1次放款，10次收款。信贷员都是当地农民，而且大多是30岁以上的已婚妇女。但如果把这些工作交给传统金融机构的白领信贷员去完成，则需要很高的工资补偿，而且由于缺乏深入社区的群众基础，获取信息的能力要弱于农民信贷员。这也是传统金融机构的业务很难"下沉"的原因。

三、微型金融与公益慈善的边界

中和农信是中国扶贫基金会发起成立的机构，经营初衷不是靠贷款获得盈利，而是通过提供普惠金融服务实现扶贫的社会使命。它的社会使命体现在：主要服务贫困地区低收入农民；客户群体中农户比例占到99％，有80％的人连续三年无法从传统的金融机构获得贷款；妇女在客户中占比达到了94％。[①] 中和农信在发展的早期，资金来源

---

① 中和农信年报（2014）。

主要靠财政资金和强调社会价值的非营利性资本。但是随着发展规模的扩大，中和农信越来越需要从市场上获得资金——如商业银行的批发贷款，并为此付出成本，因此财务可持续是至关重要的。财务可持续能够保证中和农信的经营表现并有助于其业务扩展，同时也可以不再依赖持久的捐赠来维持正常的服务。为了能让机构可持续发展，中和农信需要做到财务自足，因此会在一个较低的利润率目标下，向客户收取合理的利息，这是它区别于公益慈善事业机构的地方。目前，中和农信具备一定的盈利能力，但利润率相对金融机构较低，资产质量较好。从财务指标可以看到（见表 2-1），目前的贷款利率是能够维持中和农信财务自足的。那么，这个利率的确定是否合理？会不会像一些观点认为的，公益性小额贷款机构应该向农民收取比银行更低的利率呢？如果我们能够找到一个让中和农信维持财务自足的最低贷款利率，也就确定了微型金融的下边界，在这条边界之下的小额信贷服务就更偏向于公益慈善性质。

表 2-1　中和农信 2009—2014 年盈利能力指标与贷款质量指标

	2009 年	2010 年	2011 年	2012 年	2013 年	2014 年
总贷款收益率	—	—	20.07%	21.14%	20.93%	20.71%
净利息收益率	16.69%	15.88%	15.20%	15.47%	15.28%	16.45%
成本收入比率	65.49%	64.24%	52.70%	53.65%	57.90%	60.88%
债务权益比	109.41%	153.02%	200.95%	300.56%	171.58%	292.21%
总资产收益率	1.02%	2.78%	2.20%	1.62%	1.32%	1.04%
净资产收益率	2.22%	6.58%	6.20%	7.62%	4.16%	3.48%
PAR>1	0.05%	0.07%	0.76%	0.28%	0.84%	0.33%
NPL>30	0.05%	0.05%	0.61%	0.23%	0.80%	0.27%

注：1. PAR>1 代表大于 1 天不良贷款率，NPL>30 代表大于 30 天不良贷款率。这两项指标用以衡量中和农信发放贷款的质量。

2. 总贷款收益率、净利息收益率、成本收入比率、债务权益比、总资产收益率及净资产收益率综合反映中和农信的盈利能力，具体计算方法参见年报。

资料来源：中和农信 2009—2014 年年报及各月度简报财务数据。

（一）中和农信的贷款利率解析

中和农信公示的一年期贷款利率是 13.5％（优质客户可以下降到 12.5％）。商业银行一年期贷款的基准利率在 5％左右，通常银行根据个人或小企业客户的不同情况发放贷款时，利率上浮 30％～50％（但要求抵押或担保）。营利性小额信贷公司的一年期贷款利率通常会接近基准利率的 4 倍。中和农信目前执行的是 13.5％的贷款利率，从表面上看比从商业银行贷款利率高不少，比营利性小额信贷公司低得多。利率水平高于银行等大型金融机构是合理的，这使得有其他融资渠道的人不会向小额信贷机构贷款，就能使小额信贷资金真正流向从其他金融机构无法获得贷款的群体，保证小额信贷机构服务农村发展的使命。但是用 13.5％与金融机构公示的贷款利率直接比较是有问题的，因为中和农信使用的是等额本息还款方式下的贷款利率。

下面我们把中和农信的贷款利率折算为一次性还本付息方式下的利率，与银行进行比较。中和农信的 1 年期的小额信贷，等额本息贷款利率为 13.5％，还款方式是：第 0 期获得贷款，假设为 10 000 元，前两个月不还款，从第 3 个月开始每月还款 1135 元，到第 12 个月还清。实际上，农户从第 3 个月开始就不能完整使用 10 000 元贷款了。我们应用计算净现值的思路，采用内部收益率（IRR）的方法，由后 10 个月每月还款 1 135 元来计算一次性还本付息的实际利率。将之后每一次的现金流贴现到第 0 期，与第 0 期贷出的 10 000 元相等。由内部收益率方法得到大致每月的收益率为 1.72％，由此可得，年化收益率为 20.64％（即百分比年利率，中和农信称之为"综合费率"）。这个综合费率是可以和商业银行和营利性小贷公司公示的贷款利率相比较的。根据 1.72％的月收益率，计算得到理论上中和农信一年期贷款的实际收益率为 22.71％[1]。

通过比较可以看出，采用一次性还本付息方式的利息明显高于等额本息还款方式的利息。因为采用等额本息的方式，利息和本金都在逐月递减，付出的总利息较低；而一次性还本付息借款人每月所支付的利息是一样的，因而利率水平较高。对于农民而言，分期还款能够减小到期一次性还本付息的压力，经实践检验，13.5％的利率是能够接受的；而对于中和农信而言，分期还款能够加速资金周转，产生更高的收益。据统计，中和农信的小额贷款资金周转率远高于1（李静，2013）。如按照每笔贷款 13.5％的收益率、年周转率 1.68 计算，年收益率可达 22.71％。由于采用了等额本息还款方式，中和农信的公示利率，与一般的小额信贷公司相比，就显得不那么高了，这对于并不精通金融知识的农民而言，感情上也易于接受。

但是中和农信作为一家公益性小额信贷机构，收取年化 20.64％的贷款利率，是不是偏高？最低利率为多少才能够维持商业上可持续？很多国际研究成果支持小额信贷机构收取较高贷款利率的做法，因为小额贷款的特点使其在客户考察和甄别、贷款发放和回收方面的成本较高，需要依靠利息收入来覆盖其高昂的融资、经营及贷款损失成本（Armendáriz and Morduch，2013）。利率的主要构成要素有运营成本、资金成本、贷款损失准备和利润。Rosenberg，Gonzalez and Narain（2009）指出，运营成本构成了利率的主体部分；贷款损失准

---

[1] 实现这个收益率的前提是信贷资金必须及时有效地配置。

备对多数贷款公司来说占比不大，因此对利率的影响较小；微型金融机构的负债资金成本高于银行，推动了贷款利率上升。世界银行扶贫协商小组（以下简称 CGAP）和 MIX（Microfinance Information Exchange）（CGAP，2003）对全球几百家小额信贷机构的调查显示，小额信贷机构要想实现财务可持续，其贷款利率平均需在 26％左右。如此看来，中和农信收取的利率低于全球中值水平。

（二）通过 Rosenberg 模型估算中和农信可持续利率

CGAP 的专家 Rosenberg（2002）提出了能使微型金融机构可持续发展的贷款利率定价模型：

$$R＝（AE＋LL＋CF＋K－II)/(1－LL)$$

式中，AE 是行政成本与平均贷款余额的比值；行政成本指除去资金成本和贷款损失外的成本总和，包含职工工资及福利、社会保险费、广告费、租赁费、办公费等；LL 是贷款损失率，即贷款损失总额与平均贷款余额的比值；CF 是资金成本与平均贷款余额的比值。K 为预期利润与平均贷款余额的比值；II 是投资活动的收益与平均贷款余额的比值。

尽管 Rosenberg 模型在估算微型金融机构可持续利率时存在一些问题，但它不失为一种简单易行的计算方法。为了将中和农信的实际利率与符合中和农信可持续发展的利率水平进行比较，我们将中和农信 2009—2014 年年报中的相关数据代入 Rosenberg 模型中进行检验，检验结果如表 2－2 所示。其中，我们选用了三种预期利润目标进行对照，K^1 表示利润率为 0，对应的 R^1 是收入恰好覆盖成本时的最低可持续利率；K^2 的利润率 1％是中和农信对外宣称希望维持的利润率目标，对应 R^2；K^3 是中和农信现实的利润率水平，由当期的营业利润除以平均贷款余额得到，对应 R^3。

表 2-2 　　　　Rosenberg 模型下中和农信可持续利率

	2009 年	2010 年	2011 年	2012 年	2013 年	2014 年
AE	13.39%	11.97%	13.28%	13.50%	14.18%	14.26%
LL	1.12%	1.42%	1.56%	0.60%	1.11%	1.17%
CF	2.87%	2.80%	5.08%	4.95%	4.82%	3.93%
K^1	0	0	0	0	0	0
K^2	1.00%	1.00%	1.00%	1.00%	1.00%	1.00%
K^3	0.98%	2.39%	2.89%	0.17%	2.11%	1.60%
II	—	—	—	—	0.39%	0.09%
R^1	17.58%	16.42%	20.23%	19.17%	19.95%	19.49%
R^2	18.60%	17.43%	21.25%	20.17%	20.96%	20.51%
R^3	18.58%	18.84%	23.16%	19.34%	22.08%	21.12%

注：实际贷款损失数据不可得，用贷款损失准备数据代替；投资收益无 2009—2012 年的数据，计算时用 0 代替。

资料来源：根据中和农信 2009—2014 年年报计算。

计算表明结果，根据 2011—2014 年的数据，运用 Rosenberg 模型得到的中和农信的最低可持续利率 R^1 与中和农信年化贷款利率 20.64% 相差 1 个百分点左右；维持一个较低的 1% 利润率目标时，R^2 与中和农信年化贷款利率几乎相等。R^3 是用作对照项的，它与理论上计算出的中和农信实际收益率 22.71% 接近，说明模型是基本适用的。2009 年和 2010 年的计算结果整体偏低，主要与数据质量有关。以 Rosenberg 模型结果判断，中和农信目前的利率水平可以支撑其可持续发展，这也解释了为什么中和农信在兼顾社会使命的同时还能够实现累计盈利。然而我们也注意到，中和农信的行政成本占比是逐年递增的。其原因在于农村的微型贷款属于劳动密集型服务，在农村基础设施不健全、新增网点较多的情况下，需要增加雇员，而农村劳动力成本也逐年提升，这导致了行政成本占比逐年增加。

（三）通过成本加成定价模型估算中和农信可持续利率

为了与 Rosenberg 模型结果进行对照，我们借鉴目前商业银行常用的贷款利率定价方法——成本加成法再次估算中和农信的可持续利率。成本加成定价法的公式是：

$$贷款利息收入＋非贷款利息收入＝总成本＋合理利润 \qquad (1)$$

式中，总成本包括运营成本、资金成本、贷款损失准备、其他业务支出、税收等。将公式（1）细化可得：

$$LI＋CI＋II＋OR＝（FC＋AC＋FE＋TS＋LA）＋RP \qquad (2)$$

式中，LI 为贷款利息收入；CI 为手续费及佣金净收入；II 为投资收益；OR 为其他业务净收入；FC 为资金成本；TS 为营业税和所得税费用；AC 为管理费用；FE 为财务费用；LA 为资产减值准备；RP 为合理利润。中和农信的负债资金来源主要有两部分，一是来自商业银行的批发贷款，贷款利率加上担保费用后得到实际资金成本利率为 8%～9%；二是股东借款，股东借款的资金成本要低于商业贷款，但占比较小。从股东的角度而言，合理利润率 R_0 包括预期的盈利水平（中和农信定为 1%）加上对通货膨胀的补偿。综上所述，（2）式进一步改为：

$$LB×R_L＋CI＋II＋OR＝FC＋AC＋FE＋TS＋LA＋（A－L）$$
$$×（R_0＋\pi） \qquad (3)$$

式中，LB 是平均正常贷款余额；R_L 是平均可持续贷款利率[①]；A 是平均资产总额；L 是平均负债总额；π 代表通货膨胀率。由（3）式得

---

① R_L 也可以作为可持续贷款收益率，与中和农信的实际贷款收益率 22.71% 做比较。

到可持续贷款利率 R_L 的表达式：

$$R_L = [(A-L) \times (R_0 + \pi) + (FC+AC+FE+TS+LA)$$
$$- (CI+II+OR)] / LB$$

根据中和农信年报数据，我们估算了不同年份的 R_L，结果如表 2-3 所示。R_0 是中和农信提出的 1% 的预期利润目标，R_L^0 是代入 R_0 值计算出的可持续贷款利率。R_1 是以当期营业利润除以当年平均贷款余额得到的实际利润率，R_L^1 是代入 R_1 后得到的可持续贷款利率，作为 R_L^0 的参照。从结果可以看出，2011—2013 年成本加成定价模型计算出的可持续贷款利率要高于中和农信年化贷款利率 20.64%，2009、2010 和 2014 年的可持续贷款利率低于 20.64%。总体而言，成本加成定价法可持续贷款利率高于 Rosenberg 模型得出的可持续利率，主要原因是后者考察的成本要素少于前者。这说明，按照目前的贷款利率，中和农信的小额信贷业务已经接近微型金融的下边界。

表 2-3　　　　成本加成定价法中和农信可持续贷款利率　　　单位：万元

	2009 年	2010 年	2011 年	2012 年	2013 年	2014 年
LB	18 797	38 914	66 081	85 619	118 146	187 216
FC	409	81	267	376	491	6014
A-L	7 639	13 120	21 716	28 084	41 905	55 870
π	−0.70%	3.30%	5.40%	2.60%	2.60%	2.00%
AC	1 774	3 443	6 365	8 969	13 108	19 532
FE	—	18	321	665	494	0
LA	166	409	819	452	1 131	1 794
OR	−25	−26	−22	30	0.4	280
TS	300	−50	542	1 200	1 323	1 933
CI	−0.1	−62	−395	−636	−574	−965
II	—	—	—	—	392	139
R_0	1%	1%	1%	1%	1%	1%
R_L^0	18.28%	18.08%	23.09%	21.12%	21.67%	19.94%
R_1	0.98%	2.39%	2.89%	0.17%	2.11%	1.60%
R_L^1	18.27%	18.71%	23.87%	20.81%	22.13%	20.16%

注：投资收益无 2009—2012 年的数据，计算时用 0 代替。
资料来源：根据中和农信 2009—2014 年年报计算。

四、最低利率因机构而异

本文以中和农信对农村低收入群体的微型贷款为例，探讨了微型金融与传统金融、公益慈善的区别，界定了微型金融的边界。微型金融的客户定位是传统金融机构不愿意或不能够提供金融服务的低收入人群，贷款额度很小，风险高，需要采用区别于主流信贷产品的设计和风险控制手段。由于微型贷款在运营的过程中面临较高的成本，微型金融机构必须通过收取一定水平的利息才能实现财务的可持续性。当微型金融机构收取的利率长期低于最低可持续利率时，它就更多地具有了慈善公益组织的属性。

一个微型金融机构的最低可持续利率是变动的。它一方面取决于机构的运营效率，一方面取决于机构所受到的补贴。中和农信享受了不少补贴和优惠，如：可享受5万元以下支农贷款的利息收入免缴营业税和所得税的特殊税收优惠政策；能够获得国家开发银行、中国农业银行等大型金融机构数以亿计的批发贷款，而其他公益性小额信贷机构由于机构背景、经营管理和风险控制能力等原因，只有极少数能够同样享有类似的资质和待遇。政策支持、税收减免、资金支持等多重优势，提升了中和农信的信誉和业务开展的效率，降低了运营过程中的成本。对于那些无法享受补贴和优惠的微型金融机构而言，最低可持续利率应该更高。

因此，从微型金融机构的角度而言，有必要通过改善运营效率降低成本，从而降低最低可持续利率，提高金融的普惠程度。从金融政策制定者角度而言，有必要明晰微型金融与其他金融服务方式的界限，制定更有针对性的政策。

参考文献

[1] CGAP. Definitions of Selected Financial Terms，Ratios and Adjustments for Microfinance. Microfinance Consensus Guidelines，2003.

[2] ROSENBERG R. Microcredit Interest Rates. CGAP Occasional Paper 1，2002.

[3] ROSENBERG R，GONZALEZ A，NARAIN S. The New Moneylenders：Are the Poor Being Exploited by High Microcredit Interest Rates? CGAP Occasional Paper 15，2009.

[4] 小额信贷在中国丛书编委会. 小额信贷在中国：艰难前行的公益小额信贷. 北京：中国财政经济出版社出版，2013.

[5] 阿芒达利兹，默多克. 微型金融经济学. 沈阳：万卷出版公司，2013.

附录 1：中和农信的小额信贷实践①

中和农信是一家专注于农村中低收入群体小额信贷的社会企业。中和农信旨在通过无需抵押，上门服务的小额信贷方式支持贫困地区中低收入家庭开展创收性活动，同时还提供多种形式的非金融服务，全面提升客户的综合能力，从而实现可持续脱贫致富。

---

① 本文所用的描述性材料综合参考了中和农信总部提供的资料、中和农信官方网站年报，以及李静编写的《中和农信小额信贷案例》（收录于《小额信贷在中国》一书）等。

1. 发展历程

1.1　试点阶段

中和农信的小额信贷业务可以追溯到20世纪90年代国外非政府组织在中国的小额信贷试点。1996年，世界银行贷款秦巴山区扶贫项目启动，其中包括由中国西部人力资源开发中心在四川阆中和陕西安康实施的小额信贷试点项目。2000年，中国扶贫基金会全面接管中国西部人力资源开发中心的小额信贷项目，并组建小额信贷项目部。2001年，国务院扶贫办批准中国扶贫基金会成为小额信贷扶贫试点单位，标志着中国扶贫基金会小额信贷扶贫试点正式获得国家认可。在这一期间，中国扶贫基金会的小额信贷的操作模式，是与地方政府合作经营与管理。即地方政府（一般由扶贫办牵头负责）成立县服务社，中国扶贫基金会与地方政府签订协议，基金会提供资金、产品设计和技术支持，进行监督管理等。

1.2　转型阶段

2005年1月，中国扶贫基金会小额信贷项目部正式成立，具体负责小额信贷的战略转型和管理。小额信贷多年来一直作为中国扶贫基金会的一个项目部存在。2006年年底，中国扶贫基金会获得国家开发银行授信1亿元，成为国内首家从银行获得批发贷款的小额信贷机构。这一授信意味着中国扶贫基金会的小额信贷开始使用有息贷款，这与以前都是使用政府专项资金和捐赠资金完全不同。2007年当年累计放款量首次突破1亿元，开始试点个人贷款产品。2008年中国扶贫基金会从渣打银行获得了2 000万元的批发贷款，2008年11月18日，中国扶贫基金会将小额信贷项目部转制成为中和农信项目管理有限公司。

1.3 扩张阶段

2008 年年底，小额信贷项目部转为中和农信项目管理有限公司，成为中国扶贫基金会控股的专业小额信贷项目管理公司。2009 年，中国扶贫基金会获得了中国农业银行 2 亿元的授信。2010 年，中和农信自主研发的信贷追踪系统全面上线，迈入连锁化专业管理的新阶段。2011 年，中和农信有效贷款客户首次突破 10 万户，年度放款额超过 10 亿元，成功接入中国人民银行征信系统，成长为中国最大的公益性小额信贷机构。2013 年，中和农信成功研发出基于安卓平台的智能手机业务系统，将贷款业务的管理端从电脑移到手机。截至 2014 年 12 月 31 日，中和农信小额信贷覆盖全国 16 个省的 141 个县，其中大部分是国家级、省级贫困县，共有贷款余额 18.8 亿元，有效贷款农户 23.8 万户，30 天以上风险贷款率仅为 0.27%，有全职员工 1 860 多人。十几年来，项目累计发放农户小额信贷 93.8 万笔，84.4 亿多元，超过 200 万贫困人口从中受益。

2. 组织架构

在管理上，中和农信作为全国性连锁经营的专业小额信贷机构，逐步建立了总部集中研发，统一监管，分支机构严格执行的集团化管理方式。中和农信建立了总部集中运营的信贷、财务和人力资源管理体系，统一制定操作流程和管理制度。各地区分支机构全部纳入总公司的管理体系，人、财、物的管理都由总公司统一管理，资金封闭运营，多层次培养基层管理和信贷操作人员。此外，中和农信还建立了独立的内部审计体系，确保每个分支机构每年至少要接受一次内部审计，控制运营风险。

中和农信采用四线三级的矩阵式管理体系，在北京设立管理总部，总部设立各项职能部门，负责资金管理、信贷政策、品牌建设、风险控制、技术研发等，同时根据全国的区域分布设立区域办公室，指导各地业务的开展。以县为单位设立直属分支机构，按照总部的标准进行贷款的发放与回收。目前中和农信设立一家新分支机构只需要三个月的筹备期就可开展业务。

中和农信始终坚持"当地人服务当地人"的用人理念。在地方的分支机构完全实现本土化管理，招聘当地员工，每个乡镇设立信贷员，采用上门服务的方式，最大限度方便农户获得贷款。信贷员来自当地农村，学历不必高，但熟悉农村，能力强，特别是基层信贷员都是当地农民，而且大多是 30 岁以上的已婚妇女。通过一系列的业务培训和技能培训，这些妇女的工作能力和综合素质都得到极大的提升，逐渐成长为优秀的农户信贷员。同时也为各项目区提供了很好的就业机会。中和农信还会根据信贷员所在区域、人口密度、个人能力对信贷员进行区域分配，少的管理不到 2 万人，多的不到 4 万人，平均每人分管 2 万多人。中和农信在对基层员工的考核上做出了一些设计，需要员工将小额贷款当成一项长期的事业，在保障每笔贷款安全的前提下，有序开展业务，扩大贷款规模。

3. 产品和服务

3.1 信贷产品

中和农信的信贷产品比较简单，只包括小组联保的信用贷款以及在最近几年开展的个人信用贷款。这两个产品的不同点是：一是信用提供方式不同，小组贷款是五户联保，个人贷款是以个人信用作担保；二是单笔额度不同，小组贷款最高额度是 16 000 元，个人贷款最高额度是 5 万元。

中和农信的信贷产品特点是：

第一，无需抵押的设计理念。中和农信的服务群体是传统金融机构的非优质客户，没有抵押，风险大。针对这样的客户特征，小额信贷产品设计理念是不看客户现在的资产情况，而相信客户未来的还款能力与还款意愿。因此突破了传统金融机构的思维模式，开发了适合农村社会的无抵押、五户联保模式以及个人信用贷款模式。

第二，面向农村妇女的准入条件。中和农信的贷款主要是支持农村家庭的发展，因此贷款对象主要是妇女，通过贷款提高妇女的家庭地位，也有利于降低贷款的风险。目前中和农信客户中93％为妇女。

第三，利率设计较高于银行。中和农信小额贷款的综合费率为20.64％，较高的利率可以避免有其他融资渠道的人来向小额信贷机构贷款，从而使得小额信贷资金真正流向从其他金融机构无法获得贷款的群体，保证了小额信贷机构的使命。有融资能力的人必然会选择成本较低的贷款，而不会选择小额信贷。目前中和农信的客户99％为农户。

第四，贷款方便，节约贷款成本。农户如果要从商业银行获得贷款，需要跑到县里的银行，而通过中和农信贷款，农户只需要打一个电话，中和农信的工作人员就可以提供上门服务。此外，从商业银行获得贷款大多需要房屋抵押和担保人担保，但是中和农信提供的是信用贷款，因而对于农户而言，可以节省很大的时间成本和经济成本。

此外，为了满足各地客户差异化的需求，中和农信在2014年还推出了农业贷款以及牧区贷款等新产品。

3.2　小额贷款之外的服务

免费保险服务：通过与中国人寿合作，自2009年起，中和农信开始引进商业保险，向所有贷款农户赠送"定期寿险"，当农户发生意外的时候，可以免除其剩余债务，降低农户的还款压力。2014年，中和农信为客户提供免费信贷寿险25.3万人/次，承保金额为28.3亿元，保险费用为473万元，比上年增长了近40%。全年共有137个遭受死亡或意外伤残不幸的家庭因此被免除了债务。

农业技术培训和信息技术培训：小额信贷大部分贷款农户都从事农业生产，根据各项目区当地的农事特征，中和农信免费提供多样化的农业技术培训，使农户有足够的信心和技能来发展创收项目。2014年，中和农信为2万多名客户提供各式各样的农业技术培训4 000余次，发放技术资料超过6万份。农村金融教育：帮助贷款客户更新理财观念，提高收益，降低风险，从而实现家庭的可持续发展。2011年8月，中和农信小额信贷农户信息正式对接中国人民银行征信系统，所有贷款农户的交易记录都被导入征信系统，十多万在正规金融机构没有贷款记录的客户一下子有了自己的征信记录。

4. 风险管理

4.1 中和农信风险管理内容

目前，中和农信的风险管理体系是由三个方面的内容构成的：一是风险管理部门，二是风险管理制度，三是信贷追踪系统。中和农信的风控手段基本为：小额、联保、地缘和亲缘下的信息透明及道德文化。

小额即指贷款最高额度是5万元，人均贷款1万元。小额度限制就使得单笔损失不会对中和农信产生大的影响，并且风险较为分散，可以降低非系统性风险。农户在还款时，实行10个月等额本息还款，这就将农户的还款压力平摊在整个借贷期间，农民更易于接受。小额贷款既不能直接影响农民的大额投资，也不足以让农民以信誉为代价而故意违约，因而小额是一种更为安全的贷款规模，对于风险的控制更加有效。

联保是贷款中最重要的风控方式，小组贷款的形式充分调动了农户参与金融活动的积极性，且利用中国乡土社会中人际交往所形成的信任和道德，不仅降低了信息不对称程度，还会提高被助者违约的声誉受损成本，减少了借贷活动中常见的逆向选择和道德风险的问题。

信贷员更接地气，更加"下沉"，信贷员来自本村或邻村，对基层农户的情况更加了解，能够更好地宣传信贷产品并实现对风险的实时把控。

中和农信开展业务的地区多为中国北方的贫困地区，这里民风相对淳朴，道德惩戒在农村中可以发挥较好的作用，因此为贷款违约的风险控制增加了一层保障。

4.2 中和农信贷款操作流程

与正规金融机构大多通过评分模型或依靠信贷员经验判断来控制风险的方式不同，由于中和农信服务的对象大多没有信用记录，无法通过以往的交易记录来对客户进行信用评分。且如果不是来自基层的信贷员，很难及时获得有关贷款户还款能力的信息，无法迅速制定风险应对措施。此外，由于中和农信服务对象贷款额度小，客户分散，采用传统的风险控制方式要付出较高的时间和经济成本，中和农信通过特殊的贷款流程设计和执行来控制风险。

中和农信有一套规范的贷款操作流程，要求所有项目县的农户自立服务社和小额信贷公司在放款和收款时必须严格按照公司制定的操作流程进行。中和农信的产品比较单一，在操作上也实行流程化的规范操作，在农户的选择、信息的传递、贷款的发放、资金的回收、风险的监测等所有的流程都有明确的规定，且所有这些标准都是全国统一的，都纳入中和农信的信息系统中，这种特色信贷模式也能够发挥风险控制的效果。

（1）新贷款户的申请。新客户申请贷款要自己先组织一个联保小组，组成后打电话给信贷员，申请贷款，信贷员实地审核信息，进行贷款知识培训，然后将必要信息如身份证、家庭情况、贷款用途等当天录入并核对信息系统，提交服务社。期间，客户并不需要提交任何的正式申请材料，所有的协议都是格式化的。联保在筛选信贷户工作中的作用很明显，由于邻里之间信息沟通及时，信息量丰富，信息质量高，对彼此的背景和人品都有较为透彻的了解，一些不良的人群基本就能在联保的过程中自动直接筛除。一般情况是五户联保的客户多为邻居、朋友或者亲戚。联保小组这一机制具有隐形的征信作用，降低了信息不对称程度，但需要防范信誉差的人共同组成的信贷小组。

（2）确定客户的信用级别。不同的客户级别所能得到的最多贷款额是不同的。第一次贷款的客户是一级客户，客户得到过一次贷款并按期归还，再贷款就可自动升为二级客户，二次贷款并未逾期的可自动升级为三级客户。每户第一次贷款限额为1万元，二级客户限额为1.2万元，三级客户限额为1.6万元，且三级客户的综合费率从20.64%降到19.2%。中和农信通过把借款金额控制在较小的范围内，实现对风险的控制。

（3）贷款的审核。包括办公室审核和实地考察。办公室审核主要是看小组成员的年龄、额度、风险提示等方面是否符合要求。一般要经过2~3天。实地考察主要是到放款时首先要审核信贷员对贷款户培训的效果，如是否明晰贷款的责任、还款的要求等，实地审核通过后就让贷款户签字并按手印，办理贷款手续。信贷员对贷款风险的把握是控制风险的主要环节。从组织联保小组到放款的审核过程最多为10天。

（4）发放贷款。发放贷款要由县服务社负责。通常是由会计、出纳、督导一起现场发放。发放贷款时贷款户要与信贷员、服务社的督导一起合影，信贷员当天就要把客户的还款信息和合影照片录入中和农信的信贷管理系统。

（5）回收贷款。回收贷款由信贷员操作。信贷户的还款要先交给小组长，信贷员自己直接向组长催款。信贷员要先同贷款户电话沟通，每次要提前2～3天预约，约定时间后上门回收，信贷员收款完后当天要将现金就近存入银行（或信用社），每个信贷员有一个基本账户，且只能用于存放收回的贷款而不能取款。信贷员存入钱后钱款自动到达服务社的账户上。对于信贷小组成员而言，为了不影响团体信誉，小组内将形成互助还款的形式，使得联保模式下还款风险由一人分散为三到五人承担，公司需要承担的非系统风险就大大降低了。

（6）风险监控。发放贷款后，服务社和信贷员利用电话回访进行后期风险监控。其中，信贷员是风险控制的主要因素。首先是对小组集体培训，然后是客户家访。此外，还包括不定期的回访、路过时打听客户信息等。

5. 资金来源

公益性小额贷款公司在发展的早期，资金来源主要靠强调社会价值的非营利性资本。但是随着发展规模的扩大，公益性小额信贷机构越来越需要从市场上获得资金，这些资金是营利性的。具体而言，中和农信的信贷资金来源有以下方面：

（1）投资款。投资款主要来源于中和农信投资方的款项，包括中国扶贫基金会募集的国内外捐款以及商业机构的捐款，同时还包括一些非政府组织向基金会提供的无息贷款。

（2）批发贷款。中和农信已先后与国家开发银行、渣打银行、中国农业银行、北京银行等合作并从这些银行获得批发贷款。批发贷款的利率在6.5%左右，加上担保费用等，资金成本为8%～10%。目前，批发贷款已经成为中和农信资金来源的主要渠道。

（3）战略投资者。战略投资者的作用在于补充中和农信的资本金。

（4）资产证券化。2014年，证监会批准了中和农信的公益小额贷款资产支持专项计划，总额5亿元，打开了从资本市场融资的通道，2015年中和农信资产专项计划产品也已经成功完成，总额5亿元，这意味着公益性小额信贷在资本市场上的全新融资模式已经逐渐成为一种常规融资模式。

此外，中和农信还享受了政府给予发放支农贷款的金融机构才能享受的税收优惠政策。2010年国税总局和财政部发文，中和农信公司发放的5万元以下支农贷款的利息收入可免征营业税，这是公益小额信贷机构中唯一的一家。

6. 发展绩效

中和农信通过多年的探索和努力，在农村金融领域发挥了重要作用，成为国内最大的公益性小额信贷机构。2015年国际知名小额信贷评级机构——沛丰评级——对中和农信小额信贷项目进行评估，中和农信的经营管理和社会绩效管理水平均位于全球小额信贷机构前20%。

近年来，中和农信资产规模迅速扩大。2014 年，中和农信共发放贷款 253 001 笔，贷款总额 29 亿元。截至 2014 年年底，中和农信的贷款余额达 19 亿元，同比增长 58.46%，有效客户数 237 817 人。总资产从 2011 年的 8 亿元逐步增长到 2014 年的 22.4 亿元，增长了 1.8 倍；所有者权益从 2011 年的 2.7 亿元增长到 2014 年的 5.7 亿元，增长了 1.1 倍（主要资产负债表数据见表 2-4）。

表 2-4　　　　中和农信 2011—2014 年资产与负债规模　　　　单位：万元

	2011 年	2012 年	2013 年	2014 年
流动资产	77 883.02	115 074.63	145 979.33	220 927.36
非流动资产	1 623.90	1 858.09	2 352.61	3 109.31
资产总计	79 506.92	116 932.72	148 331.95	224 036.67
流动负债	52 531.16	86 990.66	88 023.40	106 090.73
非流动负债	0	750.00	5 690.00	60 824.35
负债合计	52 531.16	87 740.66	93 713.40	166 915.08
所有者权益	26 975.76	29 192.06	54 618.55	57 121.59

资料来源：中和农信 2011—2014 年年报。

在资产规模扩张的同时，中和农信保持了较好的资产质量。2014 年中和农信 100% 采用了无抵押贷款的贷款方式，单笔贷款额度小于 1 万元的贷款占贷款总数的 69%，贷款直接用于种养殖业的占贷款总数的 63%。从 2006 年之后，中和农信大于 30 天的风险贷款率（PAR）普遍稳定在 0.5% 以下，2014 年这一指标为 0.27%。

中和农信实现了商业可持续和社会价值的兼顾。2008 年起，中和农信已经实现了累计盈利，证明了给贫困农户发放贷款是一种可持续的商业模式，而不是简单的输血式扶贫。中和农信与客户之间是一种平等合作的关系，中和农信为农户提供小额信贷，收取适当利息使机构可持续运转，进而持续为客户提供信贷服务；客户因发展需要申请并获得贷款，并通过使用贷款创造新的收入，提高生活水平，逐步走向富裕。2014 年，中和农信实现营业收入 3.1 亿元，净利润 1 943 万元，总资产收益率（ROA）为 1.04%，净资产收益率（ROE）为 3.48%。从服务的区域和对象来看，2014 年其贷款覆盖区域的 81% 都是贫困县，农户占有效客户数的 97%，81% 的客户都没有向其他金融机构贷款，女性客户占比达到 93%。中和农信的贷款不需要抵押和担保，还提供上门服务，客户在家就可以获得贷款和还款，大大节省了农民的经济和时间成本。在《小额信贷的作用与影响——以中国扶贫基金会小额信贷为例的实证研究》中，中国科学院农业政策研究中心对中和农信有以下评价："中和农信小额信贷受到农民欢迎。大部分小额信贷户表示如果需要钱，首选中和农信。小额信贷农户中 84% 认为与正规金融贷款相比，小额信贷更方便快捷。"

中和农信贷款用途构成情况如图 2-1 所示。

贷款用途构成（以笔数计）

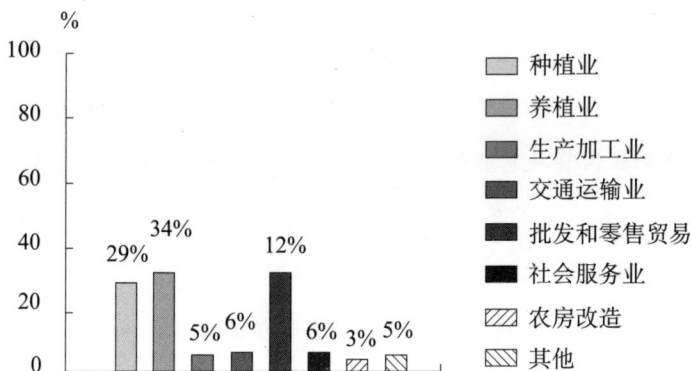

图 2-1   中和农信贷款用途构成

资料来源：中和农信 2014 年年报。

7. 总结与讨论

7.1   中和农信的机构属性

中和农信是一家扶贫机构还是一家金融机构？中和农信是中国扶

贫基金会发起成立的机构，经营初衷不是通过放贷款实现盈利，而是为了提供普惠金融服务。在农村信贷市场上，占据最主要地位的是农村信用社，之后是中国农业银行和中国邮政储蓄银行。但这三大金融机构在面向"三农"提供信贷支持时，面临着交易成本激增的问题，当贷款额度在 5 万元以下时，盈利可能性很小，因此客户很难下沉到最底层的农户。以农信社为例，其信贷服务覆盖的 8.7 万户农民，只占全国农民的 1/3 多，仍有相当一部分农民被排斥于金融服务之外，只能依赖民间借贷融资。中和农信实际上服务的是剩下 2/3 的农民，通过提供微型贷款而不是赠予，支持他们创业发展，达到造血式扶贫的目标。由于中和农信客户层次定位的特殊性，在农村金融市场，它实际上并不构成对其他金融机构的竞争，而是对现有金融体系的一种补充。

因此，从目前的发展状态来看，中和农信并非一家严格意义上的金融机构。它是一家有着深厚的 NGO 背景，以小额信贷为手段，以扶贫为根本目的的社会企业。

7.2　中和农信的可复制性

在中国的公益性小贷公司中，中和农信是发展较为成功的。因此，人们会自然关心中和农信的模式是否能够进行复制；是否模仿了中和农信的信贷操作流程和管理方式，其他机构也能在农村信贷市场实现商业可持续性和公益性的兼顾。

中和农信是中国扶贫基金会控股的专业小额信贷项目管理公司。中国扶贫基金会是归口国务院扶贫开发办公室管理的社团法人组织。在享受政策优惠、获得小额信贷的试点资格和银行资金等各方面，中和农信凭借其专业的小额信贷运营管理能力和出色的社会绩效表现，得到了政府的大力支持。这些支持主要体现在以下几点：享受正规金融机构方可享有的免除5万元以下支农贷款营业税和所得税的税收优惠政策；视同区域性金融机构，允许接入中国人民银行征信系统，并向系统分享得到的客户征信记录；能够获得国家开发银行、中国农业银行等大型金融机构数以亿计的批发贷款；是备案制后第一家获批进行信贷资产证券化试点的小额信贷机构；得到有关部门的视察和关怀。

政策支持、税收减免、资金支持等多重优势，一方面提升了中和农信的信誉和业务开展的效率，另一方面也降低了运营过程中的成本。而对于其他普通的公益性小贷机构而言，在应对市场严峻挑战的前提下，既要践行社会使命又要转变运营理念，引入市场化的管理模式和运营机制，其生存的难度将显著加大。当然，获得政策支持和机构自身的良好发展也是相辅相成的。如果机构自身的经营管理实力不过关，即使小额信贷机构得到了类似的支持，最终也可能因为管理问题，而最终丧失这种支持。

附录2：中和农信分支机构调研报告

为了更好地了解中和农信的小额信贷运作流程、风险控制方式和发展绩效，2015年4月，中国人民大学小微金融研究中心的调研团队[1]前往河北省沧州市海兴县进行了实地调研。调研主要在中和农信海兴县农户自立服务社以及其小额信贷客户家中进行，调研方式以对有关人员进行深度访谈、对放贷流程进行现场观摩为主。

1. 海兴县农户自立服务社概况

海兴县位于河北省东南，渤海之滨，是国家扶贫开发工作重点

---

[1] 成员：李焰、罗煜、高巍、段洪波、王琳、连安禾夏、李珍妮。

县，当地有"种万顷地，收千斤粮"的说法，可见粮食产量非常低。海兴县面积 965 平方公里，辖 3 个镇、4 个乡，人口 22 万人，2014 年地区生产总值 37.3 亿元，城镇居民人均可支配收入是 19 166 元，农民人均纯收入为 5196 元[①]。

中和农信在海兴县设立的分支机构"农户自立服务社"于 2011 年 3 月 7 日成立，目前覆盖 7 个乡镇、197 个行政村，工作人员共 10 人，其中 3 人是管理人员——1 名主任，1 名会计、1 名出纳（2 人同时兼任督导），剩余 7 名为信贷员。农户自立服务社的办公地点位于一座普通两层楼房内，办公条件较为简朴。

农户自立服务社主任的选拔由中和农信总部进行。中和农信对分支机构负责人的选拔标准看重的是基层工作经验和责任心，对于金融的专业要求次之。现任主任王某曾在 3 个乡任副职，曾任县扶贫办副主任，总共在基层任职 10 年，在就任之前没有接触过金融。

> 总部已经把流程安排好，我们就是执行，执行就是和老百姓面对面打交道。
>
> ——王主任

信贷员的选拔考查要点是应聘者诚信无污点，有广泛的社会联系，所在村子处于交通便利、人口密集度高、信息流量大的地点，这样便于信贷员的出行和信息采集。

> 选信贷员各方面都要考量，也很严格。在农村，口碑很重要，人品是首先考量的因素；对当地情况比较了解，所处的区域位置有优势——乡镇所在地位于交通要道，村子大、亲戚多，信

---

① 数据来源：2015 年海兴县政府工作报告。

息量大，好掌握情况；还有就是勤劳。

海兴县服务社信贷员现平均 40 岁，起步工资是每月 2 000 元，之后再根据业绩上调，目前基本做到了人均月工资三四千元，去除"五险一金"及所有的交通费、通讯费、广告费，员工可净得约两三千元。经了解，海兴城镇人均月净收入 2 700 元，因此针对这样一个贫困地区，两三千元的月工资以及"五险一金"对普通农民来说已经是相当不错的待遇了。

由于收入与业绩相关，工作人员都有很高的积极性。中和农信根据信贷员所在区域、人口密度、个人能力对信贷员进行区域分配，信贷员几乎覆盖了全县 22 万人口，人均负责 3.1 万人。信贷员的工作量是比较大的，例如一组一年期贷款（按小组计）5 万元，需要至少跑 12 次，其中 1 次调查，1 次放款，10 次收款。

中和农信对于贷款风险的把控更多地依赖基层信贷员对农户的了解和判断，因而基层信贷员的责任心对贷款活动的有序开展变得十分重要，如果不加控制，容易出现信贷风险。据了解，中和农信对信贷员的考核会综合考量贷款总额、收款数量和不良贷款数量，对分支机构主任的考核还会加入"员工流失率"一条，说明中和农信在对基层员工的考核上做出了一些设计，需要员工将小额贷款当成一项长期的事业，在保障每笔贷款安全的前提下，有序开展业务，扩大贷款规模。

2. 小额信贷的具体操作

2.1 贷款流程

贷款分为以下 4 步完成：

（1）农户向中和农信提出借款申请，信贷员走访农户，了解农户借款意向、用途等事宜；

（2）信贷员向农户介绍贷款、还款规则；

（3）农户自发组织信贷小组，通常借款小组由5人联合组成，每个人均有借贷需求，相互负有贷款连带偿还责任。2014年之前统一实行5户联保，2014年以后根据地方具体发展情况，开始实行3～5户联保。

对于小组成员没有特殊规定，可以是亲戚（直系亲属除外），也可以是邻里。目前当地农民已经有了很强的"创业"意识，且已经形成了一定的"借贷"文化。

> 有些亲父子，儿子需要钱，不向父亲借钱，要自己贷，要自己创业，不想依靠父亲。

小组贷款的形式充分调动了农户参与金融活动的积极性，利用中国乡土社会中人际交往所形成的信任，解决了贷前审核、贷中监控、贷后处理的问题，降低了借贷活动中常见的逆向选择及道德风险问题。

> 小组撮合也不容易，要农民自己去找，这就要看信誉了，有些有钱的反倒不能组起小组了。曾经有一户贷款时，信贷员问她当其他四个人还不上时，她是否愿意替他们还，她说愿意，因为她之前盖房时，他们都帮助过她。还有我们曾经遇到有一个客户是跑运输的，出了事，最后另外几户都替她还了……联保小组起作用，在组小组的时候组员会互相做出承诺，都是妇女，都在一个村里住，都了解，心甘情愿帮助还，有互助性质，大家都怕连累大伙。

（4）信贷员将借款需求上报服务社，由服务社审批，审批通过即可放款。

2.2　中和农信小额信贷特征

在海兴，能够提供信贷服务的金融机构有商业银行、农村信用合作社、小贷公司等，它们覆盖的客户层级和贷款额度，都要高于中和农信。中和农信的小额信贷与这些金融机构的区别在于：

（1）中和农信采用的是小额信贷的方式，即把借款金额控制在较小的范围内，既不能直接影响农户的大额投资，也不足以让农户以丢掉信用为代价来故意违约"跑路"，发挥救急、补充的作用。具体而言，按照成功借款还款的记录，分为一、二、三级客户，级别越高，可借金额越大。每户第一次贷款限额为1万元，第二次贷款称为二级客户，限额为1.2万元，第三次贷款称为三级客户，限额为1.6万元。

> 我们的宗旨就是"助力微型创业"，"助力"只是提供帮助，不是把所有的钱都给她，自筹资金还缺点儿钱的时候找我们来借。

（2）期限1年，分期等额还款。等额本息贷款利率为13.5%（年化利率为20.64%，涵盖保险），三级客户可以降到12.5%（年化利率为19.2%）。自第三个月起还款，10个月等额本息还款，将农户的还款压力平摊在整个借贷期间，更便于农户接受，也降低了机构的风险。较高的利率是为了避免有其他融资渠道的人来向小额信贷机构贷款，从而使得小额信贷资金真正流向从其他金融机构无法获得贷款的群体，保证了小额信贷机构的使命。从实际情况看，这个利率水平对于农民而言是可以接受的。

（3）借款采取信用方式，无需抵押和质押品。

（4）目前，借款还款均采取现金方式，由信贷员直接上门送款收款。以后逐渐朝向电子化发展。

（5）贷款发放时必须小组全体成员在场，有特殊的签字盖章照相仪式，借款人需提交身份证、户口本。所有手续办完，信贷员通过中和农信自主开发的信贷追踪系统移动端，将相关信息立即上传总部，以做实时监控。

（6）借款用途可以是生产经营，如种植、养殖、加工，也可以是耐用品消费，如结婚盖房等，还可以用于家里治病、娶媳妇、上学等，不明确要求借款用途，只要能够还款就可以。

（7）贷款针对的是最基层的农户，且只贷给年龄在 20～65 周岁的已婚妇女。

> 农户的手机就是接打，有些连座机都没有，智能手机更少，有些妇女连签字都签不了，现学现签。

> 有时候女的对于借钱的责任心和把控风险的意识比老爷们更重，在我们这个地区，老爷们比较重义气，出去喝个酒啥的就把钱花了。

> 妇女拖家带口，不会跑。

（8）贷款方便。中和农信的小额贷款广告在村口墙壁上多处可见。在调研过程中，当问及农户为何要选择中和农信贷款时，农户说得最多的两个字就是方便。农民只用打个电话，不出家门就有上门服务，省去烦琐的手续和交通费用，降低了时间和经济成本。此外，与中和农信提供无抵押信用贷款相比，从银行获得贷款多需要有房屋抵押和担保人担保，对于农民的小额资金需求来说，传统的贷款方式中间成本过高。

一份贷款，信贷员至少跑 12 趟，农户打电话要贷款后，我们上门服务，第一次是去了解情况，每家看看贷款状况；第二次是放款，目前是现金放款，随后 10 个月的还款期中，每个月信贷员都要上门收款，一共 10 次。

2.3　中和农信小额信贷风控模式

中和农信建立了一套适用于农村小额信贷的贷款流程，发挥作用的风险控制手段不是信贷制度和风控模型，而是难以标准化、数量化的"土路子"，即小额、联保、地缘和亲缘双重作用下的信息透明和道德文化。据介绍，海兴服务社成立 4 年以来未出现过逾期的情况。

小额即指中和农信的单笔贷款金额不大，人均借款为 1 万元，这就使得单笔损失不会产生大的影响，并且风险足够分散，可以降低公司承担的非系统性风险。

联保小组使得主要的风险控制在小组成员之间的自动选择和监督机制中得以实现，中和农信不参与小组的组建以及金额的分配，主要考察小组成员是否愿意互相承担连带责任，即小组的紧密程度。

信贷员要看小组的信用。

虽然信贷员报上小组资料后需要主任审批，但真正的考察是在下面，基本条件够了，真正贷不贷要到下面看，我们有 2 个督导需要在放款时下到农户家里面进行考察。

我们之前有拒绝的：不是给自己贷的款、不愿意承担连带责任，或者是家里男的不同意。

我们要问妇女，和家里商量好没，两个人必须一致，共同愿意才可以借。

由于是村民自发形成信贷小组，在选择小组成员时，成员之间互相进行考核，理性人不愿因为信誉差的人加入而影响团体信誉。此外，邻里之间信息沟通及时，信息量丰富，信息质量高，对彼此背景和人品都有透彻的了解，降低了信息不对称程度。通过这种筛选方式最后进入信贷小组的成员信誉水平都较好，但需要防范信誉差的人共同形成一个信贷小组。

在贷款前阶段，联保小组这种机制已经将大部分信誉不良的客户排除在外，该机制存在隐形的征信作用。处于还款阶段时，为了不影响小组整体信誉，小组内将形成互助还款的形式。联保的模式将还款风险由一个人分散至三到五人承担，因而公司需要承担的非系统性风险得以降低。

但这种联保制度不具有普适性，只有在民风相对淳朴，邻里关系较为紧密，人口较为密集的农村地区才适用。

中和农信的信贷员更接地气，更加"下沉"：信贷员几乎都是金融"门外汉"，正规金融机构的合规基本不适用。他们就来自本村或者相邻的村，对农户情况非常了解，便于信贷产品的宣传以及风险的实时把控。

实实在在地说，我们的工作和银行的工作不一样，走亲访友对我们工作都有好处，信贷员所在的村和周围的村都有亲戚，对民风民俗、经济状况，甚至家庭状况都有了解，大款、搞工程的我们不贷，我们就是面对基层百姓，信贷员对基层特别了解，并不存在8点上班，5点下班，有时到亲戚家串门都能掌握很多信息。

3. 对中和农信实地放款的观察

调研团队走访了张褚村，跟随服务社观摩放贷的实际操作流程。

此次借款小组由 4 名首次贷款的农妇组成。年龄在 30～50 岁。借款用途分别为养鸡、盖房。具体借款信息如下：

组长王某，借款 8 000 元，用于盖房；

组员韩某，借款 8 000 元，用于盖房；

组员王某，借款 6 000 元，用于养鸡；

组员张某，借款 8 000 元，用于养鸡。

小组借款总额 3 万元，期限 1 年，利率为 13.5％，小组借款用于生产和消费各占一半。两名督导首先对小组成员分别进行询问，然后跟随农户到各自的家中调查，之后回到组长家中，再次核实借款人意愿，宣读贷款规则，无异议后检验证件、签字、按手印、放款。再进行现金放款，由 4 名借款人当场确认钱数，最后小组成员各自拿着领到的贷款再次进行合影。

两名督导反复询问的几个问题有："其他三人还不上钱，你要替他们还，都清楚吗？""咱们用这笔钱主要是干什么的？""家里人都商量好了吗？""对于我们的规则，还有没有什么不明白的地方？"

此外，调研小组还询问了关于借款额度占需求比重的问题，对于盖房农户而言，借款 8 000 元，盖房需要 60 000 元，借款额占大约 13％的比重，剩下的需要自筹或寻求其他借款。

4. 对中和农信往期服务客户的走访调研

调研小组走访了毕王文村。本次调研方式是访谈，与农户进行了深入交流。

第一家是毕王文村的刘某。刘某是三级客户，53 岁，丈夫在外面打工，儿子上班，从 2013 年养猪开始第一次借钱，已经成为了养猪专业户，饲养了八九十头猪，每头猪的饲料钱 1 300 多元，需要大约

12万元周转金。每头猪养育9个月出栏，净利润约400元，每年收益可达3万多元。

关于为什么选择从中和农信借款，刘某说借款方便，一个电话就行。如果到农信社贷款还需要抵押，比较费事。因为是三级客户，刘可以以12.5％的利率借到1.6万元，但她一般只借8 000元。关于贷款金额是否太少的问题，她回答借款只是用于资金周转，主要还是自己的钱。其他组员借款也是搞经营，组里成员有养虾的、养猪的和开车的。组建小组时，刘列出的标准是首先要人品好，诚信；其次是收入不错，有稳定还款的能力。此外还会考虑家庭其他成员是否有稳定收入，比如上班工薪收入等。到目前为止一共组建了3次小组，每次的成员都是一样的，小组两年多没出现过问题。当被问到为什么这么少的金额不从朋友、亲戚家里借时，刘回答说："现在都愿意拿钱做事，不是存起来""有时候差1 000块钱，在农村就很难""现在没多少人存钱，都想干点儿事，想创业，有多少钱干多少钱的'事业'"。还有主观方面的原因，就是向别人借钱相当于欠了一个人情，为了不多的周转资金去欠一个人情，在乡土氛围很浓的地方，农民会觉得不合算。

第二家是毕王文村刘某。刘某将近50岁，是三级客户，第三次以12.5％的利率贷了1.6万元。借款主要是为了丈夫和大儿子做塑钢窗经营，她自身并不十分了解经营状况。尽管家中塑钢窗的生意状况良好，但占压资金较多，大约十几万元。刘某不是其所在小组的组长，成员中有一个也是做塑钢窗经营的，其他的是养鸡或养鸭，彼此之间较为熟识。刘某家的年收入为3万~5万元。在被问到对小额信贷的需求时，刘回答说："一般情况下，不到万不得已不会借钱，毕竟有利息。"在回答"如何找到同时需要钱的小组成员"时，刘说自己找的熟人"不见得马上用钱，攒到一起借钱"。

5. 结论与讨论

（1）中和农信的小额信贷的服务位于普惠金融服务的底端，是我国农村金融的有效补充。从客户层次上看，中和农信小额信贷的服务对象与传统金融机构以及新兴的营利性小贷公司没有重叠，是几乎没有可能从金融机构获得贷款的中低收入农民。因此，中和农信的小额信贷服务具有普惠性，但它又有别于赠予式的扶贫，是需要农民偿还本金和一定利息的。

（2）中和农信的贷款利率并不低，但是农民能够接受，说明较高的利率具有内在合理性，相当一部分利息收入用于覆盖经营成本。从调研中发现，小额信贷的运营成本应该是很高的。中和农信的贷款流程属于"劳动力密集型"工作，需要信贷员大量的时间和精力投入，这一点是传统金融机构无法实现的，因为这需要在收入上对信贷员进行大量的补偿，极大提升了成本。而中和农信的分支机构多设在贫困地区，信贷员来自农民，能做到务农放贷两不误，目前劳动力成本还比较低，"劳动力密集型"的信贷流程是占优选择。但当地方劳动力成本提升时，或将中和农信模式推广到比较富裕的地区时，这种信贷模式可能会同样面临较高的营运成本。

（3）中和农信的风险控制机制主要在于五户联保，服务社的监控压力大幅度下降，其功能主要是发展客户、收放款。贷前、贷中、贷后的风控基本上由总部和贷款小组完成。这是与传统商业银行不同的地方，传统商业银行的风控机制需要一定程度上重视技术模型，但是在这种微型贷款中，基本不需要风控模型，主要依赖于制度设计，即

3~5人联保小组。但小组联保的模式在人口稀疏的地区（如草原）并不适用，在乡土文化被破坏的地方可能也效果不佳；且微型贷款在人均收入高，商业发达的地区也不适用，因为小额度难以满足需求。所以小额信贷的推广必须要符合当地的实际情况。

（4）中和农信的五户联保方式也存在运行的难度和潜在的风险。问题之一是"如何匹配借贷需求来组建小组"。根据规则，只有同时聚齐了3~5位借款人，才能够形成小组，并被授予贷款。但不同人的借贷需求并不经常能同时发生，相互信任、熟悉的人在同时段具有额度接近的信贷需求更加不易，依靠农民自己在一个村子中进行这样的匹配，交易成本并不低。问题之二是如何防止"多人借款，一人用钱"，即串谋现象的发生。由于组员之间互有亲属关系或关系亲近，完全有可能制造每个组员都有借贷需求的假象，再把钱集中给一个人使用。从调研中发现，人均10 000元的贷款限额，即使对于贫困县也并不算多，当客户较大的资金需求很难满足时，有可能出现串谋现象。这需要信贷员具备更强的甄别能力。同时也需要研究贷款限额应当按照什么样的水平进行适当的调整。

（5）中和农信的贷款期限只有1年，但从第三个月就开始还款，而通常把资金投入生产经营，要长达半年甚至一年才能有所收益。这就意味着农民在没有现金流收益的情况下，需要从其他渠道找到资金去偿还月付。另一个变通的方法就是选择超过实际需要的额度贷款，例如实际需要投入5 000元，一年之后才能有收益，但贷款10 000元，保证至少有5 000元不用过早偿还。农民是理性的，会在利息支出和资金需求之间寻找最佳的平衡点。这实际上是信贷规模扩张的一种倒逼机制。

案例点评

　　微型金融面对被传统金融忽略的低收入群体，为其提供必要的金融服务。其特点主要是额度小，及时方便。但是在实践中，人们经常会遇到这些问题：微型金融与传统金融有什么区别，与慈善又有什么区别？这篇案例文章并没有简单停留于微型金融的定义上，而是非常清晰地指出微型金融与传统金融的区别，以及与公益慈善的区别，并形象地给予"上边界"和"下边界"的说法。

　　如何理解微型金融与传统金融的边界，即微型金融的上边界？作者以专门从事小额信贷的中和农信为例，提出客户定位、贷款额度、信贷产品、风险控制手段四个划分尺度。具体地说，微型金融的客户为低收入群体，贷款额度在 5 万元以下，贷款方式以信用贷款为主，风控模式以自我管理的社群为主。这与大型企业、大额贷款、抵押贷款、专业人员风控形成鲜明对比。这四个划分尺度在一定程度上说明微型金融与传统金融的业务模式是完全不同的，由业务模式决定的组织结构、人力资源结构和激励约束机制也是不同的。跨界经营涉及大的机构调整，没有战略层面的重视，传统金融机构做小微金融只能是小打小闹，花拳绣腿，摆样子而已。

　　如何理解微型金融与公益慈善的边界，即微型金融的下边界？作者提出的划分标准是自我可持续生存。公益慈善可以不考虑收益，只是单方向的给予。但微型金融不是，也不能是："不是"是指微型金融强调金融的交易性质，贷款必须有借有还，还得付上利息，否则不是交易而是给予；"不能是"是指微型金融如果以给予的方式，或者退一步说，以免息的方式借贷，都有可能毁坏信贷文化，甚至毁掉被服务者，结果，是将好事做成坏事。微型金融强调商业可持续性和社会使命双重目标都很重要，问题是如何在两个目标中寻找平衡点而不发生目标漂移。

作者在案例中提出一个重要的观点，就是在既定社会使命目标的前提下（寻求一个较低的利润率水平），确定能够实现财务自足的贷款利率。如作者所说，中和农信运作模式是典型的微型金融信贷模式，按照其较高人力成本决定的运营成本，贷款利率不得不高于有抵押的大中型贷款，否则财务不可持续。于是，在没有其他办法降低成本的情况下，较高利率似乎是伴随微型金融的一个不得已的特征。但随着数字技术在降低人力成本方面发挥越来越大的作用，我们期望微型金融的这个特征逐渐淡化并消失。

点评人：李焰

中小企业融资篇

中小企业（small and media enterprice，SME），无论在发展中国家，还是在发达国家，都是经济活动中的重要主体。尽管它们体量较小，但创造了大量的就业机会，在社会的和谐发展中发挥着不可估量的作用。中国改革开放后，有越来越多的中小企业产生，它们已经在社会财富、就业机会创造方面撑起了大半边天。随着数字信息技术、可再生能源、3D打印技术发展，不仅服务业，制造业也会有更多的中小企业出现。"小而美"将成为企业中一道绚丽的风景线。

尽管如此，中小企业融资相对大型企业甚至微型企业来说更难，这始终是一个制约中小企业发展的瓶颈问题。导致瓶颈产生的原因很复杂，主要原因不外乎中小企业有较高的风险，相对低的收益，以及相对低的资产抵押能力，为金融机构对其提供信贷产品带来难度。显然，如何降低金融机构承担的信贷风险，是突破瓶颈的关键。

本篇收入的两个案例，分别从社群建设的角度和银行模式创新的角度，探讨中小企业信贷中风险控制的问题。

3

Financial Inclusion

以社群建设化解中小企业融资困境

——"3＋1诚信联盟"的探索[①]

李焰　王琳[②]

---

①　本案例调研小组成员为李焰、王琳、姜林林、罗申。本报告根据现场收集资料、访谈记录等整理而成。本案例调查和写作过程得到"3＋1诚信联盟"的大力支持，在此表示感谢。

②　中国人民大学商学院财务与金融系博士，中国证监会博士后科研工作站博士后，联系邮箱：wanglin_rbs@ruc.edu.cn。

摘要：中小企业融资难问题是困扰中小企业发展的瓶颈。郑州"3＋1诚信联盟"以善诚信理念为引导，以诚信积分和风险评价为手段，通过引导会员企业做"自组织"的管理，实现贷后风险控制。初步形成了一个具有控制、化解与承担中小企业信贷风险功能的金融服务组织。"3＋1诚信联盟"的社群管理办法，使诚信有价值，为破解中小企业融资难问题提供了宝贵经验。

一、"3+1诚信联盟"的由来

2013年的春天，已经在一个贷款担保公司工作两年的邢勇辞去工作，想用自己的方式为中小企业贷款提供帮助。他发现中小企业缺乏抵押品，无法获得足够的银行信贷资金，而信用担保或者互保的方式，也是很简单粗暴的。在一个担保圈内，为方便获得贷款，企业在银行或者担保机构的安排下走到一起，平时鲜有往来，相互了解不多，如果大多数企业没有问题，大家相安无事，否则就会形成债务的多米诺骨牌效应，大家无能为力。能否有一种方法，让企业真正相互帮助，改变那种冷冰冰的、被动的互保方式，有效解决中小微企业贷款难的问题？

邢勇在家附近的旅馆租了一个房间，闭关三个月苦思冥想，形成建立"3＋1诚信联盟"的初始方案。"3＋1诚信联盟"的名称寓意颇深。

按照邢勇最初的说法，"3＋1诚信联盟"是一个"在政府指导下，与金融机构合作，为小微企业提供融资服务，俱乐部式的银企诚信共赢平台"。在这个名字下，所谓"联盟"，即把大家联合在一起，相互之间是平等互利的，通过共同的约定和约束，实现互助共赢；所谓"3＋1诚信联盟"，即联盟以诚信为纲。邢勇坚信即便在借贷这种赤裸裸的金钱交易中，依然有诚信可言，唯有诚信，才有久远。"3＋1诚信联盟"引导会员诚实守信、自觉自律，通过合理的制度设计，形成对诚信者有奖励、对失信者有惩罚的机制，实现联盟成员共生和发展。因此"诚信"是这个组织实现愿景的理念保证，也是企业文化的核心；所谓"3＋1"，按照邢勇的解释，取意于老子《道德经》中的"一生二，二生三，三生万物"。其中"三"具有绵延不断、兼容并蓄的精神，而"一"是基础，是大道。"3＋1"体现了联盟创始人对联盟绵延生息、兼容并蓄的发展追求。看来，"3＋1诚信联盟"的组织名字蕴含了中国道家思想的智慧，更表达了邢勇对联盟的期许。因此，"3＋1诚信联盟"的核心是以诚信为本，形成中小微企业家的紧密组合，通过互助以及自律和他律降低信贷风险，解决融资难问题。

2013年7月，"3＋1诚信联盟"正式挂牌成立（其标志见图3-1），地点就在如书画院般的小四合院内。如此，人们明白了四合院中琴棋书画文化氛围的设计用心，就是创造一个放松的环境，为企业家们提供一个宾至如归的"家"。

图 3-1　"3＋1 诚信联盟"标志

8月末的一天，邢勇邀请某高校从事金融研究的李教授来到3＋1小院，对她的"3＋1诚信联盟"方案作进一步论证。李教授常年研究中小企业融资问题，深知中小企业融资难是一个世界难题。李教授的研究发现，中小企业是一个特殊的群体，它们的规模不大，但也不"微"。按照世界银行口径（人数、销售收入、贷款额度），中小型企业的雇员数目在10～300人，销售收入在10万～1 500万美元，银行贷款在1万～100万美元的水平[①]（见图3-2）。

中小微企业的划型标准：按雇员数目

类型	世界银行	中国
中型企业	50~300人	100~300人
小型企业	10~50人	10~100人
微型企业	<10人	<10人

中小微企业的划型标准：按销售收入数目

类型	世界银行	中国
中型企业	300万~1 500万美元	3 000万~3亿元（约500万~5 000万美元）
小型企业	10万~300万美元	500万~3 000万元（约80万~500万美元）
微型企业	<10万美元	<500万元（约<80万美元）

中小微企业的划型标准：按贷款规模

类型	世界银行	国内银行
中型企业	10万~100万美元	＞500万元（约>80万美元）
小型企业	1万~10万美元	100万~500万元（约15万~80万美元）
微型企业	<1万美元	<100万元（约<15万美元）

- 2011年7月，中国政府分布了新的《中小企业划型标准规定》，首次将"微型企业"纳入中小企业范畴。
- 然而，中国对小微企业的划型标准仍然明显高于国际惯例，尤其是按照贷款规模衡量。
- 国内商业银行迫于政策压力扶持小微企业，实际动作又主要服务于大中型企业，所以只能在"划型标准"上做文章。
- "划型标准"的差异导致我国面向小微企业的扶持政策，在目标的针对性和实施效果上均受到影响。

图3-2　世界银行和中国对中小微企业的划分标准

资料来源：郑自强. 对发展中国小微金融体系的总体思考. 中国人民大学"小微金融研究中心"工作报告，2014.

从企业特点看，相比较微型企业，中小企业处于发展扩张的变化点、管理上档次的转折点，因而有更大的不稳定性和风险性；相比较大中型企业，中小企业的资金实力、技术实力、市场规模均处于下游，缺乏抗行业波动和宏观经济波动的能力，风险较高。无论比上还是比下，中小型企业均处于风险足够高的阶段；从银行（投资人）角

---

　　① 国家统计局2011年对中小微企业按照15个行业两个口径（营业收入、人员）进行了划分。统计标准略高于世界银行。

度看，中小企业可抵押的资产少，信息透明度低，银行缺乏抵御贷款损失的手段；中小企业的利润水平不高，难以承受高贷款利率，银行难以通过高利率覆盖风险。因此，中小企业比大中型企业和微型企业，可能有更大的违约风险。

一些研究发现中小企业融资困境问题在发展中国家尤其严重，以至于在发展中国家出现"消失的中小企业"现象——中小企业获得的信贷资源配置小于微型企业和大企业（Ayyagari et al.，2003）（见图3-3）。但是，中小企业往往是国家重要经济支柱，在创造社会就业、GDP、税收方面发挥重大作用，如何解决中小微企业融资难问题，始终是各国政府苦苦思考的问题。

听完邢勇对"3＋1诚信联盟"发展规划的介绍后，李教授很兴奋，她发现这或许是解决中小企业融资难问题的一个很好的模式，该模式的价值在于通过社群建设提高中小企业的经营能力、提高银行提前发现风险的能力，以及风险处置和化解风险的能力。在普惠金融（小额信贷）领域中，尤努斯教授创造的孟加拉乡村银行模式就是一种典型的、基于社群组织的信贷模式。该模式借助于借款小组在经济、生活、学习上建立的紧密联系，成功地控制了借贷风险，实现了对穷人的无抵押信贷，打破穷人没有抵押也没有信用，因而不能成为银行借贷客户的传统说法。

诚信联盟模式如果做得好，有助于及时发现企业经营中的问题，并采取适当方式救助、纠错，可以化解转移风险，帮助银行做提前预警，降低银行的信贷风险。但李教授也心存疑虑，"3＋1诚信联盟"拟组合的会员是来自全国不同地区、在郑州做生意的中小企业主，与孟加拉乡村银行借贷小组成员是来自同一村镇的贫困妇女不同，如何

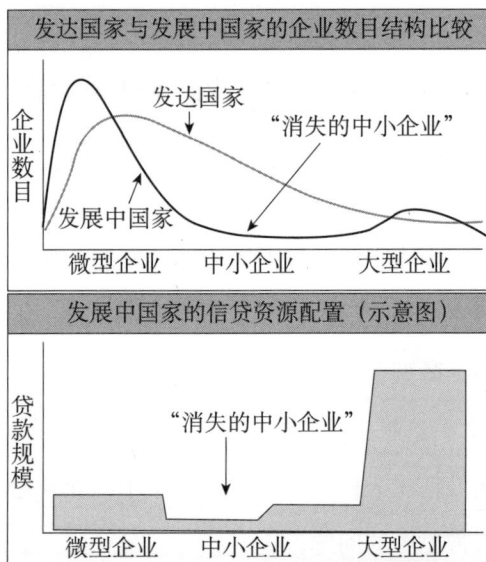

发达国家与发展中国家的企业数目结构比较

发展中国家的信贷资源配置（示意图）

"消失的中小企业"现象

- **"消失的中小企业"**
  - 从企业数目结构来看，发展中国家的SME的数目比例远低于发达国家
  - 从在经济中的作用来看，发达国家SME创造约65%的就业、约50%的GDP；而发展中国家SME仅创造约30%的就业、不到20%的GDP
- **形成"消失的中小企业"现象的原因**
  - 高税率、严格监管（如许可证制度）导致高成本的商业环境，使得大企业和处于非正规经济系统的自雇型微型经济体易于生存，SME则境遇困难
  - 与微型企业相比，SME的利润水平和边际资本回报不高，难以承受较高的融资成本
  - 针对微型企业和低收入群体的小额贷款模式（如团体贷款）不适合SME
- **对"消失的中小企业"现象的商业解读**
  - 发展中国家的中小企业融资具有相当大的挑战性，需要创新的商业模式
  - 需要更多关注小微企业，而非中小企业
  - 信贷业务，两头容易中间难

图3-3 中小企业融资难与"消失的中小企业"现象

资料来源：郑自强. 对发展中国小微金融体系的总体思考. 中国人民大学"小微金融研究中心"工作报告，2014.

在联盟成员中建立互帮互扶的紧密联系？中小企业借款额度动辄100万～300万元，与孟加拉乡村银行约1 000美元的单笔借款相去甚远，而且经营内容复杂，如何控制信贷风险？

二、"3+1诚信联盟"的起步

按照最初的方案，"3＋1诚信联盟"是一个处于金融机构和中小企业之间的组织，对于银行来说，通过联盟成员之间的相互担保以及相互帮助降低银行的信贷风险；对于借款企业来说，通过降低银行承担的风险提高资金可得性。

从图3-4中看，"3＋1诚信联盟"似乎是一个联保组织。由于"3＋1诚信联盟"要求取得银行贷款的会员按照贷款额缴纳15％的风险保证金，这种做法几乎无异于一般贷款担保机构。"3＋1诚信联盟"究竟有何特殊之处？对此，邢勇的解释是，"3＋1诚信联盟"绝非一般的担保组织，它的意义更在于形成一套激励约束机制，组织会员企业实现自我管理式的相互帮助（包括经营管理和风险管理），最终实现信贷风险的化解和转移。

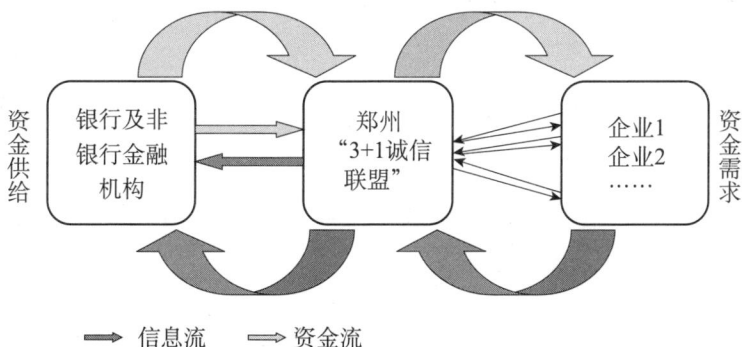

图3-4 联盟与金融机构、企业的关系

因此，"3＋1诚信联盟"模式的核心是基于会员自组织的社群建设，通过降低以及处置违约风险，解决中小企业融资难问题。

在机制设计上，"3＋1诚信联盟"经历了1.0版本和2.0版本。按照1.0版本，"3＋1诚信联盟"帮助银行做贷前、贷中和贷后的风险识别、监控、化解，将银行的损失降到最小。在1.0版本的设计和实施中，必须提到合作银行郑州城市商业银行金城支行。金城支行长期从事中小企业信贷业务，深知中小企业贷款的酸甜苦辣，当邢勇找到分行苏行长谈及自己的想法时，精明并且爽快的苏行长表示积极支持，愿意合作。由于"3＋1诚信联盟"帮助郑州城商行承担违约风险，苏行长承诺将让利3个百分点给"3＋1诚信联盟"，用于联盟日常管理。

按照双方商定的方案，邢勇从多年做担保公司积累的客户群中找到100家需要银行信贷资金，并且也是"3＋1诚信联盟"会员的中小企业，作为与郑州城商行合作的试点。"3＋1诚信联盟"的工作从贷前审查开始，贯穿贷中和贷后全流程：

贷前的管理。在这个环节上，"3＋1诚信联盟"将初步认可的拟申请贷款企业（也是联盟的会员）名单提交银行，由两家成立联合审贷组，联盟做初审，银行做终审。

贷中的管理。审查通过则由银行放款，贷款额度在100万～300万元。同时，所有拿到贷款的企业，均拿出贷款额15%的资金作为风险保证金集中放在银行的专门账户中，形成保证金池，作为集体担保的资金来源。

贷后的管理。贷后管理完全依托"3＋1诚信联盟"。"3＋1诚信联盟"通过自己设计的一套激励约束机制，激励会员在诚信互助的基础上，展开相互的监督、约束和帮助，直到贷款到期收回。如果最终还是出现违约，则由大家缴纳的风险保证金弥补损失，保证银行资产安全。

显然，贷后管理是联盟的核心内容和核心价值所在。而机制设计又是贷后管理的核心所在。怎样才能让一些互不相识、来自全国各地的中小企业家愿意走到一起、互相帮助呢？

三、"3+1诚信联盟"的机制设计

邢勇是个心绪平和、不急不躁的中年男子，不过一旦认准要做的事情，无论如何都要做出个结果，而且坚信成功。用他的话说，"不怕有问题，就怕没问题"，"问题没有点子多"。尽管如此乐观，"3+1诚信联盟"的机制设计还是耗用了他大部分精力。

任何机制背后都有文化的脊梁，撑起"3+1诚信联盟"机制的脊梁是"用善的理念做助人的事"。这听起来似乎有些幼稚，一位金融资深专家如此点评。他认为信贷领域必须强调借款人"原罪假说"，假设所有借款人都可能是违约的"坏人"，然后通过各种手段排除是"坏人"的可能性，如果无法确定，就采取抵押等手段对冲潜在"坏人"违约带来的损失。"3+1诚信联盟"的文化与此相反，是"好人假说"，假设所有借款人都是好人，通过弘扬"诚信、助他"的善念，抑制违约行为。

（一）会员之家

用邢勇的说法，"3＋1诚信联盟"就是会员的家，凡是加入

"3+1诚信联盟"的会员，都是家人。除了小院中茶、拳、书画、餐饮等颇具匠心的设计安排外，更重要的是会员定期的聚会。多数聚会只是大家一起交流，吃饭、喝茶、郊游，通过这些活动让企业家疲惫的身心在此放松，找到朋友分享工作和生活体验。令人惊讶的是，这些活动的效果居然出乎意料的好。为什么？在案例访谈中，一位来自山西、目前在郑州从事孕婴童服装贸易的青年女企业家田凤梅告诉我们：

> 中小企业家其实很孤独，他们每个人都是独自甩臂，昂首挺胸地往前走，但是不知道前面的风险有多大，一旦掉进坑里没人拉你。身边真正的亲人和追随者都不知道你是如何掉下去的。生意场上，真的很艰难，处处是荆棘，一点不夸张。你的竞争者，你的同行者，你的拥护者，一路走来，所有的风险，所有的担当，只有老板一个人承担，很难。

> 说实在的，在这个社会上做生意久了，家人是帮助不了你的，对遇到的困境他们可望而不可即，想伸手援助却力量不够，顶多解决你的三餐，帮你找个工作。但是你在社会上做生意，开公司，考虑的不只是自己的利益，你还想带着你的员工一起往前走。出现困难家人帮不了。需要另一种家人——企业家。邢总组织我们企业家在一起成为家人，就是让我们一起手挽手往前走，有人掉队的话，大家可以相互扶持。虽然每个人的成功目标有多高我们不清楚，但是起码在这一段路上，我们可以手挽手、肩并肩，一起往前走，只要大家愿意同行。这种感觉真的很好。联盟让我们找到了可以帮扶的、超过家人的家人，真的很好！

的确如此，凡是入盟的会员，尽管来自天南海北，通过参与联盟的活动，走得越来越近，感受到浓浓的"家"的味道。邢勇和联盟工作人员则是维系这个家庭的家长。

通过会员之家的建设，"3＋1诚信联盟"将互不相识的中小企业家们聚在一起，形成具有一定黏度的社群。企业家们喜欢这里，经营中遇到问题也愿意到这里说说，哪怕只会得到些许安慰。但这只是第一步，"3＋1诚信联盟"的目标是要通过社群建设形成有效控制信贷风险的效果，帮助中小企业解决融资难的问题。

（二）善·诚信互助会

善·诚信互助会是实现"3＋1诚信联盟"目标的一个关键部门，也是最能体现"3＋1诚信联盟"通过会员自治实现目标的部门。按照约定，作为联盟的会员企业一旦成功获得贷款，即自动成为"3＋1诚信联盟"中善·诚信互助会的成员[①]。在互助会中，会员们由自己选举出来的优质企业带领进行内部自我管理，实现集体帮助下的"自我救助"和"自我纠错"[②]，以控制风险和化解风险，实现共同成长。

1. 善·诚信互助会尊诚守信的理念

善·诚信互助会汇集了"3＋1诚信联盟"的主要亮点：第一，弘扬诚信文化，以尊诚守信的理念激励借款人守约；第二，鼓励互帮互助，通过"家"文化的影响以及激励制度，实现会员间的互律、互助，在共同发展中控制风险、化解风险。

---

① "3＋1诚信联盟"的会员中也有没有从银行借款的企业，这些企业为联盟的非核心会员。

② 按照"3＋1诚信联盟"的解释，所谓自我救助，是指企业在日常经营中因不可抗力造成的经营问题，并且在满足4个条件（保全固定资产在联盟名下；亲属签署担保协议；承诺联盟利益大于外部利益；选择性还款时优先选择联盟）的情况下由联盟实施的救助。自我纠错，是指联盟采取诉讼与非诉讼手段，对风险客户债务进行催收与处置。

弘扬诚信文化。邢勇认为，尽管中小企业家文化水平、信用水平参差不齐，但他们都有"善"的种子和诚实守信的内在基因，只要小心培育，就能令其开花结果，成为激发企业家在借贷契约关系中自觉遵守约定、保证还款付息的原动力。基于这个信念，所有加入"3＋1诚信联盟"要求的会员都被要求签署遵守诚信的《"3＋1诚信联盟"入盟盟约》。

倡导"用善的理念做助人的事"。由于贷款的企业才能成为互助会会员，按照贷款联保的做法，互助会员间事实上存在经济联系：联保制度将所有参与其中的企业利益捆绑在一起，具有"一人犯罪，九族株连"的制约效果。在这一点上，"3＋1诚信联盟"与其他贷款联保组织的契约规则并无差异。但是，与冷冰冰的契约约束不同，"3＋1诚信联盟"试图植入更多的内容，通过倡导"用善的理念做助人的事"，将被动牵连变成主动帮助，激发人们助人助己的"善念"和主动行为。

不要小看这些看起来很"软"的设计和调整，这些微调式的设计使参与联保的借款企业从被他人株连向主动帮助他人转化，可能产生完全不同的效果：通过主动施救帮助陷入财务困境的企业缓解债务困难，提高不良贷款回收率。将被动承担损失转化为：第一，主动提供帮助，化解风险；第二，主动监督，提前预警；第三，主动参与征信，提供同业者的有效信息，提高征信信息的准确度。

按照善·诚信理念组织的借款人互助会，实际上是通过发挥借款企业的主观能动性，在互帮互助的氛围下实现自律、自强、共生。比较单纯的信贷联保组织，除了共同分担风险以外，增加的价值在于对信贷风险的监测和化解（见表3-1）。而这一切又是通过互助会成员对弱势企业的帮扶实现的。善·诚信互助会这种将助人放在得失之上，将长远利益放在短期利益之上的做法，可换来联盟会员集体更有效和更稳定的发展。

表3-1 联合担保组织中主动帮助与被动担保的风险控制效果比较

	被动担保模式	主动帮助模式
风险监测	无法实现	主动实现
风险分担	被动实现	主动＋被动实现
风险化解	无法实现	主动实现

善·诚信互助会的理念可嘉，但"理想很丰满，现实很骨感"，互助会员真的会在善、诚信的理念感召下主动助人吗？面对经营失败带来损失这样严酷的现实，怎样激励互助会会员主动参与，这是问题的关键。互助会的制度设计是实现理念的保证。

2. 善·诚信互助会的激励约束机制

互助会的激励约束机制主要体现在"诚信积分管理""诚信力量金池""退保机制"三项制度安排上。

（1）诚信积分管理

诚信积分的基本原则是，遵守诚信按时还本付息者、积极参与互助会活动帮助他人者、为风险监控提供帮助者，以及积极配合银行存款结算要求者获得加分。积分从企业成功获得贷款后开始累计。会员原始积分统一为零，以后按照积分规则在原始积分基础上加减。每季度根据会员月平均积分增长值在联盟网站上公示排名。"诚信积分管理办法"见附件1。

诚信积分的排名从高到低分为三甲、二甲、一甲和乙四个级别，其中三甲企业占10%，二甲企业占20%，一甲企业占50%，乙级企业占20%。积分越高，享受的贷款贴息优惠就越大。三甲会员可以享受贴息补助，月贷款利息可从贷款当期银行利率降到银行基准利率，例如2016年年底可以降到月息4.04厘。

（2）诚信力量金池

积分的目的是为了评价和奖励。诚信力量金是为奖励善助他人者和诚信者专门设置的，以期通过自我造血，逐步替代保证金，提高联盟承担风险能力。诚信力量金池由贴息退保金、救助金和互助金三部分构成。

贴息退保金用于给积分高的会员贴息奖励。贴息退保金来自联盟向会员收取 2%～5% 管理费中的 1%。贴息奖励分"季度贴息"和"余额贴息"两种，按照"季度贴息"，会员积分在评选期内整体排名前 10% 的会员贷款利率降到 4.04 厘/月（目前银行基准利率下），整体排名前 11%～30% 的贷款利率降到 5.25 厘/月（目前银行基准利率下）。贴息额每季度以现金形式付给会员。按照"余额贴息"，每个授信年度的贴息金池中若有盈余，将在末季度评选结束后，全部分配给联盟所有贷款会员（诚信积分最差的乙级会员不享受此贴息）。

救助金是帮助那些在经营活动中出现短期资金周转困难的企业的资金。首批救助金 50 万元由联盟负责人邢勇个人捐赠，作为启动资金。后续救助金来源于：第一，在经营活动中出现短期资金周转困难的被救助会员认捐一定比例的利率作为捐赠；第二，在续贷时出现短期资金周转困难的被救助会员认捐一定比例的利率作为捐赠款项。捐赠规则见表 3-2。

表 3-2　　　　　　　"救助储备金"来源

"救助储备金"来源 1（按天计息）		
时间	15 天以内	15 天（含）～1 个月	1 个月（含）2～个月
认捐利率	0.5%	2%	3%
"救助储备金"来源 2（一次性捐赠）		
时间	7 天以内	7 天（含）以上	
认捐利率	1%	2%	

救助金的发放须通过分会会长和善·诚信互助会副会长审核，以及联盟会员管理中心审核。金额不超过 50 万元，期限不超过半个月。

救助金的设置体现了对陷入资金困境企业的帮助，也体现了被助者对助人者的回馈，这种激励机制的意义不仅仅是弘扬"助人为乐""助人为善"的利他精神，而且帮助联盟通过会员间的自我救助，实现风险化解的效果。另外，救助金关于受助者必须回赠资金的规则一方面有助于解决救助金来源，另一方面体现"人人助我，我助人人"的智慧，为互助会这个企业会员的自组织创造了一种正循环的力量。

互助金是用于企业贷款中由于借新还旧产生临时资金不足的资金。资金由互助会内其他会员主动提供（相当于会员间相互借贷），由联盟提供贷款担保。还旧贷新同样需要经过审核批准：借款人提前一个月通过分会长向联盟提起需求，由联盟担保并发起需求，其他会员自愿提供有息互助金，得到互助金的会员需在得到新贷款后第一时间归还互助金。为了保证互助金的安全以及对高积分者的激励，联盟规定这项救助只对有一甲以上资质的会员提供。

点评：诚信力量金是实现激励约束机制的重要保证。在资金来源十分有限的情况下，"3＋1诚信联盟"创造了一个既能给诚信者提供物质奖励（贴息），又能在激励的同时形成资金反哺的运行模式，这个模式在实现对联盟会员诚实守信、互帮互助的正向激励的同时，还实现了诚信力量金的积累，尽管积累的速度可能很慢，但却是稳定的。另外必须引起重视的是，由诚信力量金激发的精神文明在"商界"发展的能量之大，可能是不可估量的。

（3）退保机制

所谓退保就是退还保证金。按照联盟设计的规则，每个季度诚信积分评比中凡获得前五名的会员企业都有退保的资格。具体做法是：从下个季度开始每月退还保证金的1/12，一个季度可退还1/4的保证金。但是要求每个季度的评比相互独立，季度末积分清零。联盟给予优秀企业退保，是为了不让诚信企业为失信企业买单，始终保持联盟更多优秀企业健康成长；同时，退保机制也会激励会员企业努力自律助他以获取高积分、得到实实在在的利益。

对诚信者有奖励，对失信者有惩罚，这就是善·诚信互助会激励约束机制的核心。从 2013 年至今已经过去了四个年头，这套约束激励机制依然在不断修改完善中，引导会员遵诚守信、助人为乐。

3. 善·诚信互助会的组织管理架构

（1）组织架构 1.0 版

善·诚信互助会的组织架构几经调整。最初的设计是互助会下设发展委员会、诚信自律委员会和三一别院（见图 3-5）。

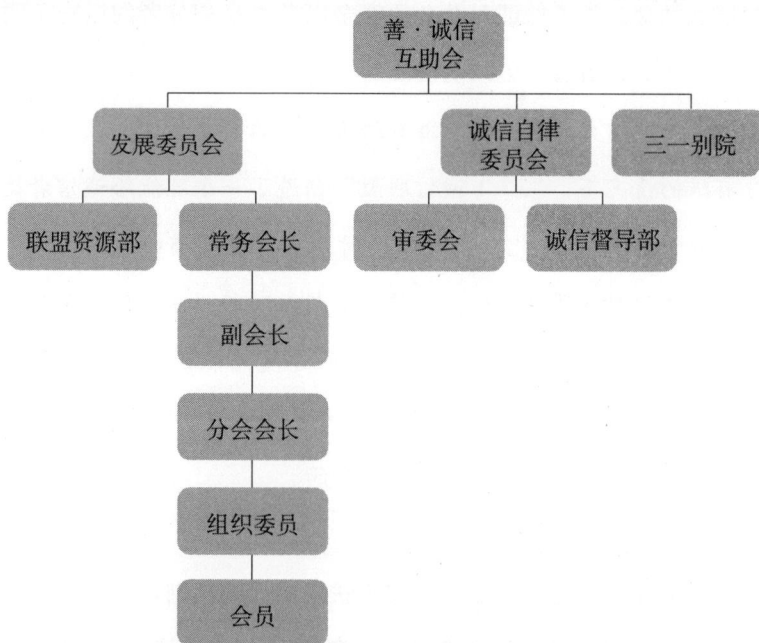

图 3-5　善·诚信互助会的组织架构 1.0 版

发展委员会的主要职责是组织建设互助会。会员的层级结构由低到高依次是：会员、理事会员、组织委员、分会会长、副会长、常务会长。理事会员为已获得贷款的会员。分会按行业设置，有大约 20个分会，标准分会为 10 人，分会内部管理为三进一制，即每 3 位理事会员会有 1 位组织委员，每 3 位组织委员会有 1 位分会会长。所以互助会会员是联盟会员的核心成员，也是主要的监督激励对象。

诚信自律委员会主要发挥监督会员"自律"的作用，代表全体会员对联盟重点关注的会员及续贷会员进行风险评估。自律委员会对企业是否续贷、是否增加额度或降低额度有建议权。自律委员会总共有 7 个委员。委员由自荐或他荐产生，但最终决定权在联盟会员管理中心。

三一别院被称作联盟的"线下俱乐部"，坐落在那个有茶室、咖啡厅等可供会员互相沟通、交流、联谊的小四合院①。在会员之家，三一别院为会员企业提供资源对接和生意洽谈的场所，以方便企业的经营。此外，"3＋1 诚信联盟"还以允许优秀会员成为三一别院股东的方式激励会员诚信与互助，股东可以参与分享三一别院资源。

也许是两会一院的架构过于复杂，角色设置上有重叠之处，2016年年初，邢勇重新调整互助会的组织管理架构，推出了 2.0 版。

（2）组织架构 2.0 版

在新的架构图中，两会一院不见了，代之以所谓"网格化社群管理架构"。这个架构依然处处体现 3＋1 的特点：互助会成员按照行业，每 31 个人为一个社群，每个社群有 1 名社长、3 个分会（每个分会由 10 人组成）；分会有 1 名会长、3 个小组（每个小组由 3 人组成，

---

① 2016 年因为拆迁，三一别院从小四合院迁入到居民楼中。尽管少了些地气，但三一别院的风格始终如一。

其中产生1名组长）（见图3-6）。邢勇称这个看似让人眩晕的结构是最稳定的三角架构，并取名为"三进一制会员管理办法"。当然如果某行业的会员太少，凑不够31个人的社群，就暂时少几个小三角。

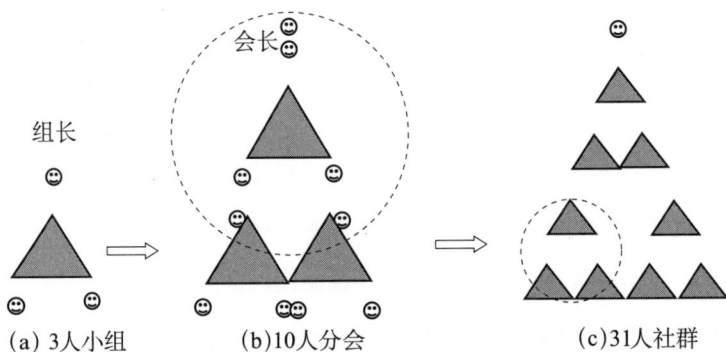

图3-6　三进一制会员管理架构

显然，网格式社群管理的架构比原来二会一院更加细致紧凑，在相互帮助的"自管理"的模式下，按照3+1的数量级组合叠加，可以更好触达到每一个人。

（三）风险控制

对于"3+1诚信联盟"来说，无论怎样强调诚信互助的理念，最终目的都是要降低会员的信贷违约风险。因此，怎样借助社群建设的自组织力量实现风控目标，是对"3+1诚信联盟"的大考验。

按照"3+1诚信联盟"的1.0版运作模式，风险控制从贷前开始，贯穿贷中和贷后。

贷前风控体现为"3×3+1"式的贷款流程，即"3+1诚信联盟"与郑州城商行按照共同开发的一套审贷标准，对企业借款申请进行审查，最后由银行批准并放贷。所谓"3×3+1"，即审贷过程经过3个

3天，分别完成收集资料信息和审核、现场调查、贷款决策过程，最后1天为放贷。按照"3×3+1"式贷款流程，企业从提出申请到最后获得贷款需要10天，这个时间对于单笔100万～300万元的放贷来说，并不算长，但也不算短。

贷后风控的制度设计主要体现在风险评价和风险处置两个方面，这也是"3+1诚信联盟"风险控制中别具特色之处。

首先，在贷后风险评价方面，"3+1诚信联盟"采用"诚信评级"＋"风险评级"双重打分方法。诚信评级按照会员是否积极参与社群活动，是否积极参与联盟的救助活动，是否准时还款付息等来评价；风险评级的办法则与银行一般做法类似，对企业经营状况、财务状况及还款能力进行评价。风险评价信息来自十分独特的财务信息、非财务信息及可视监控信息三个方面。其中财务信息由企业通过联盟网站、手机应用等定期向会员管理中心自报，由会长负责督促，联盟负责监督核实；非财务信息来自互助会熟人圈和其他渠道，然后由来自互助会的同行业会员以及外部专家打分。由于采集的信息更有针对性，更可靠，专家更内行，可以显著降低信息不对称程度并节约成本；可视监控信息来自联盟对所有互助会员主要办公场所安装的视频监控系统。按照特定打分标准，会员的诚信评级从高至低分为三甲、二甲、一甲、乙四等，风险评级分则为A、B、C、D。

在双重打分法下，诚信评级更多反映了借款企业主的品德及还款意愿，风险评级则体现了企业的经营和财务风险，以及与此联系的还款能力。

其次，在风险处置方面，联盟对每个会员的双重评级结果做加权后，进行社群信用排序（见表3-3）。评级越高，越可以得到奖励，包括享有贴息、退保等一揽子优惠政策。排序中倒数 20％的会员则被视为风险会员。风险会员意味着将被淘汰出局。

表 3-3　　　　　　诚信评级与风险评级结合表

序号	诚信评级风险评级			措施
1	三甲 10％	＋	A 类	可享受贴息权利
	三甲 10％	＋	B 类	待审
	三甲 10％	＋	B－类	不享受贴息
	三甲 10％	＋	C 类	追加手段
2	二甲 20％	＋	A 类	可享受贴息权利
	二甲 20％	＋	B 类	待审
	二甲 20％	＋	B－类	不享受贴息
	二甲 20％	＋	C 类	追加手段
3	一甲 50％	＋	A 类	正常
	一甲 50％	＋	B 类	正常
	一甲 50％	＋	B－/C 类	追加手段
	一甲 50％	＋	D 类	追加手段或退出
4	乙级 20％	＋	A 类	正常
	乙级 20％	＋	B 类	追加手段
	乙级 20％	＋	B－/C 类	追加手段
	乙级 20％	＋	D 类	追加手段或退出

资料来源："3＋1 诚信联盟"。

但是，风险会员不会被一下子清退，其中 15％的会员进行稳健退出，另 5％的会员进行强制退出。"稳健退出"四个字的背后，是"3＋1诚信联盟"对问题企业提供的各种救助帮扶。如果通过救助帮扶使问题企业缓过来了，就可以重新进入到好企业序列，只有那些救助无效的会员企业才会被最终淘汰。救助帮扶，是"3＋1 诚信联盟"风险处置中的亮点，它将银行与中小企业之间冷冰冰的，甚至简单粗暴的风险处置办法（警告、提前收贷）转化为尽最大可能的帮助、救援，不轻言放弃。如何对问题会员进行救助帮扶？这是关键的关键。做得好，可以使暂时出现困境的好企业渡过危机、起死回生，做得不好，也会产生道德危机，形成"大锅饭"效果。为此，"3＋1 诚信联盟"坚持救助帮扶的对象首先必须是讲诚信、助他人、有还款意愿的企业，对于无还款意愿的赖账企业坚决剔除（淘汰）。

联盟对于问题企业的救助帮扶设定了救助、纠错两个档次，并有相应规则。

"救助包"：凡是诚信积分高、有还款意愿、还息正常，但出现经营业绩下滑超过30％，3～6个月将会有改观的企业，或者诚信积分高且有自救方案，愿意接受联盟条件（担保人、担保物），优先偿还联盟款项的企业，可以进入"救助包"得到帮助。通过救助，帮助企业按时归还本金，平滑释放风险。救助的方式主要有：①增信，即增加担保人、担保物等；②增信＋压缩信贷额度；③联盟会员帮扶，指会员帮助垫支还款，受助企业用后期每月经营收益逐步偿还救助者贷款本息。

"纠错包"：凡是诚信积分很高、有还款意愿，但经营停滞，在6个月～1年内很难改善的企业，进入"纠错包"得到帮助。通过纠错，帮助企业最终偿还本金。纠错的方式主要有：①压缩信贷额度＋增信；②回款，主要指提前收贷、诉讼或代偿收回的款项；③救助，但此时的救助包含更多催款、帮助其他渠道借款、联盟成员垫付的内容。这些企业的问题相对严重，联盟对风险控制力度也相对加大。

至于那些诚信积分很低、有还款能力但没有还款意愿（已经进入法律诉讼阶段的赖账者），或者有还款意愿，但经营无法继续，且无法提供抵押资产和担保人的企业，则进入"不良包"。"不良包"内企业的贷款，用银行的标准衡量就属于坏账类了。联盟对于这类企业的风险处置办法是想尽办法收回贷款。其中诚信分很低且赖账不还者，联盟将强制其退出（即淘汰），同时以联盟的诚信力量金代偿银行本息；那些诚信分高且很努力还款的企业，联盟会尽力帮助，通过①内部兼并重组，以帮助脱困重生；②保全资产，以保障继续经营；③安排工作，保障生存。显然，最后一项措施是针对无法存续、破产倒闭的企业家，对这样的会员，联盟依然不放弃，要帮助陷入困境的"家人"找到一份工作以维持生活，直到重新站起来。

至此，我们发现一个非常有意思的现象：服务于中小企业主的"3＋1诚信联盟"与服务于贫困妇女的孟加拉乡村银行借贷小组尽管都是提供金融服务的社群组织，都强调"家"文化，弘扬助人悦己的精神，但联盟还是要把1/5的家人淘汰出去，比率相当高。为什么会这样？按照邢勇的解释，这是吐故纳新。必须有吐故纳新的机制，才能保证联盟这个"蓄水养鱼的池子"水质清澈，才能养好鱼，养大鱼；否则便会被小杂鱼取代。也许这句话背后有更多的含义。孟加拉乡村银行给乡村妇女的单笔贷款额度不到1万元，而联盟会员的中小企业贷款额度则是100万～300万元，后者借贷风险远远高于前者。水火无情，在高风险面前，也许严格的淘汰规则才可以换来社群的长治久安。

但是无论如何，"3＋1诚信联盟"的"无情"，比起银行来说，都太"有情"了。

在风险处置中，为了鼓励会员之间的帮助，联盟还规定凡是积极参与救助互助的优质会员，均可享受优惠待遇：①增加诚信积分，依据《诚信力量金管理办法》获得贴息退保金，降低承担风险的比例；②优先享受救助；③增加信贷额度部分不再收取费用（关于费用的解释见后）；④授予"优秀会员"称号，享受差异化费率和利率奖励，降低融资成本。

（四）差异化贷款政策

为了激励联盟会员遵诚守信、互助共赢，邢勇一再强调奖惩分明。为此，联盟在企业借贷额度和借贷利率上对会员企业实行差异化对待。按照商定，郑州城商行授权联盟可以根据借款人情况，在银行基础贷款利率上向上浮动 90％作为贷款利率，并可以向客户收取 4 个百分点作为管理费①。联盟将管理费扣除 1 个百分点作为日常管理费用，剩余 3 个百分点作为实现联盟激励约束机制的资金来源。联盟根据对会员的双重评价从高到低排列，评价分高者可以较低成本借贷，反之则高。在 2014—2016 年，联盟会员借贷成本最低可以为基础利率 4.35％，最高者则达到 13％左右。

在贷款额度上，差异化管理通过联盟向银行提建议的方式实现。对双重评价分数高、有足额抵押物的优质会员群体，建议银行给予最高额授信；对于评分低的企业，则在初贷、续贷时建议银行调低额度。

四、"3+1 诚信联盟" 可持续吗?

"3＋1 诚信联盟" 是一个非营利性的社团组织，目前隶属于河南省工信厅下的中小企业促进会②，尽管是一个为中小企业融资提供服务的非营利性组织，但也需要有足够的资金维持生存，形成可持续发展的财务来源。

"3＋1 诚信联盟" 的财务来源是向会员收取的管理费。按照 "3＋1 诚信联盟" 与郑州城商行的商定，"3＋1 诚信联盟" 可以按照贷款的 4％向借款企业收取管理费。联盟决定只拿出其中 1％作为日常管理费用，其余 3 个百分点进入诚信力量金池，用来激励会员并逐步替

---

① 2016 年郑州城商行的贷款基准利率为 4.35％，上浮 90％即是 8.265％。
② 2017 年，"3＋1 诚信联盟" 正在酝酿改名为 "三一金服"，以突出金融服务组织的性质。

换会员交的担保金。

截至 2017 年 5 月，联盟会员的贷款余额约 2.7 亿元，可以形成大约 270 万元管理费收入。作为一家金融服务机构，联盟的日常开支主要是员工工资，扣除行政费用、交通水电房租等等，按照目前 26 名员工计算，大约人均年薪 8 万元。在郑州这样一个大城市，作为金融服务机构，工资水平只能算中等偏下。长期这样如何才能吸引人才、留住人才？

值得提及的是，跟随邢勇创业并在第一线工作的人员，多数是有相同理念的人，他们受邢勇的感召，放弃原来稳定的工作投入联盟事业。这些人有的来自高校，有的来自金融机构，有的来自其他 NGO 组织。同其他创业企业一样，创业初期，大家很少谈及待遇，全力奉献。但随着联盟业务的扩张，人员也要增加①，保障大家有稳定、适当的收入，就越发重要了（见图 3-7）。

其实联盟的运作模式是很容易挣快钱的——只要增加会员企业，扩大贷款基数，管理费收入自然会上去，或者在贷款总额不变的情况下，降低管理费率中进入诚信力量金池的份额，将大部分征收的管理费用于联盟日常开支以及员工工资。但邢勇认为，联盟不是一个营利性机构，不以营利为目标是底线，但是，适当提高联盟运营收入，让员工过"有尊严"的生活，保证联盟可持续发展也是必需的。但在发展初期，完善制度设计，打造一个合理的运作模式是最重要的，"不可以为了捞钱失去方向"，为此，邢勇几次拒绝送上门的快速扩张机

---

① 为保证会员体系良性发展，联盟给每个社群配置 4 名工作人员，"池长"1 人，会员管理 1 人，风控 1 人，业务受理 1 人，这些人引导、辅助和服务社群进行自管理、自风控、自发展。

学历结构

研究生及海归
4%

大专以下
4%

本科
34%

大专
58%

□ 大专以下 ■ 大专 ■ 本科 ■ 研究生及海归

年龄结构

40岁以上
19%

30岁以下
19%

30~40岁
62%

□ 30岁以下 ■ 30~40岁 ■ 40岁以上

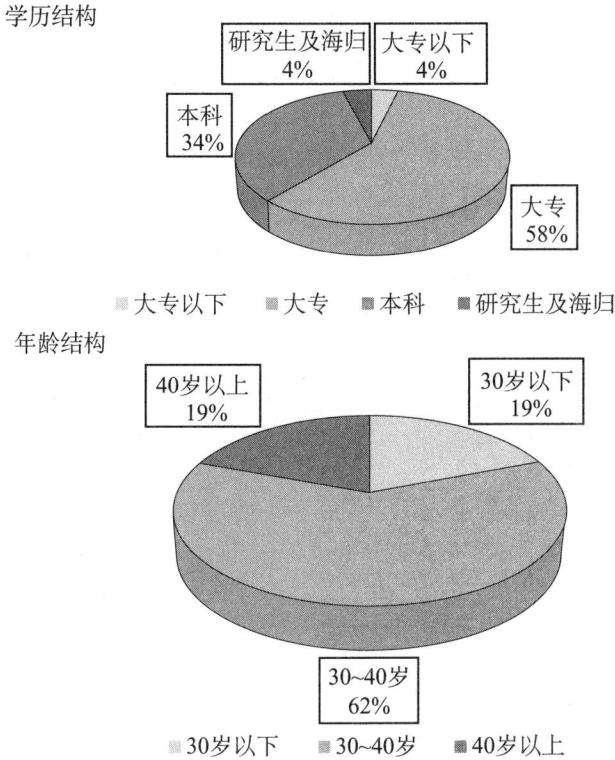

图 3-7 联盟人力资源的分布图

会。至于降低进入诚信力量金池的管理费以提高员工收入的做法，邢勇认为也不可取，这部分钱取之于会员，也要最大限度用之于会员，让优质会员企业不为劣质企业埋单，激励会员企业积极参与到自组织、自管理、自风控、自发展中，实现互助共赢，是"3+1诚信联盟"的目标。降低入池资金比重会延缓目标实现。

在运行四年后，联盟目前开始考虑扩大规模，与更多家银行合作。考虑到自身优势以及降低风险，联盟调整运作模式，将贷前、贷中和贷后的全流程信贷风险控制服务改为仅做贷后风险控制服务。这样一来，联盟的工作范围缩小了，联盟不再参与贷前审查，只是承接银行已有的中小企业借款户，通过社群管理为银行提供贷后风险控制的服务。显然，运营链条缩短，有助于集中资源、降低成本、提高质量，是一个很好的选择。邢勇将调整后的运营模式称为2.0版本。

五、"3+1诚信联盟"的效果如何？

"3+1诚信联盟"的独特之处在于以社群建设的方式将借款企业组合在一起，通过主动帮助而非被动互保的方式进行信贷风险的管理。期望最终能够在大家的利益不受损的前提下降低银行信贷风险，帮助中小企业解决融资难问题，实现互助共赢。那么，这个美好的愿望在邢勇和他的同事共同努力下，效果如何？为了进一步观察联盟的运作效果，我们把这个大的问题分解为以下四个小问题：中小企业是否愿意成为"3+1诚信联盟"的会员？联盟会员（尤其是善·诚信互助会会员）是否热心参与助他的活动，如果是，又是怎样助他的？联盟的制度设计是否能有效降低银行信贷风险？在2013年开始的经济下行中，专门服务于中小企业信贷的联盟能否承受经济周期的风险？

（一）中小企业愿意成为联盟会员吗？

为了解中小企业主对联盟的真实看法，案例编写组于2015年2月4日走访了三家会员企业，谈话内容按照是否认同联盟及互助会理念、是否愿意支持互助会的"互助与互律"活动等问题展开。访谈纪要见附件2。

从受访企业主的谈话中可以归纳出以下共同点：

第一，对互助会有很强的认同感，认为联盟给了他们"家"的感觉，让他们这些中小企业主在外艰难打拼之余，能找到可以交流和相互帮助的群体朋友，这是他们极其渴望的。

第二，联盟是真心实意为他们做事。特别是看到联盟真的给高积分的会员提供贴息和退保优惠后。

例如，第二社群①—一分会的一个会员从事安全技术的产品生产安装，经营稳定但应收账款多，故 2014 年 2 月通过联盟获得银行 200 万元贷款，同时缴纳保证金 30 万元。由于该企业平常积极配合联盟做银行交叉营销及自组织管理工作，且经营稳定，多次成为联盟贴息退保对象。到 2014 年年底，联盟为其贴息退保 6.4 万元。2016 年 3 月贷款到期后，该企业不再有额外资金需求，但仍愿意继续留在联盟内，参加自组织管理体系，在会员微信群内积极参与联盟的活动。

（二）联盟会员是否热心"助他"？有效果吗？

助他是联盟自组织管理模式的核心，邢勇设计的激励机制是否真的可以调动这些来自五湖四海的中小企业家关心帮助联盟其他成员？从联盟提供的资料中发现，在联盟成立后的四年内，有越来越多的互助行为发生。按照联盟的说法，这些互助体现在社群建设中的"自管理"和"自风控"中。

"自管理"类的互助主要帮助经营不错，但由于时间短或者信息不对称等其他原因无法从银行借到钱的企业，这时联盟的会员企业会出资相助，受助者将"利息"以捐助方式放入诚信力量金池，用于集体激励；或者以其他资源相助，比如提供货源、技术、销售渠道、咨

---

① 联盟也称社群为"池"。

询等。此外，一些互助还体现为会员企业之间的经营互动，例如形成上下游之间的"供应链"式的供产销组合。

例如，第三社群三分会的会员郭总经营一家轮胎商行，他从事轮胎销售业务已有七年，经验丰富且做得不错。2015年1月为了扩大销售规模，新增一家轮胎厂商的代理，通过联盟获得100万元贷款。郭总最初对在联盟的活动并不热心，认为联盟跟其他机构一样，所谓的救助、互助也只是随口说说，要是真遇到困难联盟肯定不会真的去帮自己，因而对联盟的日常会员交流活动有排斥心理，参与度不高。2015年11月，郭总因业务需要急需采购一批原材料，四处筹集资金后仍然有20万元的缺口。无奈之下想到联盟，于是抱着试试看的态度找到社长，没想到联盟当天便通过会员内部互助迅速筹集到资金帮郭总渡过难关，此次"救助"期为15天。郭总15天后归还借款，并将2 000元作为捐赠利息放入诚信力量金池。经历这件事后，郭总每次都积极参与联盟活动，并主动与联盟及会员分享交流。

第三社群二分会的会员孙总经营食品销售，有十几年的经营经验。但在2011年经营饭店时亏损了1 200万元，使2013年食品销售的主营业务资金受影响。他向多家银行申请贷款，均因自身现金流不够好被拒绝。2014年联盟对孙总的企业做了深入调查，并在同行业会员中进行论证，大家认为孙总有一定的行业经营基础，经营思路清晰，经营稳定，综合评定后，建议郑州城商行给予发放150万元贷款。孙总果然不负众望，借款后业绩不错，2016年年底进入第二年贷款期，资金已实现正常周转。孙总还注册了自己的品牌委托代加工。经过近两年专心经营，企业营业收入已由2014年贷款前的1 000多万元上升至3 000多万元。

第三社群三分会的王总最早做食品批发。2014 年 11 月通过联盟获得银行贷款 200 万元。2015 年公司开始扩张转型，由原来主营销售转变为产销一体，生产自有品牌的蛋糕。企业在河南原阳买 50 亩地用于建设产品生产线，2016 年正式投产。但是，从食品销售转为食品生产＋食品销售，需要增加很多新的工作环节，包括原材料采购。在一次社群聚会上，王总提到近期为工厂原材料供应商选择忙得焦头烂额的事，没想到这一提，社群会员竟帮了大忙。会员杨总在万邦粮油市场经营粮油批发，他引荐该市场内的面粉供应商提供面粉。另一家会员企业从事印刷，可以帮助王总提供对外宣传印刷品并引荐原材料包装厂家等资源。社群聚会上，众多小企业主为王总的蛋糕生产献计献策，包括蛋糕品牌名称、员工工资体系如何设计等。目前该企业运作良好。

第二社群四分会的会员孟总的公司主要生产销售聚氨酯系列产品、保温施工系列产品，产品用于冷库、热力管道、保温仓等。2014 年 1 月公司通过联盟获得 200 万元贷款。在一次"走进三一"的社群自组织管理活动中，联盟工作人员了解到孟总所在分会会员 A 的建材公司、B 的节能材料公司均从事外墙保温的材料研发、生产和销售，两家公司均需采购聚氨酯系列原材料。经联盟人员沟通，三位会员走到一起相互了解，在对企业经营情况、产品信息做充分考察后，A、B 两家对孟总公司产品及价位都很认可，且认为大家都在郑州，运输比较方便，综合成本也低。最终三家达成合作意向，由孟总作为 A、B 两家公司原材料供应商，并且 A 公司在订单较多时，委托 B 公司代加工生产，带动 B 公司业务增长。此外，在联盟管理人员的协助下，各家账款回收及时、稳定，三家公司至今保持着良好的业务关系。

除"自管理"类互助外，还有"自风控"类互助，主要是对出现还款问题的企业提供帮助。这类帮助实际更多的是救助或者"纠错"，当企业经营出现问题导致还款不顺畅时，社长、分会会长、自律委员会委员介入，启动救助程序，帮助这些企业进行兼并重组、脱困重生；帮助保全资产、保障经营；会员出手相助；帮助安排工作、保障经营等。按照前述，一般风险评级排序为后20%的企业，在满足特定条件时，一般会进入救助范围。联盟成立后的四年内，出现了经济下行对中小企业造成冲击的情况时，已经出现数例救助案例。

例如，第二社群的八分会某会员有一家玩具商贸类公司，经营儿童用品和玩具类批发业务，通过联盟企业取得银行100多万元贷款。2016年在办理续贷时，联盟发现该企业在其他银行有一笔三户联保的贷款，由于遭遇他行抽贷①，出现资金短缺问题，为了解决支付问题，该企业主频繁短拆，但付息依然不能保证。此时，企业主主动向联盟告知困难。社群管理人员深入了解企业经营情况后发现，该企业存在负债偏高，应收账款过高，运营成本高，有负利润店面，库存过虚（其中25%无价值，30%价值过低），销售渠道单一，销售停滞等问题。进一步了解企业资产状况，得知企业主有房产3套，其中两套全款房已全部抵押贷款，按揭商业房一套，已付100万元；库存价值100万元。针对发现的问题，社群召开会议讨论解决办法，大家认为，该企业在经营模式、管理上均存在一定问题，提出的纠错方案是，首先设法降低负债。通过变卖房产，降低银行负债以及每年利息成本。其次，建议企业降低运营成本，关闭负利润店面，压缩人员成本，将

---

①   指银行在贷款到期收回贷款后不再续贷。我国银行对企业的贷款期通常是一年，如果企业业绩不错且长期需要这笔资金，银行往往会以续贷的方式继续发放贷款。

按揭商品房过户至联盟，不再额外支付房贷，降低成本。再次，建议转型为O2O商业模式，并推荐在有赞商城扩大销售，保障经营。按照联盟的综合救助方案，企业目前已关闭负利润店面，人员由原来的36人压缩至10人，按揭房正在办理过户，在有赞商城的销售已经进行。由于成本大幅度压缩，并且有联盟提供的资产置换帮助（按揭房过户），以及改变销售模式，目前企业整体业务开始复苏。在救助过程中，社群管理人员与企业保持频繁沟通，随时提供咨询服务，帮助修正经营思路。

但是，对于不接受劝告，不愿意进行调整的企业，联盟也会将其淘汰。

第三社群某分会会员薛总的企业从事化妆品销售业务，是某个品牌的河南省级代理。2014年12月通过联盟获得银行贷款100万元。在一次社群活动中，社群管理人发现薛总与其他会员交流互动较少，且神情焦虑。与其寒暄询问经营状况时，薛总措辞躲闪语焉不详，社群管理人感觉有问题，会后立刻告知联盟风控人员介入。经核实，薛总的公司账面上已无流水，但还在扩张经营，欲从事"中国品牌"店面装饰业务。企业因盲目扩张导致主营业务萎缩，商场店面销量下滑。社群的自律委员立即劝阻其停止扩张，但多次劝阻无效，经社群专门的审查委员会讨论后决定，要求该会员企业提前还贷，稳健退出。后期联盟继续关注该企业，发现这家企业在2016年年初已经资不抵债了。

总结以上"自管理"和"自风控"的案例，可以发现联盟的社群管理体系已经开始按照预期目标发挥作用，会员企业之间的互助有助于改善、提高经营业绩，在帮助降低经营风险的同时，降低信贷违约风险；当企业已经出现财务问题时，社群的帮助有助于进行债务重组，给问题企业纠正"经营错误"的机会；对于无法救助的企业则坚决剔除，任其自生自灭。最后一种做法看似残酷，但从经济学的角度看，是对不适经营的企业的一种淘汰，有助于社会资源合理配置，降低社会成本。适当放弃，在这一点上，似乎与尤努斯的孟加拉乡村银行模式有所不同。

（三）"3＋1诚信联盟"对于银行价值几何？

商业银行面对中小微企业的借贷需求一般采取更加谨慎的态度，因为信息不对称和抵押物不足，也由于中小企业经营风险相对更高，收益对风险的覆盖程度上不去。如果存在这样一些组织，可以有效帮助银行解决信息不对称问题，解决担保问题，甚至更进一步，帮助企业降低经营风险，银行对中小企业放款的顾虑就可以打消了。"3＋1诚信联盟"自成立以后主要和郑州城商行金城支行合作，苏行长的感受如何？

2013年夏季，李教授访问了苏行长，问及她对联盟的看法。苏行长爽快地说，这是一次试点，她希望"3＋1诚信联盟"模式能够成功。按照当时协定，联盟对贷款偿还是兜底的，只要联盟能运作良好，银行没有问题。但是，苏行长对这种社群管理的模式多少还有些信心不足，毕竟是一群素不相识的企业家，非亲非故，真的可以相互帮助吗？她把最后的保险放在15％的保证金上。2015年年初再次走访苏行长时，她的信心明显增强了，认为这可能是一个成功的试验，到2016年年底第三次访问苏行长时，她几乎成了"3＋1诚信联盟"模式的代言人，联盟自创的术语信手拈来，并希望将这个模式扩大到郑州城商行其他分行。苏行长说，目前全国经济增长放缓，中小企业首当其冲，收益下降风险增加，许多专做中小企业贷款的银行坏账率明显上升，但是我与"3＋1 诚信联盟"合作的这部分中小企业贷款质量完全没受影响，"3＋1 诚信联盟"为我们做了大量工作，我们现在已经将全部中小企业的贷后管理委托"3＋1 诚信联盟"做了，贷款质量有保证，我的压力也减小了很多。

"3＋1 诚信联盟"的模式也受到另一家专做中小企业贷款的银行——中原银行开封支行的青睐，目前两边正在洽谈合作事宜。邢勇认为，随着"3＋1 诚信联盟"将工作重心转向贷后管理（运营模式 2.0 版），以及联盟对社群管理制度的进一步完善，"3＋1 诚信联盟"模式在更大范围内推广，与更多银行合作，只是时间早晚的问题。邢勇对此踌躇满志，充满信心，全力将"3＋1 诚信联盟"打造成专为银行提供中小企业贷后风控的专业服务机构。

（四）经济下行时期"3＋1 诚信联盟"能否守住？

2013 年开始的经济下行，使所有企业，特别是中小企业受到很大冲击，市场萎缩下那些完全靠自己的力量在商海中搏击的企业有相当一批筋疲力尽淹没于浪涛之中。不少地区发生了中小企业贷款担保组织的倒闭以及中小企业债务危机①，"3＋1 诚信联盟"的 100 多家会员企业均是销售额平均 3 000 万～4 000 万元的中小企业，经营领域从服装贸易、牛羊肉销售到建筑材料、电子器件，跨越 20 多个行业。这些行业均不同程度受到经济下行以及行业竞争的冲击。面对经济衰退，专为中小企业融资提供互助与担保服务的"3＋1 诚信联盟"是否

---

① 如 2017 年 3 月山东辉山乳业债务危机对该地区中小企业融资的冲击。

能承受住？这段时期可能是对"3＋1诚信联盟"体系的最严峻考验。

　　进入2017年，经济下行趋势还在继续，联盟获得贷款的会员企业累计有282家，其中有76家由于种种原因退出联盟或者被淘汰。扣除12家由于不再贷款正常退出的企业，问题会员占联盟累计会员企业总量282家的23％。如果按照累计贷款额度计算，2014—2016年三年会员通过联盟担保体系获得银行贷款7.4亿元，其中问题贷款约0.96亿元，占总额的12.97％，在问题企业中，接受救助的企业11家，被纠错者7家，不良者19家，收回贷款并退出者18家，跑路者约9家。如果将跑路企业的贷款看作坏账的话，这部分由联盟直接以担保金代为偿付的金额占累计贷款额的比率（可以理解为坏账率）约1.8％，远远低于15％的保证金率。与此同时，联盟的诚信力量金自2014年年底开始运营到2016年年底，累计为431家企业贴息退保163.42万元……看来，在延续三年的经济衰退面前，"3＋1诚信联盟"的社群风控机制还是有很强的抗冲击能力（见图3-8）。

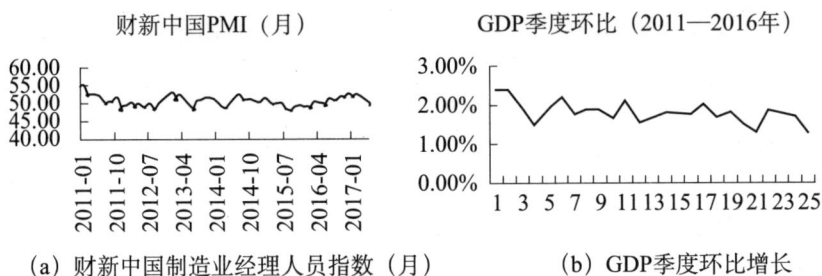

财新中国PMI（月）	GDP季度环比（2011—2016年）
(a) 财新中国制造业经理人员指数（月）	(b) GDP季度环比增长

图3-8　中国经济下行的趋势

　　面对经济下行的寒冬，"3＋1诚信联盟"执着努力，坚持一步一个脚印，完善社群建设制度，尽最大可能帮助中小企业"抱团取暖"，抵御风险。邢勇的团队坚信，经济越是下行，银行对这种精耕细作的中小企业贷后管理需求就越大。"3＋1诚信联盟"只需要把模式做好，练好内功，以迎接春天。的确，冬天到了，春天还会远吗？

参考文献

[1] MEGHANA A，ASLI D，THORSTEN B. Small and Medium Enterprises across the Globe：A New Database（August 2003）. World Bank Policy Research Working Paper No. 3127. Available at SSRN：http：//ssrn. com/abstract＝636547.

[2] 尤努斯. 穷人的银行家. 北京：生活·读书·新知三联书店，2015.

[3] THORSTEN B，ASLI D. Small and Medium-size Enterprises：Access to Finance as a Growth Constraint. Journal of Banking & Finance，2006，30：2931－2943.

附件1 "3＋1诚信联盟"诚信积分管理办法

编号	积分项目	记分类型	分值与金额	备注说明
1	会员每月8日前提供银行流水结算单	加分	10～25分	提供贷款银行结算流水，50万元以下加5分，50万元（含）以上加10分，100万元（含）以上加15分，150万元（含）以上加20分，200万元（含）以上加25分。
		加分		提供其他银行结算流水，100万元以下加1分；100万元（含）以上加3分，300万元（含）以上加5分。
		减分	5～10分/次	每月8日前未及时提供企业流水，扣5～10分/次。
		减分	10分/次	经核实，申报虚假流水，扣10分/次。
2	支持贷款银行业务	加分	10分以上	自己装pos机加10分（限1次）；在合作银行有存款支持的，50万元以内加5分，50万元以上加10分。
3	按期还本息，不逾期	减分	——	月息逾期1次扣5～10分/次。

续前表

编号	积分项目	记分类型	分值与金额	备注说明
4	为"3+1诚信联盟"推荐新会员	加分	20分/人	会员在贷款期间为"3+1诚信联盟"介绍新客户加1分/人；推荐客户成功贷款的，每户再加19分。
5	提供其他会员风险信息	加分	5～20分/次	提供其他会员风险信息，查证属实后加5～20分/次。
6	能积极配合参加联盟组织的活动	加减分	累积分	每参加1次加3分。 会员在贷款期间连续2个月未参加联盟组织的活动，每次扣1分。
7	保障监控正常	减分	5分/次	属人为关闭、破坏、干扰联盟监控的行为，扣5分/次。
8	企业重大信息变更告知	加减分	5～10分/次	企业重大信息（如装修，地址变更，非正常休假，主营业务变更，重大项目启动，经营场所变更，股权、投资及债务变化等）在规定时间内（至少提前15个工作日）告知的加10分，不告知联盟工作人员的扣5分/次。
9	提供诚信力量资金帮扶	直接贴息	10万元——贴400元金额 20万元——贴800元金额 30万元——贴1200元金额 40万元——贴1600元金额 50万元——贴2000元金额 60万元——贴2400元金额 70万元——贴2800元金额 80万元——贴3200元金额 90万元——贴3600元金额 100万元——贴4000元金额	1档：互助金额50万（含）～100万元，按互助金额高低依次挤占三甲名额；2档：互助金额10万（含）～50万元，按互助金额高低依次挤占二甲名额；若贴息会员与提供互助会员重复，则参照《诚信力量金管理办法》享受双重贴息。

资料来源："3+1诚信联盟"，2015年12月。

附件2 对"3＋1诚信联盟"善·诚信互助会会员的访谈记录摘要

时间：2015年2月4日

地点：河南省郑州市

访谈对象：

(1) 企业主田凤梅女士①。郑州童谣商贸有限公司负责人。"3＋1诚信联盟"善·诚信互助会童装行业分会会长。非当地人。

(2) 企业主杨来宾先生。郑州豫盛粮油经营部负责人。"3＋1诚信联盟"粮油市场分会会长。非当地人。

一、访谈田女士

问：您是怎样看待"3＋1诚信联盟"的贷款联保服务的？

答："3＋1诚信联盟"比简单的联保组织好。

像我们这样的小型公司，公司不大，就40多个员工，主要是销售儿童玩具，也有生产，不过是代加工。从企业成立之初到现在，和银行打交道也很多。开始银行根本不理。后来有了房产等固定资产，银行才慢慢接受。但靠固定资产去贷款毕竟不够。2012年开始兴起联保贷款，3～5户绑在一起贷款。我参加过一些五户联保的，也参加过同一个市场绑定的，多则几百户少则三五十户去银行贷款。从贷款开始到还款期限的这一段时间是没人管没人问的。出了问题大家就要承担。我记得一个很鲜活的例子：我参加过我们市场组织的一个集体贷款（联保贷款），其中一个公司的员工要辞职，要求老板当天拿到工资（一般老板发放工资是在每月10日），虽然老板说你放心走就可

① 田女士是"3＋1诚信联盟"一位非常典型的会员，入会时田女士的公司做得很好，也是"3＋1诚信联盟"的一个积极参与者和管理者，积极帮助他人。但2016年田女士的公司经营失败，"3＋1诚信联盟"对其进行资产重组的救助。在联盟集体帮助下，田女士正在进行二次创业。田女士深深体会到在"3＋1诚信联盟"中给予的"助他"和接受的"他助"。

以，10日我们的会计会把工资准时打到你的卡上，但是员工不同意，当场两刀，老板毙命。那个老板的妻子不在郑州，出了事情贷款不能偿还了，我们大家的保证金就被扣了。这中间没有任何人管我们，告诉我们彼此协助什么的，只是告诉我们其中一家出事了，保证金被扣了，仅此而已。身边这种例子很多。另外，如果三家一起联保而且三家都是朋友，希望你好我好大家都好。但是很难说其他人是否在其他银行也参与了其他贷款，那么这会不会对我们三个人的贷款形成风险？这风险有多大？虽然我们是好朋友，但是这种风险我是把控不了的。我根本就不知道该怎么办。"3＋1诚信联盟"帮我们解决了这些问题。

"3＋1诚信联盟"让我们在银行贷款中有了被服务的感受。

我们一路走来，和银行打交道很多，但是仅是靠自己的。最大的感受是没有主宰权，别人只是告知你；其次是没有丝毫的把握，什么都不知道；最后是从借到钱到还款从头至尾无人问津，包括银行的人。更有甚者，银行发现问题时第一反应就是先撤，先让把银行的钱还了，剩下的事情银行就不管了，银行只要保证它自己的利益就行了。

但"3＋1诚信联盟"不是这样。邢总最初跟我说的是，联盟的初衷很简单，就是帮助中小微企业。说实在的，刚开始我是真的很不理解，但是后来看到联盟做的种种事情，让我感觉到很温暖，很感动。

问：您怎样看"3＋1诚信联盟"这个"家"？

答："3＋1诚信联盟"让我们找到了超过家人的家人。

企业家本来每个人都是独自甩臂，昂首挺胸地往前走，一个人往前走，就算迈的步子再大，臂甩得再高，但是你不知道前面的风险有多大，有一天，踩到一颗石子摔倒了，胳膊断了是轻的，遇到一个坑掉进去了，没人拉你，上不来了才是大问题。你身边真正的亲人、你的追随者都不知道你是怎么掉下去的。说实在的，在这个社会上做生意久了，你真正的家人是帮助不了你的，你遇到的困境，他们是可望而不可即的，他们想要伸手援助，力量却不够，顶多是解决你的三餐，帮你找个工作。但是你在社会上做生意，开公司，考虑的不只是自己的利益，你还想带着你的员工一起往前走。出现困难家人帮不了。需要另一种家人——企业家。

邢总组织我们企业家在一起成为家人，就是让我们一起手挽手往前走，有人掉队的话，大家可以相互扶持。虽然每个人的成功目标有多高我们不清楚，但是起码在这一段路上，我们可以手挽手，肩并肩，一起往前走，只有大家愿意同行。这种感觉真的很好。生意场上，真的很艰难，处处是荆棘，一点不夸张。你的竞争者，你的同行者，你的拥护者，一路走来，所有的风险，所有的担当，只有老板一个人承担，很难。联盟让我们找到了可以帮扶的、超过家人的家人，真的很好！

问：为"3＋1诚信联盟"做事需要付出，但没有直接利益回报，您愿意吗？

答：非常愿意。

我在大家的推荐下当了互助会分会会长，后来又做了自律委员会的委员，需要为联盟做些事情，会花一些额外的时间，但我很愿意。

我认为"3＋1诚信联盟"的核心点就是希望大家把风险降到最低，一路前行，协助我们每一家企业一路走好。虽然中间很多的技术上的东西（指诚信积分规则）我理解得不是很透，但是我认为核心就是在这里。我很赞同，也愿意做出贡献，希望我们的联盟继续走好。我分管的工作说白了就是去真正了解企业，它们遇到困难时我们帮它们一把，它们真的有问题了，在我们的能力范围内，伸一把手帮助它们。但是如果真的出大问题了，那不好意思，我们一帮人不能跟着你一个人跳下悬崖，所以我们救不了你了。但是最起码我们努力过了，我们问心无愧。我认为这是我们自律委员会应该做的。一帮人往前走，总有几个人是吹哨的，总有几个人是侦查的，总有几个人是帮助救援的。我是这样理解的，所以我愿意为这个组织奉献自己的力量。

二、访谈杨先生

问：您做这个行业好多年了是吧？什么时候加入"3＋1诚信联盟"的？

答：我应该说是从2000年开始做食用油一直到现在。是最早一批加入联盟的。

问：您对联盟的事情肯定是特别积极的，要不您怎么会当上会长。能谈谈您的感受和看法吗？

答：至少我是很认可联盟这种模式。不像担保公司那种，没什么人情味。我们与联盟工作人员交流有亲切感，交流起来没障碍，感觉很好。另外这个模式也解决了我们这些外地人借款无抵押的问题。

做粮油行业一般资金需求量大，哪一家都是几百万元。这行业利润率不高，就是靠做规模。靠原始积累扩大规模很难，需要借钱。我原来也和银行打过交道，沟通起来感觉到有障碍。一些银行还要个回扣，要少了不愿意，要得多又不好直接张口。结果时间一拖再拖，有时候一个多月还办不下来。和联盟打交道，主要体会就是借款难度系数降低了，风险系数也降低了，与银行沟通变得容易了。之前我们担心续贷周期长，但是实际上周期不长。联盟选择的客户群一般都是比较优质的，我们也比较放心。

问：这个行业的风险在哪儿？你作为会长和一个行内专家，如何帮助联盟做风险监控呢？

答：风险主要来自粮油价格波动。行情好了，我就想多存一点货，如果行情不好了，我就尽量把货多抛一些，我手头库存减少一些，降低一下库存。经营多年下来，我对这个规律的把握都比常人要高得多。

咱们这个分会下面有十二三个会员，大家都在一个市场里面，做了十多年，相互很熟悉。一些会员之间是亲戚、老乡。圈子不大，最多问一个人就能问出来他的实际情况怎么样，从侧面很容易了解各家的经营情况。

案例点评

中小企业融资难是一个普遍问题。由于中小企业相对微型企业、大型企业，风险较高，相对微型企业较低的盈利，以及抵押担保品的不足，中小企业融资不仅比大型企业，而且比微型企业更难，以至于有专门针对中小企业的"消失的中小企业"一说。

但无论如何，中小企业是解决就业、贡献税收、支撑国民经济增长的重要力量，无论发达还是发展中国家，莫不如此，中国也不例外。尽管以国有经济为主的大型企业占据了三分之二的信贷资源，但中小企业依然创造了80％以上的就业机会，60％以上的GDP。对中小企业的金融服务不仅是金融公平的一个内容，也是有效推动经济发展的重要杠杆。但是，如何帮助中小企业解决融资难问题？迄今为止有太多的实践探索。我国大部分实践是围绕政府、金融机构和中小企业三个相关主体，通过担保、利息补贴、信贷制度创新等方式做探索。在这个过程中，形成商业银行针对中小企业贷款的独特的信贷风险控制模式，以及包含商业担保、政府担保、中小企业互保等多种方式的担保模式。

在这个案例中，作者总结了一种新型的中小企业贷款管理模式，即通过非营利的民间组织，帮助中小企业构建社群，通过社群建设实现借款的中小企业自组织、自管理、自风控和自发展。这种类似于互助合作的社群组织在农村较多，用于生产互助、资金互助、销售互助，将个体经济行为中产生的障碍，在集体互助下解决。孟加拉乡村银行的五人小组模式就是典型的社群建设在微型金融中的应用。互助合作的社群组织模式多用于农村，原因之一是社群成员之间存在紧密的血缘、亲缘、地缘关系，有天然的黏性，容易取得成功。但是，对于来自天南海北、每个个人背后都是一个中小规模企业的中小企业主来说，如何通过构建社群，实现对社群成员的信贷风险控制，的确是一个挑战。

"3＋1诚信联盟"以诚信文化为纲，以精巧的激励约束机制设计和组织管理架构设计为器，有效实现了对中小企业的社群建设和管理。通过联盟成员的相互帮助、自我监督，在共同发展中降低经营性风险，在相互帮助中渡过难关，充分体现了内在、主动、预防性质的信贷风险控制特点，与传统银行风控中的外部性、被动性、滞后性形成差异。在这个过程中，合理的激励约束机制，甚至淘汰机制是最重要的，唯此，才可以有效调动联盟成员的积极性。

"3＋1诚信联盟"的机制设计，充分体现了中国传统文化中的大智慧。

点评人：陈岩[1]

①   北京联合大学金融学副教授。联系邮箱：chenyan@buu.edu.cn。

4

Financial Inclusion

大银行做小金融
——民生银行的实践[①]

施佳宏[②]　周琳[③]

---

　　① 本案例调研小组成员为施佳宏、周琳、罗申。本报告根据现场收集资料、访谈记录等整理而成，经民生银行审定。本案例调查和写作过程得到民生银行小微金融业务部的大力支持，在此表示感谢。

　　② 中国人民大学商学院财务与金融系博士生，联系邮箱：sjhbamboo@126.com。

　　③ 复旦大学管理学院财务金融系硕士生，联系邮箱：zhoulincapm@126.com。

摘要： 中小微企业在财务管理规范程度、信用记录可获得性、抵押资产价值方面与大型企业的差异，决定了对中小微企业贷款的风险控制与大中型企业截然不同。从事大企业贷款的金融机构转向小微金融领域，需要在风险控制的方法、流程以及组织结构上进行大幅度调整。民生银行作为早期踏入小微金融蓝海的大型传统商业银行，在信用风险控制方面进行了不断探索，经历了由传统的经验控制、人工监测为主模式向数据分析模型的转变，拟形成更具有"信贷工厂"标准化、模块化、规模化特征的风控管理模式。民生银行的经验对大型银行做小微金融具有借鉴意义。

一、大银行做小金融，可行吗？

金融活动的实质就是管理风险、控制风险，甚至经营风险。金融机构的经营活动中，面临的风险主要是信用风险（违约风险）、利率风险、市场风险、操作风险、技术风险以及政策风险等。对于专门从事信贷业务的金融机构而言，最大的风险则是信用风险；从事小微金融的机构也不例外。由于信贷业务是小微金融中最主要的业务，信用风险也是从事小微金融的机构面临的主要业务风险。

信用风险管控的核心是度量风险和处置风险。前者需要对风险的大小进行评价，需要收集分析大量反映客户还贷能力的信息；后者需要金融机构对承担的风险进行化解、对冲和保险,保证不至于因为承担风险而受损。二者都需要合理定价、合理组织投资结构,以及投资期间的恰当管理(贷中与贷后)。

银行传统贷款业务中,对大中型企业的信用风险度量主要依赖借款人相对规范的财务报表、以往的信贷记录、可以追溯的仓储货运单据等,还包括对公司的现场调查。大公司的数据信息透明度高、规范性强、可验证性强;银行获取数据信息相对简单,工作强度低,并且由于贷款公司数量少的缘故,现场调查工作量小。

当金融服务的客户由大企业转向小微型和自就业个体时,传统信用风险度量办法则不再适用。小微企业群体数量庞大,分布面广,经营期短,信用记录不足,财务信息不规范,甚至没有财务信息,在可以反映借款人还款可能性的信息中,更多的是非财务信息或者软信息。若商业银行按照传统标准获取小微企业信息并度量风险,不仅可信度下降,而且成本将大幅度提高。尤其在社会征信体系建设落后的情况下,小微企业失信成本不高,更加大了金融机构面临的道德风险。大中型企业与小微企业信用风险特点比较见表4-1。

表4-1 　　　　大中型企业与小微企业信用风险特点比较

信用风险特点	大中型企业	小微企业
信息特点	软信息少	软信息多
	信息同质化、可对比	信息异质化、难以对比
	信息完整程度高	信息不完整、碎片化
	有规范的财务信息	无规范的财务信息
违约成本	较高	较低
道德风险	较低	较高

针对小微贷款发放前的审核工作,国内外小微金融的实践者总结出一系列有价值的信用风险评估方法,如:浙江泰隆银行考察三表(水表、电表、税表)、三品(人品、产品、抵押品),德国IPC金融

公司（International Project Consult GmbH）提出一套根据小微企业财务和非财务信息综合评价信用风险的 IPC 技术，富国银行（Wells Fargo）、爱尔兰银行（Hibernia Corporation）开发出小微信贷评分模型等。这些办法基本是通过近距离沟通以及利用地缘、亲缘、血缘等网络关系获取信息，需要投入大量人力。因此，其使用均需要金融机构"贴地气"，即有能力获取足够的软信息、碎片化信息。显然，区域性金融机构具有获取信息的优势。

对于小微贷款发放后的风险管控，一个有效的办法是通过建立借款人之间的担保、联保关系，形成网络组织内部各借款人之间相互制约的机制，进行贷后风险监控和风险控制。该办法既可以约束借款人行为达到降低违约风险的效果，又可以帮助衡量风险。尤努斯开创的孟加拉乡村银行小组借贷模式是典型代表。另一个办法则是通过信贷员定期回访客户、进行频繁的实地监测，实现贷后风险管控。这两种办法同样是"接地气"的。地域型金融机构可以方便地组织借款人网络并置身其中，更方便直接地监测和回访客户，因而具有贷后风险管理的优势。

随着传统金融领域竞争加剧，越来越多的银行希望开疆辟土，拓展新的业务领域；小微金融作为一片蓝海，成为各类银行的关注点。但小微企业的上述信用风险特征，使那些擅长做传统公司信贷业务的商业银行，尤其全国性商业银行不可避免地面临以下挑战：

第一，小微企业贷款与传统公司贷款风险控制方式不同。正如前文所述，对于大中型企业，银行能够从公司财务报表及以往信用评价中获得授信审批的有效信息，能够利用一对一调查监控做好贷后管理。然而，对于经营情况复杂多变的小微企业，银行难以获得有效的信用记录，准确认定其资产、收入等财务信息。如果商业银行按照传统的公司客户授信审批和贷后管理方式进行信用风险管理，必然成本高且效果不佳。

第二，大型商业银行人工成本过高。大银行的人工成本适合大宗信贷交易。当单笔信贷额度下降到小额、比如100万元时，需要100笔贷款才能和"传统对公业务"（大公司贷款）的单笔贷款额度（1亿元）相比较，但是小额贷款的单笔人工成本并不简单地等于传统业务的1/100。因此，大银行适应于传统业务的信用风险管控方式将由于成本的骤然上升而失去价值。而地域型金融机构借助劳动密集型工作方式管控信用风险的做法，对于人力成本很高的大银行来说显然是无法承受的。根据国家统计局2014年统计数据，全国各行业年人均工资为人民币4.99万元，金融行业（银行和非银行金融机构）年人均工资为人民币10.82万元，4大国有商业银行年人均工资为人民币24.01万元，8家全国性股份制上市银行年人均工资为人民币37.24万元[①]（见图4-1）。可见，商业银行的人工成本远高于其他非银行金

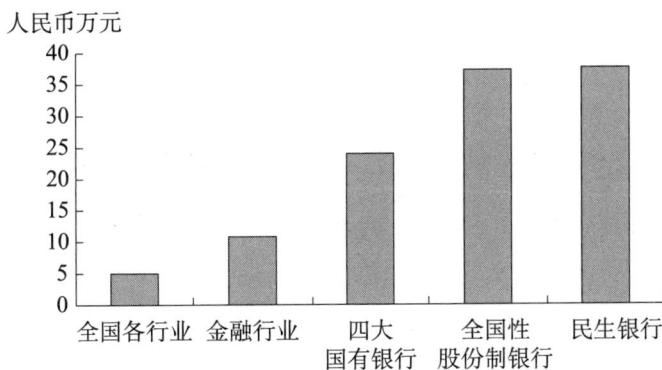

图4-1　2014年中国商业银行业平均人工成本
资料来源：国家统计局、上市公司年度报告。

---

① 数据根据上市公司年度报告整理。8家全国性股份制上市银行指招商银行、浦发银行、中信银行、华夏银行、光大银行、民生银行、兴业银行、广发银行。

融机构，全国性大型商业银行的人工成本高于区域型、中小型商业银行，股份制商业银行更高于4大国有商业银行。因此，大银行做小微金融，不可能直接采取劳动力密集型战略。

第三，大型商业银行没有地域优势，无法与企业建立有效的互动、共生关系。小微金融的一个重要特点是银行与客户建立紧密的联系，并以此密切监督客户的经营情况和还贷能力变化，进行时时风险监控，同时提供必要的帮助，实现共同成长。但是对于距离底层较远的大银行来说，建立这种关系有很大困难：首先是基层网点不够多，缺乏贴地气的"地面部队"；其次，增加网点建设、发展地面部队的举措对于人均成本偏高的大银行而言更是不现实的。缺乏本土性，缺少与企业的互动性和共生性的竞争劣势，使从事小微金融业务的大型银行在风险控制上更为困难。

面对业务新、人工成本高、难与小微客户互动的困境，对于小微贷款，大型商业银行与其他小微金融机构相比似乎处于天然的劣势。大银行该如何发掘出自身优势，应对小额贷款带来的种种挑战，有效管理小微金融的信用风险？

民生银行作为资产规模在国内排名第13名的全国性商业银行，2009年起正式进入小微金融领域，并将其作为银行主要发展战略。在此之前，民生银行与其他全国性商业银行并无区别；竞争的压力驱使它进入这片蓝海。民生银行是如何应对小微金融信用风险控制问题的？是否找到了大银行做小微金融的有效途径？我们希望通过剖析民生银行小微金融信贷风险控制的案例，寻找这些问题的答案。

二、搭建小微金融风险控制体系

（一）历史回顾

中国民生银行是我国首家全国性股份制商业银行，成立于 1996 年。截至 2014 年年底，银行资产总额超过了人民币 40 000 亿元，居于全国第 13 位，是名副其实的全国性大型商业银行。

2007 年，民生银行为避免同质化的竞争压力、迎接即将到来的利率市场化改革，基于对中国经济转型和民营经济崛起的战略化思考，在战略调整上迈出了重要一步：将"做民营企业的银行、小微企业的银行、高端客户的银行"作为未来五年发展规划。2009 年，民生银行进一步将小微金融定为其主要发展战略，并推出了专门针对中小微企业的商贷通等一系列金融产品①。至此，民生银行正式步入小微金融领域。

一向服务于金字塔尖的大企业客户、高端客户的民生银行，突然将一部分力量下沉到小微金融这个陌生的领域，它是如何应对小微金融信贷风险管控挑战的？追溯历史，我们看到民生银行在不断"试错"的实践探索中，风险管理理念发生了巨大变化。

初入蓝海，竞争对手寥寥，民生银行几乎原封不动地照搬了中国

① 商贷通产品是民生银行最早向市场投放的小微金融产品。该产品专门向个体工商户、小型企业主及微型企业主提供用于生产或投资等经营活动的人民币授信业务及存取款、消费信贷等一揽子金融服务。向融资需求在人民币 500 万元以下的中小企业主、个体工商户等经营商户提供贷款。商贷通不通过公司贷款卡进行操作，其借款体现在个人征信上，属于个人经营性贷款，支付用途必须和公司营业执照上的经营范围一致。商贷通支持包括房屋抵押、联合担保、信用担保等多种担保方式，在一定额度与期限内支持随借随还，根据实际借出的金额和天数计息。

银行业老一套的贷款风险管理办法——抵押贷款，但很快发现许多小微企业几乎没有可抵押的资产。于是，民生银行转而寻找担保公司增信，然而几轮业务后却发现不少担保公司根本无法承担小微企业的风险。至此，民生银行开始思考小微贷款实行"抵押贷款"的必要，在调整了对小微企业贷款风险管控的基本指导思想后，逐渐放弃了抵押贷款的担保方式，从"抵押品崇拜"到"弱担保"、再到彻底破除抵押品崇拜，民生银行逐步推出了各类信用产品。从开始对小微金融的不了解、不适应到逐步了解、适应，民生银行经历了理念、制度、方法的转化。在艰难变革中，它开始真正深入小微金融这片蓝海。

取消抵押担保手段后如何进行风险管理，是对民生银行新的挑战。民生银行尝试推出互保联保模式，但很快发现互保联保模式会出现较高的"风险传染"，一旦出现问题就会造成群体性的债务困境，处置难度和成本反而会提高。于是，民生银行进一步推出合作社形式的促进会，其核心内容是下设的合作互助基金。合作互助基金按分行设置，不限制客户类型和客户数量，参会客户缴纳风险保证金（授信额度的10％）和风险准备金（授信额度的1％），前者贷款归还后即全额退回，后者归银行作为风险拨备。①

互保联保、合作互助基金以及风险补偿基金，均是希望借助借款人集体的力量控制贷后风险，实现"风险自偿"。从信贷风险管理全流程看，这些贷后风险控制的措施只是信贷风险管理的一部分，还没有解决贷前风险评价、风险定价以及投资组合管理的问题，而这些内

---

① 2014年民生银行北京分行进一步改革互助合作基金模式，成立风险补偿基金替代互助合作基金，基金成员按授信额度缴纳2％风险准备金，不再交10％保证金。这种做法降低了借款人的资金成本，也扩大了银行的市场份额。

容对一家大型商业银行的信用风险控制是至关重要的。

我们发现，民生银行在进入小微金融领域的同时，对信贷风险控制确定了四个富有特色的"战术"：第一，测算特定行业风险，选择可进入行业；第二，运用"大数法则"组合投资；第三，确定覆盖风险的价格；第四，对有效客户实行批量营销。

四个战术中的第一个明显具有大银行风格，民生银行可以发挥自己的研究分析优势，通过宏观和行业分析做行业定位，锁定客户种类，降低由行业风险引发的贷款违约；第二和第三个战术可以帮助实现小微贷款组合的风险对冲，确定合理的贷款利率；第四个战术体现了民生银行对人工成本的考量：通过批量营销锁定客户群，虽然每批客户包含众多小微企业，但"批发交易"减少了一对一查访的工作量，降低了人工成本。四个战术都体现了大银行做小微贷款"扬长避短"的策略。但隐含的问题在于，批发交易是否具有一定程度的"系统性风险"？小微企业信息不对称程度高，是否有碍于合理定价？

2011年，考虑到更为激烈的同业竞争与小微金融业务的复杂性，为更好地实现商贷通业务的可持续盈利与风险控制，民生银行正式推出小微金融2.0升级版，力图通过这个举措从产品、服务、社会责任、风险控制等多个方面提升小微金融业务。2.0版本中信贷风险控制的方式，逐步由传统的经验控制、人工监测为主，转变为以数据分析模型为主，利用"信贷工厂"将小微贷款的审核与监测转为线上操作。小微金融2.0升级版的风控思路，体现了利用大数据进行风险监控的思想，以及民生银行进一步降低人工成本的决心，而该版本风控有效性的关键则在于其可实现的程度。

2013年，民生银行"小微宝"产品上线，其特点是：通过移动运营和移动销售实现微贷业务多渠道受理、柜面化处理，在缩短业务办理时间的同时也以此获取到可用于风险管理的数据信息。另外，民生银行加快了"信贷工厂"决策引擎的建设，进一步完善了信用风险评分模型，小微金融业务向全方面信息技术化的方向推进。

2014年，民生银行小微金融业务的风险控制继续沿着数字化、信息化方向发展。为获取更为完备的风险控制数据信息，民生银行确立了支付结算、融资、财富管理以及互联网金融的小微产品线，同时建立了七个专项化风险控制模型，开发了垂直搜索引擎这一新的风险信息管理工具，利用数据分析实现从贷前检查、贷中审批到贷后监测的全过程覆盖。

回顾民生银行小微金融信贷风险控制发展路径，我们可以清晰地看到该银行从进入小微金融领域之初，就在努力规避大银行做小贷的劣势，发挥大银行研究实力强、数据收集和数据分析能力强的优势，将信息技术化作为风险控制的方向；不可避免地，这将会带来风险控制手段从经验控制、人工监测到数据分析、自动化监测的转化，而风险控制流程的重点也从前台转向了中后台。

（二）风险控制基本原则

民生银行前任董事长董文标在决定将小微金融作为重要发展战略时，即提出了风险控制的基本原则：以"大数法则"核定对冲风险，以合理定价覆盖风险，以小额、批量交易降低风险和控制成本。民生银行认为，这些基本原则是对小微金融风险控制的创新，也是对传统贷款"客户评级"和"债项评级"两维风险定价方式的扬弃。这些基本原则在民生银行的重要产品商贷通上得到充分体现。

1. "大数法则"下的投资原则

据民生银行解释，"大数法则"是指当贷款资产池中样本量足够大且单笔资产规模较小时，实际贷款损失趋向于预期贷款损失。按照这一原则投资，民生银行可以将贷款损失率控制在预期值以内，也可以确定更为合理的覆盖风险的利率价格。

"大数法则"的成立需满足三个条件：第一，资产池的样本量足够大；第二，单笔贷款金额足够小，单笔贷款产生的风险对总体平均贷款风险不会产生显著影响；第三，资产组合的各项头寸风险相关性较弱，能够对冲非系统风险。若各商户的违约情况相关性强，做1 000户小额贷款则等价于做1户规模相当的大额贷款，这就无法满足"大数定律"的条件。

商贷通产品正是按照这一原则进行投资：业务部门按照总行和小微金融业务部的投资战略，选择可进入的区域行业、商圈产业链，进行小额、多笔投资，力图将贷款违约率控制在预测的违约概率范围内。

2. "价格覆盖风险"下的定价原则

价格覆盖风险原本是银行的经营生存之道，但在中国的利率管制下这个规则被弱化了。银行经营传统的公司业务相对可以轻松获利，无须过多考虑定价问题；而在高风险的小微金融领域，民生银行必须重新竖起定价的旗帜。根据其诠释，价格覆盖风险的定价原则是指小微贷款的利率价格，在覆盖资金成本、运营成本之后，还需覆盖"大数法则"解释的预期风险损失。

按照"收益覆盖风险"的定价策略，商贷通业务的定价模型为：

$$P＝R＋CC＋OC＋RC$$

式中，P 表示商贷通贷款利率；R 表示预期目标利润率；CC 表示银行的资金成本率；OC 为银行运营成本率；RC 为风险成本，具体分解为：

$$商贷通风险成本 RC = \frac{资产组合预期}{损失率 GEL} + \frac{经济周期}{风险溢价 MR} + \frac{区域风险}{溢价 DR}$$

$$+ \frac{行业风险}{溢价 IR} + \frac{基于贷款设计的}{定价调整 TP}$$

其中，资产组合预期损失率是商贷通按照"大数法则"做大批量组合投资形成的平均贷款损失。如果"大数法则"成立的条件存在，则贷款的特有风险能够得到有效对冲，资产组合的平均贷款损失趋向于预期贷款损失，因而可以用商贷通资产组合的总体预期损失率代替单笔贷款预期损失率，降低定价模型开发难度。以上风险溢价成本均根据大量原始数据测算得出。

价格覆盖风险的定价体现了收益与风险匹配的原则：在这一定价策略下，只要不良贷款率在"大数法则"估算的范围内，民生银行就可以保证收益覆盖风险。价格变动的灵活性使得民生银行对风险较大的贷款有一定宽容度。这或许可以解释民生银行近年来小微贷款不良率上升的原因。然而，该定价策略同样极度依赖于对风险的准确测算，若对资产组合的预期损失率估计不准确，当发生超出模型预期的系统性风险时，民生银行在该行业或区域内同样面临着亏损的可能性。2012 年的民生银行钢贸巨额坏账事件才过去不久，这使我们不得不对这种风险控制的效果产生一定的怀疑：大型商业银行的系统风险分散优势确实能使小微金融业务避免致命性的打击，但并不能使银行彻底避开系统风险带来的损失，在经济下行期，民生银行应当如何确保其宏观研究的准确性仍然是一个值得探究的问题。

另一个不可忽视的事实是，小微金融面对的是一个缺乏规范财务信息，缺乏信用记录，数量庞大的群体，按照传统方法获取所需要的信息确定预期损失率不仅困难，而且成本居高不下，依赖精准数据信息的"风险覆盖收益"定价模型的可靠性也因此受到影响。如何以低成本获取客户的准确信息？这对于民生银行是一个严峻的挑战。

3. 批量、小额的交易原则

商贷通的批量交易原则对于民生银行来说，一可以规避高人力成本劣势，二可以按"大数法则"实现大规模、多笔数的贷款。批量原则体现在商贷通的"一圈一链"战术上。"一圈"即商圈，民生银行对目标商圈内的小微客户分层、分类进行授信；"一链"即产业链，由一个核心企业和为核心企业服务的小商户小业主构成。这一战术体现了批量交易的特点，通过按照"一圈一链"进行授信管理，民生银行减少了信用风险控制的工作量，降低了人工成本，同时也增加了企业间的黏合度，有利于抱团发展。

但是，在对小微企业做圈和链的按类聚合时（所谓客户整合），是否也会加大群体的同质性，因而增加系统风险？这是民生银行必须正视的问题。它在 2013 年推出的城市商业合作社和互助基金会模式或许有助于解决这一问题，因为按照合作社管理规则可以大幅度增加进入者的差异性、增加企业数量。

商贷通的小额交易原则用意颇深，其目的是通过降低户均贷款余额，增加贷款笔数，实现：第一，投资组合池对冲风险；第二，降低单笔贷款违约率。民生银行研究发现，不良贷款的回收率与贷款额度之间存在反向关系（见图 4-2）。降低单笔贷款额度看似增加了工作量和管理难度，但相对提高了投资的安全性。

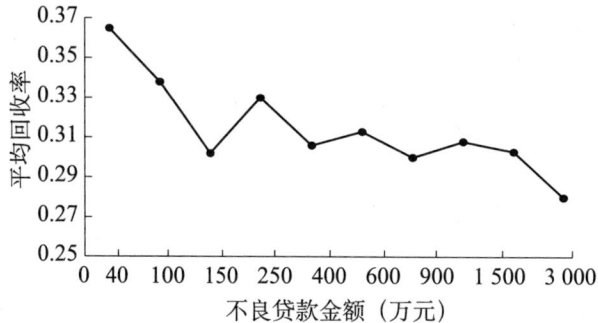

图 4-2 不良贷款回收率与贷款额度的关系
资料来源：民生银行资料。

与此相关的另一个贷款原则是："不使客户过度负债"。民生银行认为，贷款额度的确定更应该留有余地，以保证即便在投资失败导致借款资金全部损失时，借款人依然有一定能力还贷。这个类似"客户保护"的原则在降低贷款额度的同时，也降低了违约风险。

2009 年以来，民生银行坚持奉行小额贷款的原则，逐渐下移客户层次，降低户均贷款金额，显示出与传统商业银行追求大金额贷款截然不同的风格。在 2011 年民生银行推行小微金融 2.0 版后，降低单笔贷款金额的做法得到进一步强化（见图 4-3）。

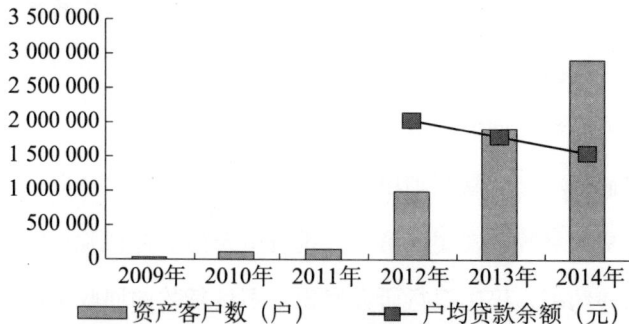

图 4-3 2009—2014 年民生银行小微贷款规模
资料来源：民生银行年度报告。

图4-3展现了民生银行"降低单笔借款金额"的额度策略，也体现了贷款客户数大幅度增加的趋势：2009—2011年小微贷款资产客户数一直维持在相对稳定的较低水平，而在2011年小微金融2.0流程再造推行之后，小微贷款的资产客户数逐年攀升。在户均贷款余额方面，该指标从2012年至2014年逐年下降，2014年户均贷款余额达到人民币155万元。不过从小微金融的一般做法看，这个数字更接近于"小贷"而非"微贷"。

（三）风险控制架构

1. 基本架构

在民生银行内部，小微金融业务的风险控制由董事会风险管理委员会、小微金融部及各分行分工协作进行。从管理分工上可以划分为战略决策层、业务管理层和业务执行层三个层级。

第一是战略决策层。同其他商业银行一样，民生银行对于信用风险控制有专门的部门设置。银行董事会风险管理委员会是信贷风险管理的最高机构，负责确定全行年度整体性业务导向、风险偏好和风险管理战略。小微金融风险控制只是董事会风险管理委员会关注的一部分内容。在风险管理委员会的统筹下，每年3月和4月由民生银行总行风险管理部授信评审部、资产监控部、法律合规部、资产保全部等多部门共同协作，制定小微金融的总体投资策略，从整体上把握系统性风险，避免小微金融业务遭遇经济周期、行业、区域问题带来的大批量违约打击。总行各相关部门通过宏观经济研究、"一圈一链"（商圈产业链）研究、"大数法则"测算风险概率等从战略上把握投资风险。这项工作也并非一年一次，可能根据本年中宏观经济环境等的重大变化进行相应的调整。

由于集群（行业、地区等）范围内，企业具有很强的相互关联性，违约情况也具有相对均衡值，因此在风险管理的政策层面做好集群管理，明确行业、地区导向性目标就显得尤为重要：2009 年，民生银行小微金融侧重于商圈管理、制造业贷款；2012 年，我国经济下行，政策层面的风险控制指导小微贷款实行结构调整，转向服务业、高科技产业、零售业等弱周期行业；2014 年，小微金融在行业选择方面，从传统的"衣食住行"向大消费和现代服务行业升级，在客户业态方面，则从偏重商圈经济逐步向"O2O"平台经济、产业链整合。

显然，小微金融的投资战略决策对于拥有充沛资金，可以跨区域、跨行业经营且可以大批量、大手笔运作的大商业银行来说是至关重要的。大银行拥有雄厚的研究实力以及广泛的信息渠道，这种强大的研究优势使其得以形成有效的研判效果，这些恰好是区域性小银行及小型金融组织的劣势。

第二是业务管理层。按照民生银行组织结构，总行的小微金融部和下级分行都具有业务管理的职能。总行小微金融部的工作主要是在总行制定的年度投资战略基础上，将行业与区域进行组合，形成更具体的投资策略，如在东北地区重点发展农业，在西部地区重点关注基础设施建设，在东部地区退出纺织制造业，在北京鼓励文化创意产业与服务业贷款等。2013 年以前的管理体制中，分行的管理权限不清晰甚至不足。2013 年实行小微金融业务升级（小微金融 2.0 版）以后，分行管理权力大幅度增加，形成真正的业务管理层级（见下文）。

第三是业务执行层。业务执行层是最终落实战略、实现贷款发放的层级，涉及业务部门的实际操作，民生银行的业务执行层是支行。

即使在客户质量良好的行业、地区，政策与业务的规划也不可能彻底解决个案的违约问题。据民生银行研究，仅依赖规划层面的风险控制贷款违约率可能高达 5%～6%，因此还需要通过个案层面的信用管理来解决客户个体的违约问题。

业务执行层面的信用风险控制重在个案，针对每个客户的违约风险进行贷前、贷中和贷后的管理。在这个过程中，业务管理层的风险控制部门负责向分行信贷部门提供风险量化工具的技术支持，各分行在投资政策与风险量化数据的指导下，根据实际情况与工作经验在一定范围内执行具体操作：在贷前和贷中工作中，支行根据总分行投资战略选择贷款对象后，再根据上级行提供的客户风险评分指标进行审批、担保物要求、授信额度与定价工作；在贷后工作中，分行工作人员利用风险控制支持系统，根据人行征信数据、法院工商信息等查看跟踪贷款存续期内申请人经营情况，以此决定是否需人工跟踪监测等。

上述民生银行小微贷款信用风险控制总体架构和流程可以用图 4-4 展示。

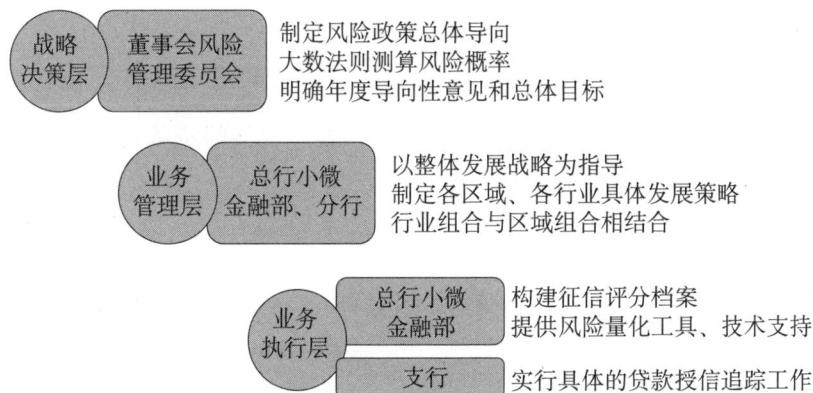

图 4-4　民生银行小微贷款信用风险控制架构及流程

资料来源：民生银行小微金融部中国人民大学课题总结。

2. 结构变革

民生银行实行总分行制度，2014 年其分行数达到 39 家、机构总数[①]达到 1 021 家。对于这样的全国性商业银行而言，民生银行小微金融信用风险控制的整体架构充分发挥了其组织结构优势。如果将总行机构看作上层，省市级分行看作中层，地县级支行看作基层，则其风控权力的特色在于：由上层（董事会风险管理委员会和总行业务管理部门）把握投资战略和风险控制原则以及战略细节调整，负责风险控制战略决策层的一系列活动；中层和基层组织负责具体计划的制定和实施，完成业务管理层、业务执行层的风险控制活动（见图 4－5）。

事实上，在 2013 年之前，民生银行对小微金融业务实行"两级（总行、分行）管理，一级（支行）经营"，总行业务部门直接涉足具体业务，有对项目、客户的审批权。但是在实践中发现，这种管理方式还是"头重脚轻"：总行权力过大，分行权力与总行有一定重叠，支行作为最下沉的组织作用发挥不够。小微金融面对大量分布广、变化大、差异性强的底层小型客户，对其信贷服务及信贷风险控制需要快速灵活的反应能力和处置能力。传统大银行原本就距离底层小微企业较远，即使其分支行机构能够起到一定的接近客户的作用，依然不如地域性金融机构"接地气"，其针对大客户设计的贷款授权管理体系对于小微客户具有天然的缺陷。

2013 年，民生银行的小微金融 2.0 改革全面深化，调整管理架构，按照"聚焦小微，打通两翼，做强分行，做大支行"的方针，缩小总行授权范围，强化分行权力。总行权力从之前的批项目、批客户改

---

① 机构数量包含总行、一级分行、分行营业部、二级分行、支行等各类分支机构。

监督委员会
提名与薪酬委员会
监事会
监事会办公室
区域审计中心
审计部
董事会秘书
董事会办公室

股东大会
董事会
行长
财务总监

战略发展与投资管理委员会
风险管理委员会
关联交易控制委员会
提名委员会
薪酬与考核委员会
审计委员会

战略发展与投资管理委员会办公室
战略发展与投资管理委员会投资管理办公室
战略发展与投资管理委员会村镇银行管理部
风险管理委员会办公室

公司银行管理委员会
资产负债管理委员会
零售银行管理委员会
消费者权益保护委员会

风险管理委员会
产品创新管理委员会
信息科技管理委员会

公司银行部
机构金融部
资产托管部
票据业务部
资产管理部
投资银行部
金融同业部

地产金融事业部
能源金融事业部
交通金融事业部
冶金金融事业部
文化产业金融事业部
现代农业金融事业部
健康产业金融事业部
贸易金融事业部
金融市场部

零售银行部
信用卡中心
网络金融部
私人银行事业部
小微金融部

资产负债管理部
财务会计部

风险管理部
授信评审部
资产监控部
法律合规部
资产保全部

办公室
人力资源部
发展规划部
运营管理部
科技开发部
信息管理中心
品牌管理部
纪检监察室
党群工作部
安全保卫部
民生培训学院
机构管理部
民生文化国际交流中心
社会责任管理委员会秘书处

39家国内分行
香港分行
民生租赁 51.03%
民生基金 63.33%
29家民生村镇银行

1 021家国内分支机构
民生资营 40%

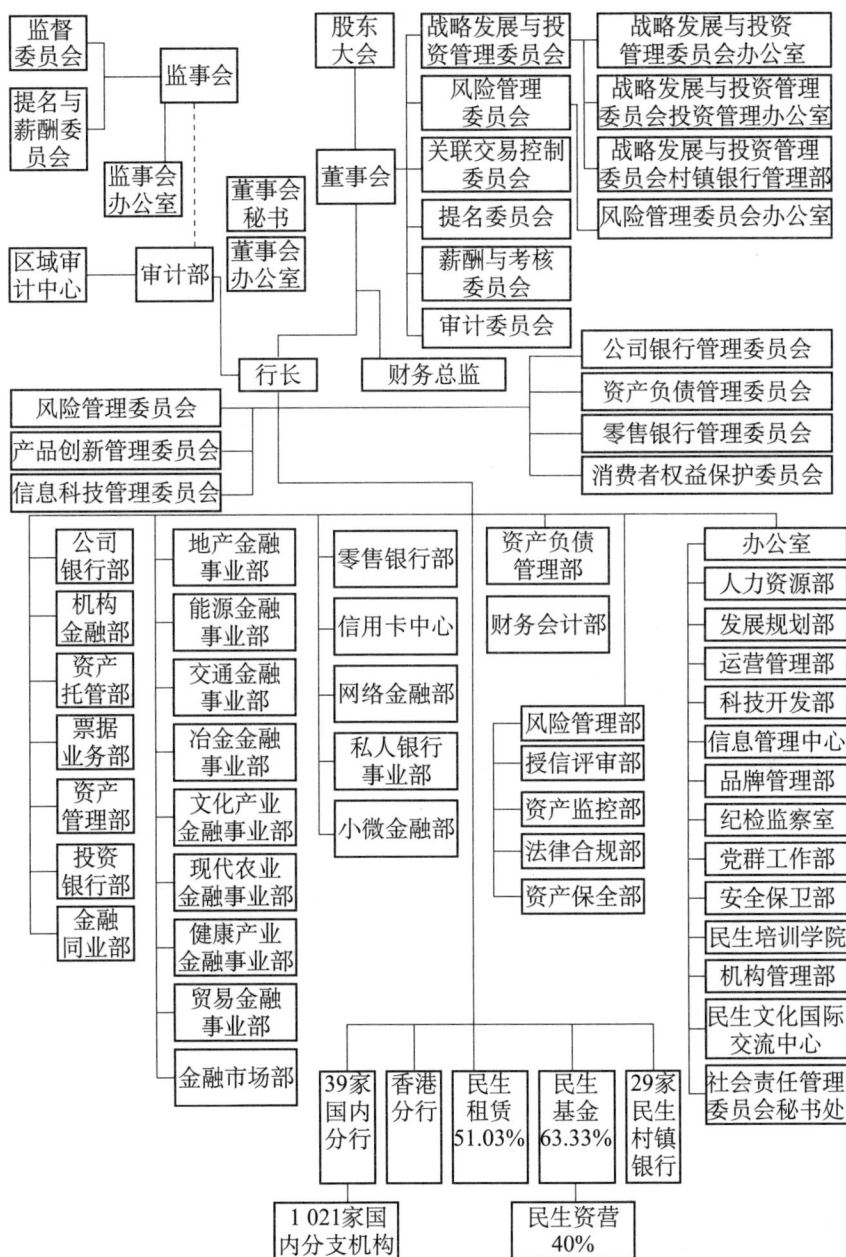

图 4-5　民生银行组织架构图

资料来源：民生银行年度报告。

为批规划，批项目、批客户的权力下沉给分行，正是所谓的做强分行。

值得关注的是，2.0版本下的管理变革并没有直接加大支行层级的权力，对其只强调做大，而非做强，其具体表现为支行在信贷授权权力下移的改革中并没有获得更多授权，这意味着民生银行对以前支行的经营模式并不完全认可。在小微金融2.0改革前，民生银行支行是分散化作业，市场开拓、客户管理基本依赖于信贷员的关系和经验，这在多层级的大银行中容易产生委托代理问题，表现为信贷员将客户资源私有化以及其他道德风险。强化分行，意味着民生银行将以分行为核心，推行国外大型小微金融机构的"信贷工厂"模式；该模式具有标准化、模块化、规模化的特点，要求分行作为工厂的核心层提供信贷产品规划设计、营销策划、质量控制，支行作为执行层，侧重于对客户的"落地提升"和售后服务。在2.0版本中，分行是业务层面的核心和信贷风险管控的核心（见图4-6）。

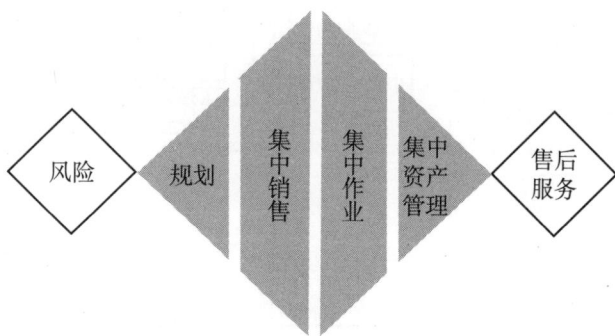

图4-6 小微金融2.0版本下分行是业务管理和信贷风险管理的核心
资料来源：中国民生银行小微金融蓝皮书。

3. 变革与新挑战

民生银行在经历了近六年的探索后，业务管理和信贷风险管理模式开始接近"信贷工厂"模式。事实上,就小微金融业务而言,民生银行高人力成本、多管理层级、机构设置相对远离小微企业(非地域)的缺陷,以及其在宏观研究、投资组合配置、定量分析能力方面的优势,使其更适合采用"信贷工厂"模式做小微金融。也许是数据获取能力的局限或者其他原因导致民生银行最初避开了这种模式。重回"信贷工厂"模式,面对更高标准的信用数据采集、分析、评价要求和技术能力,民生银行是否能够应对这一挑战?

三、风险控制 2.0——依托信息技术的信用风险控制体系

在小微金融 2.0 转型之后,个案层面的风险控制彻底由现场观察、经验判断转变成利用征信数据分析模型进行审批决策与贷中跟踪。然而,想要实现模型评分的精确性,将小微金融的风险控制细化到客户个人,最为关键的因素在于底层数据的收集,只有获得准确、独立的数据信息,才能确保模型的有效性。由于小微客户的特殊性与复杂性,在正规贷款时常用的资产、收入等财务指标在小微信贷决策时并不完全适用,因此发掘新的信息源、确保信息准确性则成为了小微金融风险控制技术方面的基本要求。伴随小微金融业务的全面升级以及信用风险控制手段的重点向技术模型偏移,民生银行必须加大信息获取以及分析加工数据信息的力度。

(一)充分获取数据信息是关键

为便于分析,我们从信息生成的角度将客户信息分为静态信息和动态信息两种。静态信息一般指过去较长时间内产生的、具有一定稳

定性的信息，更多揭示客户基本属性；动态信息是近期发生的，可能迅速变化的信息，更多揭示客户近期行为特征。

民生银行客户信息获取的途径主要是内部生成和外部交换（购买）。下面内容将按照信息获取途径，分别从内部信息和外部信息看民生银行是怎样获取风险控制数据信息的。

1．内部信息

本文中，我们将内部信息理解为民生银行依靠自己的力量可以收集的客户信息。

（1）获取内部静态信息

内部静态信息主要是客户基本信息、凭证影像等。基本信息中有客户身份特征信息，如年龄、性别、收入、从业年限、家庭资产与负债、家庭成员是否被列入法院失信人名单等；客户经营信息，如企业的注册资本、贷款卡信息、销售额、净利润、资产负债情况、经营范围等。信息范围不仅包括小微企业主本人，而且包括企业主家庭成员。客户申请小微贷款时的相应凭证影像也全部留存。

由于小微客户的特殊性、财务信息的不完整，静态信息多多益善。

内部静态信息主要由民生银行授信工作人员在贷前检查、贷中审核阶段获取。以商贷通的授信流程为例，可以看到内部静态信息的获取与核查过程（见图4-7）。

由图4-7可见，银行工作人员在获取上述信息之后，会将这些信息全部上传至对应信息平台，供全行进行分析和使用。

从以上内部静态信息的内容和获取途径看，民生银行与其他金融机构几乎不存在差异。

销售经理
客户开发 → 客户经理
入户调查 → 调查报告岗
写调查报告 → 支行信贷主管

信息
获取

支行
批准贷款额度 ← 支行
贷款用途核查 ← 分行
终审 ← 分行
二级评审

信息
核查

支行
确保抵押物到位 → 分行
复核 → 支行
发放贷款 → 支行
线上贷后监测

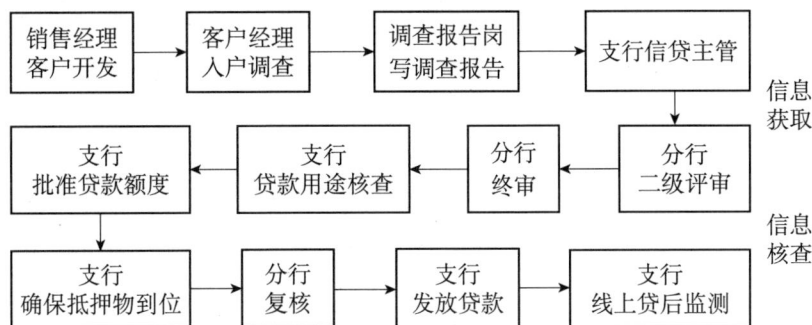

图4-7 民生银行商贷通授信管理流程图以及内部静态信息获取过程

（2）获取内部动态信息

商业银行可以从事其他小微金融机构无法从事的存款、支付、结算等一系列业务，这些业务为银行提供了更多的经营收入，也提供了更多的客户信息，特别是使得商业银行可以更容易地追踪客户交易流水信息。由于小微企业缺乏安全的财务制度和财务报告，经营流水就成为最重要的信息源，能够帮助银行了解企业最新经营状态和财务状态。对于人力成本高、地域关系弱的全国性商业银行，了解包括经营流水在内的客户动态信息将极大地帮助改善相对薄弱的贷后监测。

民生银行获取的内部动态信息，正是小微客户在其行内账户的流水情况。民生银行在其一系列小微金融产品的设计中，都体现了这种对账户流水信息的重视：

商贷通：按照商贷通规则，凡申请贷款的客户都需要在民生银行开立个人结算账户，其经营实体则需在民生开立企业结算账户。另外，凡申请信用贷款或企业互助担保贷款的客户，更需要将民生银行作为主要结算银行，承诺授信期内在民生银行的结算量不低于授信额度的三倍。这一方面起到了吸收储蓄的作用，另一方面也为银行的贷后监测提供了商户的流水数据。

小微宝：小微宝是指以手持移动终端（如 iPad）为载体，将移动互联、数据分析技术与小微金融服务相结合，为小微金融销售团队提供多功能支持的移动销售平台，其实质是一款 App 应用。依托小微宝，民生银行以"月月有活动，小微有声音"为主题，开展常态化小微客户活动，建立小微客户关怀体系，其中包括了针对小微企业主、企业主配偶及子女等的各类活动。这一客户关怀体系从两方面实现了对信用风险控制的支持作用：一是获得小微企业主及其家人多方面信息，直接为贷后监测提供信息基础；二是吸引客户将民生银行作为主要结算银行，间接为贷后监测提供流水信息。

商隆卡、乐收银：商隆卡套卡是民生银行面向小微客户推出的全新银行卡产品，适用于小微企业主及其家人、生意合作伙伴、员工，商隆卡用户可在企业账户和个人账户间灵活选择并随时支取；乐收银是民生银行为小微企业提供的刷卡机，可以实时收付款，如果客户也使用民生卡刷卡付款，更可享受免手续费的优惠。乐收银、商隆卡在留住客户、提升客户存款量的同时，也为民生银行带来了宝贵的信息资源：通过监测商隆卡交易情况能够获得企业流水、上下游企业流水、企业主家庭收支等一系列信息。同样，乐收银作为企业常用的 POS 机结算系统，能够将企业的每一笔交易信息传递到银行终端，实现贷后监控。

能够获取银行内部动态信息是大型商业银行在小微金融方面不可多得的优势，相较于其他小贷机构，商业银行能够更为容易地追踪到客户交易流水情况并利用该数据进行贷后的跟踪监测。然而，要能够将信贷客户的流水数据利用起来，首要前提是客户选择民生银行作为主要支付结算银行，而发展小微贷款以外的小微金融服务则是实现该前提的必要条件。如果用直接存款派生率（即有贷客户存款量与商贷通总规模之比）作为反映小微企业客户在获得民生银行贷款的同时还使用民生银行提供的其他服务（如存款服务）的程度，从 2010 年年底的数据看，商贷通的直接存款派生率仅为 16.90%，距离真正用好征信信息实现贷后风险控制，民生银行还有很长的路要走。

2. 外部信息

（1）获取外部静态信息

民生银行获取外部静态信息的内容主要是小微企业客户的工商信息和法院信息。工商信息主要包括小微企业在工商系统备案的基本情况，包括注册号、注册资本等；法院信息包括自然人或企业的相关案件状态，获知与申请贷款的小微企业主或小微企业相关的诉讼事件等。此外，由中国人民银行征信中心还可以得到个人及企业主的信用记录，但前提是客户必须在银行有过个人或者企业的借贷行为。

外部信息主要来源于中国人民银行征信中心，以及分行所在地的工商局、法院等。民生银行在获取这些信息时，采用购买和或者交换的方式。从目前效果看，这部分数据为贷款提供支持的渠道相对畅通，但该部分信息仍然具有较强的局限性、不能充分反映小微客户信用情况。因此，民生银行计划未来与工商、税务等相关部门与组织机构展开进一步合作，以保证信息渠道通畅。

（2）获取外部动态信息

银行外部的动态信息主要指客户在经营和生活中发生的与信用评价有关动态信息，而这些信息从银行内部工作流程中无法获取，具体包括社交、消费、现金收支、经营等随时发生的动态信息。

对于小微企业客户来说，这些非财务的动态信息都能在很大程度上弥补财务信息不足，有助于时时描述客户状态，帮助实现对客户信用风险的准确"脸谱识别"。借助于互联网和移动互联网技术，民生银行目前在获取客户的"线上"活动（包括社会活动、消费娱乐活动等）信息方面不存在技术障碍，它也正在以自己开发的程序以及与拥有相关数据信息的企业、部门合作的方式，获取这部分数据信息源，比如与银联等企业展开合作，但其具体进展还处于"进行时"状态。

银行外部信息的获取在一定程度上也体现了大型商业银行的特色：购买这些信息、搭建利用这些信息的平台等都将会带来高昂的固定成本，只有小微贷款存量足够大的金融机构才能够化解这部分成本并实现盈利。另外，在互联网时代，蚂蚁金服、微众银行等小微金融机构已经实现利用借款人在线消费、社交表现等非传统数据评估借款人信用情况，而民生银行获取的银行外部动态信息还主要局限在与客户征信情况直接相关的信息，因此在外部信息的获取与利用方面，民生银行或许还需要进一步学习与改进。

（二）有效使用数据信息是核心

获取足够的数据信息仅仅是实现"信贷工厂"风险控制模式的第一步。数据分析、信用评价以及对分析结果的使用效率——如何将分析结果系统性地运用到审批、放款、监测的各个环节中，直接影响该风控模式的效果。

民生银行在进行小微金融 2.0 版改革时，着手建立以两大"引擎"支持系统为核心的风险控制技术体系：垂直搜索引擎主要负责实现数据的储存、查询和推送，决策引擎负责贷款过程中各种评分指标的生成和推送。

图 4-8 显示了两大引擎系统在与业务系统对接时的情况。

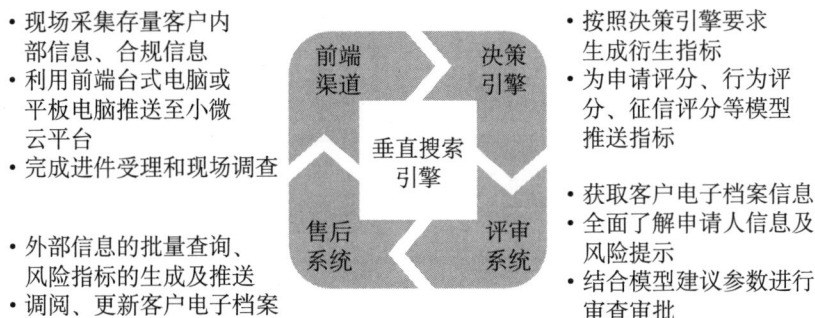

- 现场采集存量客户内部信息、合规信息
- 利用前端台式电脑或平板电脑推送至小微云平台
- 完成进件受理和现场调查

- 外部信息的批量查询、风险指标的生成及推送
- 调阅、更新客户电子档案

- 按照决策引擎要求生成衍生指标
- 为申请评分、行为评分、征信评分等模型推送指标

- 获取客户电子档案信息
- 全面了解申请人信息及风险提示
- 结合模型建议参数进行审查审批

图 4-8 民生银行"垂直搜索引擎"与"决策引擎"的工作原理示意图
资料来源：中国民生银行风险管理技术。

1. 垂直搜索引擎

垂直搜索引擎相当于一个信息集成的查询软件，具有搜索权限的工作人员在载有该搜索引擎的台式电脑或平板电脑上输入客户证件号、申请书号等基本信息，则可以获得由贷款申请人的行内外全方面资料构成的信息档案，在放贷全程实现电子化的管理与监控。

垂直搜索引擎通过综合查询、信息推送、电子档案、数据分析、销售支持五大服务，对业务系统起到支持作用，所有服务中，最核心的内容是综合查询服务，该引擎主要提供以下综合查询服务：

- 客户基本信息：包括小微企业主本人、企业主家庭成员、企业的基本信息，以及授信业务相关主体的黑名单自动检测。

- 工商信息：工商信息详细展现了小微企业在工商系统备案的基本情况，包括注册号、注册资本等。

- 行内信息：行内信息将申请人、申请人配偶及关联企业在民生银行的信贷往来、结算往来、金融资产、使用核心产品情况等集成在一个页面内，工作人员可通过该页面查询到申请人在民生银行的资产状况、信用卡使用状况等。

　　·法院信息：法院信息同样可以查询到自然人或企业的相关工商信息，了解与申请贷款的小微企业主或小微企业相关的诉讼事件等。

　　·凭证影像：凭证影像是由一线工作人员上传，记录了客户在民生银行申请每一笔小微贷款时情况的影像资料。

　　·售后检查：售后检查包括了行为评分及贷后检查，主要为二次申请的客户提供信用支持，如果客户首次在民生银行申请贷款则没有售后检查的信贷记录。

　　·征信点评：工作人员可通过征信点评页面获得对客户征信情况的简要概况，该页面同时以图表形式展现了客户的贷款记录、担保结构、前五年放款情况、未来五年贷款到期余额等信息，负责人员可借助该页面执行贷中、贷后的监测跟踪工作。

　　·账户流水：账户流水依托于对客户在民生银行的账户进行的监控工作，通过该页面可了解小微企业在民生银行实施结算的流水情况，并以此还原客户的销售收入、交易行为，对客户的淡旺季、交易对手、交易时间段、交易类型进行分析，监督贷款人的可疑大额交易、可疑交易对手、可疑短时进出交易等。

其中，客户基本信息、凭证影像来自于银行内部静态信息；售后检查、征信点评、账户流水来自于银行内部动态信息；工商信息、法院信息等则是来自银行外部的信息。

　　垂直搜索引擎（见图4-9）不仅为贷前决策提供帮助，且通过售后检查信息（行为评分及贷后检查）为二次申请的客户提供贷款决策支持，通过征信点评为业务及管理人员提供贷中、贷后的监测跟踪支持。

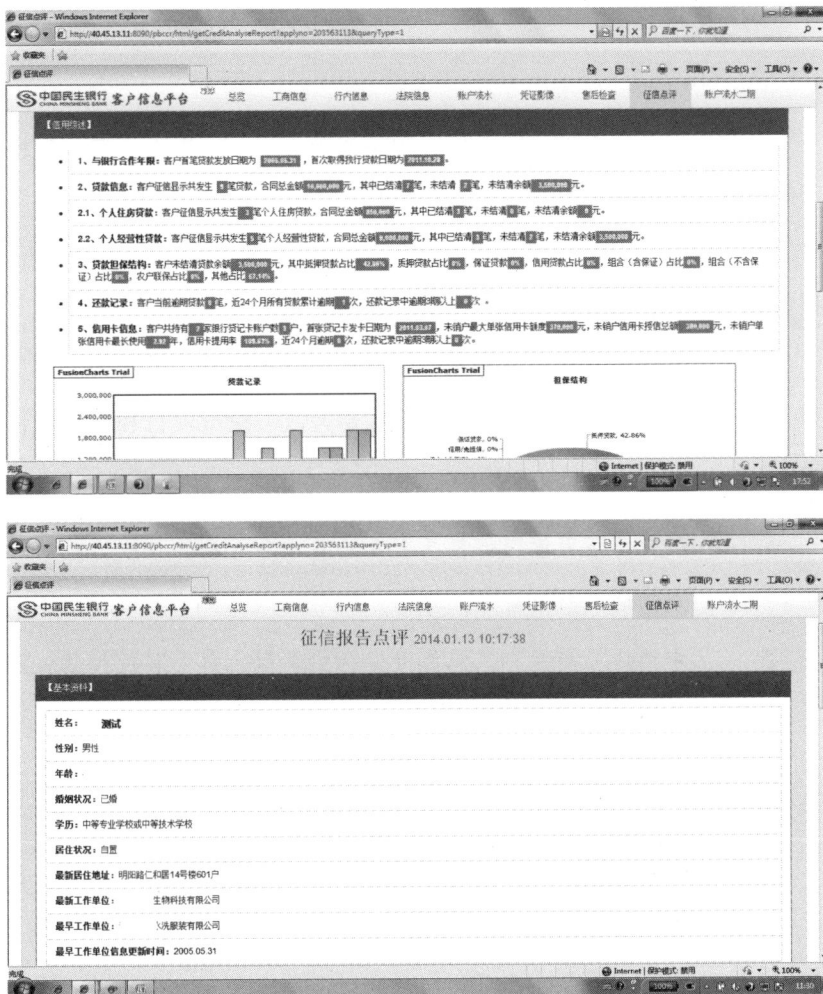

图4-9 垂直搜索引擎征信点评工作页面图

资料来源：民生银行风险控制技术。

垂直搜索引擎提高了获取客户信息的全面性、即时性、透明性和整合性，保证了银行相关部门和员工查询、跟踪客户情况的及时性，对利用信息技术对客户进行信用风险控制至关重要。当然，垂直搜索引擎的质量在很大程度上取决于数据信息获取的全面性和及时性，这也是民生银行必须解决的问题。

2. 决策引擎

在垂直搜索引擎提供的大量原始信息基础上，决策引擎使用特定的数据分析技术和分析模型对数据进行分析，生成衍生指标，为各类评分模型提供依据，对贷款过程中四个重要决策内容——是否准入、担保方式、利率、授信额度——提供辅助决策。

决策引擎的评分系统主要基于 Logistic 回归分析，依托的数据主要为 $0-1$ 分类变量。目前决策引擎主要为以下决策项目和模型提供支持：

　　·政策与限额管理：包括客户的基本准入条件、授信政策要求、行业区域风险限额等。

　　·申请评分模型：该模型根据企业类型、是否有抵押物、商圈及产业链的区别分成七大类，客户在申请贷款业务时，决策引擎自动根据业务类型调用适配的模型，给出评分模型以帮助决策。

　　·征信评分模型：引用人民银行征信系统评价客户的负债情况、负债结构、履约行为。

　　·二维评分风险评级：根据客户的申请评分与征信评分产生 8×8 交叉决策矩阵，对客户进行分层管理，采取不同的信贷政策，如对信用等级优良的客户配置弱担保产品、对信用等级中差的客户提高担保措施或压缩授信额度等。

　　·二维调整系数：在放款额度方面，在根据客户的收入、资产情况等要素计算出客户的基础额度后，利用二维额度调整系数确认客户资质，再根据客户资质确认放款额度；在贷款定价方面，首先根据分行地域特点、同业竞争、担保方式等要素确定每个分行、不同产品的基础利率，再根据二维定价调整系数确认每位客户的贷款定价。

• 行为评分模型：可直接用于预警、催收、续授信、定价策略等。

图 4 - 10 是决策引擎在贷中审批时的作用示意图。

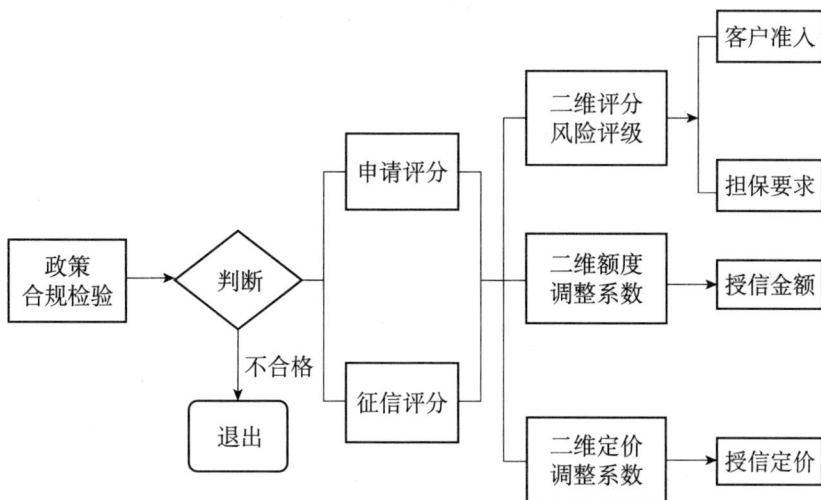

图 4 - 10 民生银行决策引擎在贷款审批中的作用
资料来源：中国民生银行风险管理技术。

此外，民生银行计划按照 Basel II 中的资本管理办法，将申请评分、征信评分两套评分系统合并为一个回归模型，采用显著性较强的变量构造评分标准，进一步提升模型的准确性。

决策引擎的推出使民生银行小微金融业务向信贷工厂方向大大推进了一步，提高了贷款决策的科学理性和风险控制质量，降低了基层银行的工作难度，节约了人力成本。

从两大引擎的内容看，民生银行风险控制所需要的信息技术与数据分析能力均相对完善，基本平台已经搭起，最终效果还取决于信息获取的数量和质量。至此，民生银行小微金融 2.0 版的信用风险控制体系建设，已经接近于大数据行业的边沿。

两大支持体系的构建同样体现了大型商业银行实践小微金融的独特性：只有资金量充足的金融机构有条件承担支持体系建设带来的大量固定成本，而大型商业银行高昂的人力成本又使其无法像多数小贷机构那样依赖于信贷员执行贷中贷后的风险控制。相对而言，信息化的风险控制平台建设降低了单笔贷款的变动成本（即人力成本），同时将风险控制的重点从贷后监控转为了贷前、贷中评审，利用银行特有的流水数据，在一定程度上破解了商业银行贷后监控不足的困境。我们因此认为，信息化风险控制体系的建设对大型商业银行而言几乎是必然的。

四、小微金融信用风险的控制效果如何？

风险控制是金融业务的生命。民生银行从进入小微金融蓝海那一天开始，就在不断探索与变革信贷风险控制模式，而这种探索的效果如何呢？由于无法获知民生银行小微金融运营的具体成本与收益，我们只能通过公开发布的银行年度报告中的经营信息窥其一斑。

（一）小微金融规模

民生银行的贷款与垫款可分为公司贷款与零售（个人）贷款，零售贷款则包括小微企业贷款、信用卡透支、住房贷款等。目前为止，民生银行小微金融业务的重点还是小微企业贷款。

在2009—2014年，民生银行贷款总额稳步上升，零售贷款占贷款总额的比例从2009年的16.49%上升至2014年的36.11%，小微企业贷款占零售贷款总额的比例则从2009年的6.10%上升至2014年的62.65%，2014年小微企业贷款在贷款总额中的占比已高达22.63%（见图4-11）。因此可以断定2009—2013年，民生银行零售贷款业务发展的主要原因就是小微企业贷款额的提升；虽然2013—2014年，信用卡透支作为一项零售业务发展的态势超过了小微企业贷款，但当前小微企业贷款仍在零售贷款、贷款总额中占据着十分重要的地位，体现了民生银行"做民营企业的银行、小微企业的银行、高端客户的银行"的战略定位。

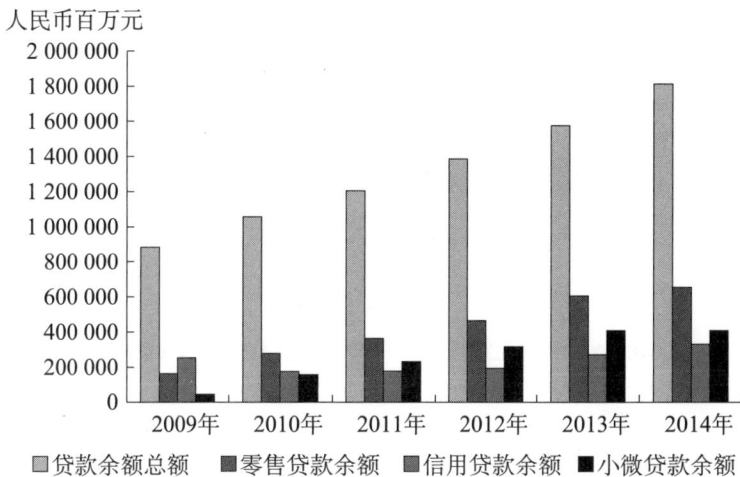

图4-11 2009—2014年民生银行的零售贷款余额、信用贷款余额与小微贷款余额
资料来源：民生银行年度报告。

（二）小微金融的收益

民生银行年报中没有对小微贷款部分收益指标直接披露，但由于

2010 年以来民生银行小微贷款占零售贷款比重超过 50%，我们可以借助零售贷款平均收益率的变化，大致判断小微贷款平均收益率变动趋势（平均收益率＝利息收入/贷款平均余额）。

根据年报数据统计，2008—2011 年民生银行的零售贷款收益率低于公司贷款收益率，但 2011 年之后零售贷款收益率高于公司贷款收益率，且二者之差逐年提高。鉴于小微贷款占零售贷款的比重高于 50%，可据此估计小微贷款平均收益率相对于传统业务而言存在着明显上升的趋势（见图 4 - 12）。

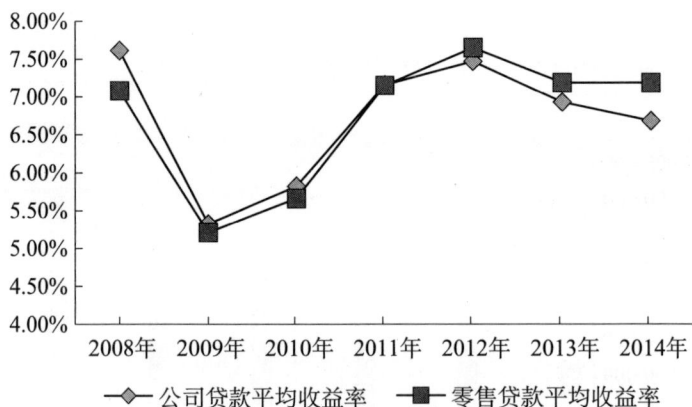

图 4 - 12　民生银行 2008—2014 年贷款收益率变动趋势
资料来源：民生银行年度报告。

由于贷款收益率仅反映出利息收入与贷款规模的关系，而我们无法获知小微贷款以及公司贷款的具体成本及风险情况，也因此或许无从回答"小微贷款定价能否覆盖机会成本"这一问题；但至少从图 4 - 12 中我们可以得出民生银行的小微贷款业务正逐步走向成熟这一结论，从而对其小微金融的盈利前景做出乐观的预期。

（三）信用风险控制效果

若用不良贷款率变化评价对于小微贷款的风险控制效果，我们则可以使用民生银行年报数据得到图 4－13 所示趋势。

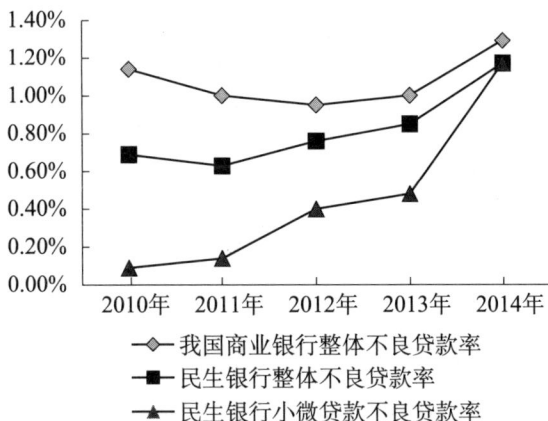

图 4－13　2010—2014 年民生银行不良贷款率变化趋势
资料来源：民生银行年度报告。

由图 4－13 可见，民生银行小微贷款的不良率相对于民生银行整体贷款不良率以及全行业贷款不良贷款率而言，始终有更快的上升趋势，从 2010 年远低于行业平均以及行内平均水平的 0.09%，一路攀升，到 2014 年与全行业不良贷款率齐平，达到 1.17%。尤其是 2013 年以后不良贷款率上升速度迅速加快。对此，我们首先可以用经济不景气的理由解释：2013 年以来全国经济不景气趋势加重，而经济下行期受到影响最大的首先是中小微企业。然而，民生银行从 2011 年开始推行并逐步深化的小微金融 2.0 转型以及风险控制体系全面升级，是否在一定程度上抵御了经济下行带来的小微贷款损失？从现有的数据信息中很难找到答案。因此我们也很难对民生银行风险控制体系建设的效果妄加评论。

　　另外，民生银行小微贷款风险控制关于收益覆盖风险的基本原则是否在一定程度上提高了对小额贷款不良率的宽容度？我们可以从民生银行零售贷款收益率高于平均贷款收益率的变化趋势中感受到该原则的实施效果。另一个值得注意的现象是，民生银行小微贷款不良率上升速度快于整体贷款不良率是从 2011 年开始的，与此同时发生的是小微贷款客户大量增加，资产客户数从 2011 年的 15 万户大幅度上升至 2012 年年底的近 100 万户。如果按照大数据投资原则和价格覆盖风险原则来理解，似乎这些数字体现了民生银行"有意为之"的可能性。

　　但无论如何，风险控制的最终的效果应该体现在小微金融业务净利润的变化趋势上，限于数据的可得性，我们无法依此得出分析结论。

参考文献

[1] 刘伟. 小微金融可持续发展战略思考. 中国民生银行信息管理中心，2011.

[2] 从小微客户信用数据挖掘谈小微风控提升. 中国民生银行信息管理中心，2014.

[3] 现行小微贷款业务发展瓶颈及新业务模式探索. 中国民生银行管理中心，2014.

[4] 刘伟，苟志龙. 大数定律和价格覆盖风险原则下商贷通产品定价策略研究. 中国民生银行管理中心，2010.

［5］浅谈小微业务的发展及相关建议．中国民生银行管理中心，2014．

［6］李昆芳．中国民生银行小微企业信贷风险管理研究（硕士学位论文）．广西大学，2013．

［7］张智，傅晓军，王腾飞．对征信中心个人信用评分产品开发的思考．征信，2012，03：25－28．

案例点评

这个案例试图通过总结民生银行开展小微金融业务中的信用风险控制经验，探索大型商业银行做小微金融业务的风险控制特点、优势与挑战。总结下来有四个方面可圈可点：

第一，大银行在小微金融风险控制方面有优势也有劣势（见表4-2）。在小微金融业务方面，大型商业银行与其他小微金融机构比较，在风险控制上具有人工成本高、与客户地理距离远、管理层级较多等相对劣势，导致大银行授信流程过长、对风险处置反应速度慢、贷后监控不足。而研究能力强（宏观研究、行业研究、数据分析与建模能力）、跨地域和跨行业投资能力强、管理规范则是大银行做小微金融的相对优势，体现在小微金融的信用风险控制上则是：有能力组织跨地区跨行业投资以对冲系统风险；有能力相对准确地研判宏观和行业风险，制定投资战略；有能力按照"大数法则"组织投资，确定"收益覆盖风险"的价格。这些优势及劣势的聚合，无不指向一个成熟的信用风险控制模式——"信贷工厂"模式。

表 4 - 2　　　　大型商业银行与小金融机构相比风险控制的优劣

	类型	大型商业银行	小金融机构
商业银行劣势	可变成本	职工薪酬高，客户数量多，使得贷后监控成本过高	人工成本低，可利用下户调查、经验操作执行授信与监测
	组织架构	组织架构复杂导致授信流程长、对风险反应有时滞	组织架构简单，能够快速执行授信、对风险做出反应
	客户互动	与客户的互动仅限于资金借贷，无法参与到客户的社会生活中、获得有效的软信息	"接地气"，了解客户，能够根据当地客户特点实行信用激励等风险控制手段
商业银行优势	固定成本	可负担和分摊大量研究、技术平台构建的高昂成本	资本量不足以支撑强大的研究队伍从事必要的宏观、行业分析以及数据挖掘
	分散风险	全国性经营的商业银行可通过合理的贷款行业区域配置、定价定额策略分散风险	地域型的小金融机构系统性风险高且难以分散
	全面服务	可提供储蓄、支付、结算等相关金融服务，获得客户流水数据信息用于风险控制	地域性非银行金融机构服务品种相对单一，仅能提供贷款服务，不易利用客户流水信息
	研究能力	较强的数量分析能力、建模能力和研发能力	宏观、行业研究能力和数据分析与建模研究能力较弱

　　第二，民生银行在风险控制方面发挥了大银行的优势。民生银行小微金融业务风险控制模式经历了从 1.0 向 2.0 版本的进阶。在 1.0 阶段，民生银行对项目信用风险监测与评价主要依赖于现场调研和经验判断，贷款授信和风险控制通过二级管理、一级经营的制度实施，授权环节较多，基层行经营分散、各自为战，较多依赖联保、互保、合作社等借款人网络组织的约束力量控制和消化风险。这种"风险评价靠经验，风险控制靠联保"的做法，本质上类似于孟加拉乡村银行等地域性金融机构，除了大数据投资战略和定价策略以外，并没有体现大银行的优势。

　　民生银行小微金融风险管控模式 2.0 版本比 1.0 版本有质的变化

（见图 4-14）：通过业务管理模式向中间层级——分行——的集中，风险监测、评价的重心后移，由总行统一建立垂直搜索引擎和决策引擎实现信贷风险的实时监测和评价，通过量化分析模型输出指标，协助授信管理层进行授信管理的决策。显然，2.0 版本风控模式更强调对数据信息的获取和分析，更重视信息技术、互联网技术在信贷风险监测环节的全面性和即时性价值，更重视集中分析、集中决策和集中管理，因而更倾向有"信贷工厂"标准化、模块化、规模化的管理特征。按照民生银行说法，这种信贷工厂特征只有将业务重心集中到一个适度的高度——分行——才合适。

小微金融版本	信用风险识别、评价、检测	贷款决策	授信管理和风险管理组织结构	组织管理的特点	风险控制对借款人互助组织的依赖
1.0版本	现场调查、经验判断碎片化、非标准化	大数据投资法则、覆盖风险定价法则、小额分散投资法则（"不过度负债"法则）	二级决策（总行+分行）、一级经营（支行）	倾向于基层分散经营	有较强依赖
2.0版本	数量化、标准化垂直搜索引擎+决策引擎		做强分行、做大支行	倾向于信贷工厂——集中决策模块化管理	有较弱依赖

图 4-14 民生银行风险控制模式升级——1.0 版本与 2.0 版本比较

第三，获取大数据能力是风控模型效果的关键。小微金融 2.0 版本的风险控制效果好坏还取决于民生银行获取数据的能力。民生银行在最初开展小微金融业务时，为什么没有发挥大银行的优势，直接选择信贷工厂模式？原因之一可能是获取足够量的小微企业信用信息难度太大。随着信息技术的进步和经验的积累，民生银行开始强调信贷工厂风险控制模式。尽管大银行有很强的研究能力、数据分析和建模能力，数据获取依然是最大的挑战。现在民生银行已经将数据信息的获取融入到了全方位的小微金融业务中，利用储蓄、支付、结算等多项业务服务获取经营流水信息，并打通其他获取外部信息的渠道，如获取来自税务的"硬信息"，来自银联的"活的硬信息"以及来自其他大数据企业的活信息。

利用信息技术实现信用风险控制将是商业银行小微金融业务发展的必然趋势，而获取底层信息的充分性与准确性将极大地影响这种风险控制的效果。

第四，风险控制模型需要不断调整。除了大数据以外，2.0版本风控模式的有效性还取决于模型的准确性。为此，民生银行需要用模型对宏观经济、商圈产业链信息进行分析判断，以规避系统性风险；需要用模型对企业信用信息进行评价，并形成商贷通"收益覆盖风险"的定价策略；需要用模型对企业贷后表现做风险评价。小微企业高风险以及缺乏贷款抵押的性质，使得贷后监控尤其重要。以上种种，对民生银行建立高质量的分析模型，并不断根据数据校准、调整模型提出更高要求，以确保其准确。

民生银行小微金融信用风险控制模式还在探索前行，虽然目前尚无法对其效果进行完备的评价，但民生银行在过去多年中探索所获得的经验与教训，仍然对其他从事小微金融业务的大型商业银行具有重要的借鉴意义。

点评人：张宁[①]

---

① 中国人民大学商学院财务金融学博士，中国人民大学金融与证券研究所高级研究员。

数字普惠金融篇

　　普惠金融主要是为特定人群提供"微型"金融服务，包括小额信贷、小额支付、小额保险、小额理财。显然，小额、多批量的金融产品交易不符合规模经济的要求，在各项手续成本既定的情况下，如果价格不提高，小额零售金融交易看起来比大宗交易的利润低许多。如果提高价格，又提高了这个特定群体（弱势群体）获取金融服务的成本负担，体现不了普惠金融的服务性质。如何解决这个问题？路径之一是通过技术改进降低金融交易成本，使金融机构在保证一定盈利的情况下，向特定群体提供负担得起的金融服务。数字普惠金融就是利用数字信息技术进行的普惠金融服务。

　　本篇选择四个案例，分别从传统小微金融机构自身的数字信息化改革、数字金融机构，以及数字金融＋传统金融三个角度，呈现在数字技术支持下，如何改进完善普惠金融服务。

5

Financial Inclusion

信息化改革与传统微型金融效率提升

——中和农信的例子

曾恋云① 施佳宏②

---

① 中国人民大学财政金融学院金融系博士生，联系邮箱：zenglianyun@ruc. edu. cn。
② 中国人民大学商学院财务与金融系博士生，联系邮箱：sjhbamboo@126. com。

摘要： 中和农信致力于为农村贫困人口提供无抵押、快捷、绿色小额信贷服务。为了解决传统小额信贷模式所带来的高成本与高风险的问题，中和农信通过数字信息技术创新，实现手机终端使用与非现金交易推广，推动公司内部扁平化管理制度改革，降低了人工成本与资金风险，使农户借贷款方便、高效。中和农信与大数据小贷公司合作促进了双方共赢，力求以"互联网＋精准扶贫"的方式在小额信贷之路上精耕细作。

普惠金融意味着所有人都有渠道并且能有效地使用适当的金融服务，这些金融服务应该是在监管良好的环境中被负责任地、可持续地提供的。在数字信息技术深入渗透经济社会的潮流中，信息采集、传播和处理效率的不断提升正在推动包括金融业在内的许多行业经历前所未有的变革。尤其是互联网技术的深度发酵和智能手机终端的不断普及给农村生产生活带来了广泛影响，越来越多农户的生活习惯发生了改变。为在这场变革中发挥优势、保持竞争力，负责任地、可持续地为目标客户提供金融服务，传统普惠金融机构不得不思变革新。

本案例以中和农信小额信贷业务信息化改革为例，探讨数字信息技术与传统小微金融效率改进实效。下文将依次分析中和农信小额信贷业务信息化改革的背景、目标和现状，并基于问卷调查和财务数据等对改革实效进行探析。

一、为什么要进行信息化改革？

中和农信是一家专注于农村草根金融服务的社会企业，其前身是中国扶贫基金会小额信贷项目部，自 1996 年起在农村贫困地区开展小额信贷扶贫试点项目，于 2008 年转制成公司化运作，专门负责小额信贷扶贫试点项目的实施与管理。中和农信提供"无抵押、无人情费、手续简便、上门服务"的小额贷款。截至 2016 年 6 月，中和农信小额信贷项目覆盖全国 18 个省 185 个县 2 832 个乡镇，共有员工 2 677 人，有效客户超过 35 万人，贷款余额超过 37 亿元，历史笔均贷款额度仅为 10 782.8 元[①]。尽管有如此大的成就，中和农信依然强烈感受到进行信息化改革已经迫在眉睫。分析下来，推行信息化改革的力量主要来自内部的压力和外部的机遇。

（一）来自内部的压力

在信息化改革前，中和农信发放并回收一笔贷款的完整流程（见图 5-1）通常是这样的：客户有贷款需求，电话联系中和农信分支机构在本乡镇的信贷员，约定上门家访时间。信贷员第一次上门家访，会对客户说明贷款制度、进行贷前培训，客户填写贷款申请表。家访后信贷员还会向该客户的邻居、朋友或当地的村干部、老客户等了解新客户的实际情况。信贷员回到家中通过电脑将资料拍照上传到客户管理系统，并在每半月一次去县里开例会时将纸质文件提交给分支机

---

① 中和农信公司介绍．［2018.01.31］．http：//www.cfpamf.org.cn/company _ introduction # intl.

构保管。督导会对客户进行电话回访，以确保其确实理解了贷前培训内容，之后由分支机构主任进行最终审批。中和农信总部会通过系统自动抽取部分个人贷款进行信用资质及合规审核，但不对小组贷款进行事前审核。贷款申请通过后，信贷员将进行第二次家访，在家访时

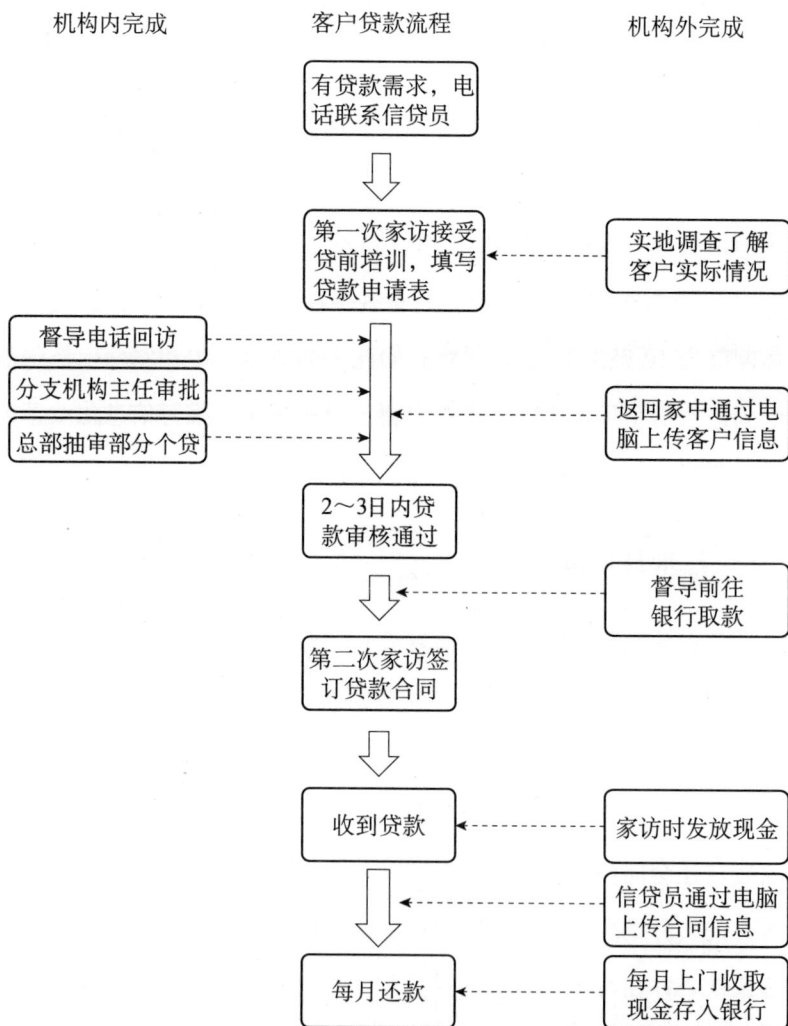

机构内完成　　　　客户贷款流程　　　　机构外完成

```
                  ┌──────────────┐
                  │ 有贷款需求，电 │
                  │ 话联系信贷员   │
                  └──────┬───────┘
                         ▼
                  ┌──────────────┐      ┌──────────────┐
                  │ 第一次家访接受 │◄─ ─ │ 实地调查了解   │
                  │ 贷前培训，填写 │      │ 客户实际情况   │
                  │ 贷款申请表     │      └──────────────┘
┌──────────────┐  └──────────────┘
│ 督导电话回访   │- - - - ─►│
└──────────────┘          │
┌──────────────┐          │      ┌──────────────┐
│ 分支机构主任审批│- - - - ─►│◄─ ─ │ 返回家中通过电 │
└──────────────┘          │      │ 脑上传客户信息 │
┌──────────────┐          │      └──────────────┘
│ 总部抽审部分个贷│- - - - ─►│
└──────────────┘  ┌──────────────┐
                  │ 2～3日内贷     │
                  │ 款审核通过     │
                  └──────┬───────┘
                         ▼           ┌──────────────┐
                  ┌──────────────┐◄─ │ 督导前往       │
                  │ 第二次家访签   │   │ 银行取款       │
                  │ 订贷款合同     │   └──────────────┘
                  └──────┬───────┘
                         ▼           ┌──────────────┐
                  ┌──────────────┐◄─ │ 家访时发放现金 │
                  │ 收到贷款       │   └──────────────┘
                  └──────┬───────┘
                         ▼           ┌──────────────┐
                  ┌──────────────┐◄─ │ 信贷员通过电脑 │
                  │ 每月还款       │   │ 上传合同信息   │
                  └──────────────┘   └──────────────┘
                                     ┌──────────────┐
                                  ◄─ │ 每月上门收取   │
                                     │ 现金存入银行   │
                                     └──────────────┘
```

图 5-1　中和农信小额信贷业务信息化改革前的贷款工作流程

与客户签订贷款合同，并同时用现金发放贷款。之后的每个月，信贷员将到客户家中回收贷款。

从上述介绍中可以发现，信息化改革前，中和农信实际已具备了与原有业务模式相适应的信息系统。因此，本文所指信息化改革也包括对已有信息系统的升级改造。

从客户来看，中和农信将目标客户定位于极小可能从金融机构获得贷款的农村贫困地区中低收入家庭，其20年来1万元左右的笔均贷款额度将其客户定位清晰地区分于农村信用社、邮储银行等农村金融机构，同时也凸显了其扶贫的根本目标。有别于捐赠扶贫，作为社会企业的中和农信必须在完成其社会使命的同时保持可持续发展，因此，客户定位也对其成本控制提出了很高的要求——既要通过提供合适利率的贷款服务以惠及目标客户，又要保证利息收入足以覆盖成本以实现可持续的普惠金融实践。

从产品来看，中和农信目前有小组贷款和个人贷款两种信用贷款产品，单笔贷款额度均在10万元以下。贷款一般为一年期，农户在还款时，可选择前两个月不还款，之后10个月等额本息还款，或是前11个月少量还款，最后一个月全部还清。在信息化改革之前，信贷员每个月需要逐户上门收取客户的现金还款，意味着每一笔贷款都需要信贷员上门收款至少10次。

从组织架构来看，中和农信的分支机构通常设有一名主任、若干名督导和信贷员，督导负责管理信贷员、进行风控外围调查、开拓市场、处理突发状况等，信贷员负责联系客户、登记客户资料、发放和回收贷款等。在信息化改革之前，由于中和农信一直采用现金放收款，需要设置会计岗和出纳岗管理现金并记录现金收支情况，部分出纳兼任督导岗。图 5 - 2 列示了中和农信一般分支机构的组织架构情况，规模可能更大或更小。

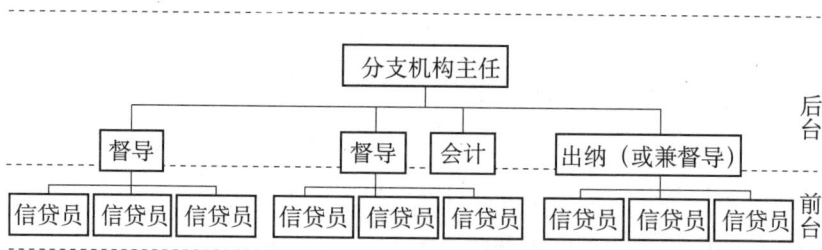

```
                    ┌──────────────┐
                    │  分支机构主任  │
                    └──────┬───────┘         后
    ┌─────────┬──────────┬─┴────┬──────────────┐  台
┌───┴──┐  ┌───┴──┐ ┌───┴──┐ ┌──┴───────────┐
│ 督导 │  │ 督导 │ │ 会计 │ │ 出纳（或兼督导）│    前
└──┬───┘  └──┬───┘ └──────┘ └──────┬───────┘  台
┌──┼──┬──┐ ┌─┼──┬──┐        ┌────┼────┬────┐
信贷员信贷员信贷员 信贷员信贷员信贷员  信贷员 信贷员 信贷员
```

图 5 - 2　中和农信一般分支机构的组织架构

从风险控制来看，由于采用了无抵押贷款模式，中和农信的风险控制依赖于联保模式和分支机构工作人员对当地乡土社会的了解程度，分支机构的一线业务员在风险控制中起到关键作用。信息化改革前，大部分贷款申请由分支机构审批通过后即进入放款流程，总部在风控中的作用仅限于定期的合规检查，对覆盖全国各地的业务网络把控较为滞后。

从以上展示的中和农信业务流程以及组织架构中，可以发现存在三方面问题，亟待通过信息化改革解决。

（1）上门现金放收款——高现金风险与人财物成本

中和农信对每位客户提供上门现金放收款服务，而随着中和农信客户量的增加，这项服务带来的现金风险与人财物成本也越来越高。

现金风险包括现金支取、现金运送、现金保管、假币四方面风险。

现金支取风险：每次放款前，后台员工需要提前预约、开好支票去银行支取现金，而在农村地区、特别是偏远乡镇，银行工作时间往往不固定，且每次能够支取的现金额度受到较大限制，甚至可能少于当日需要放出的额度，信贷员可能因此无法按时为客户放款，造成失信问题。

现金运送风险：发放贷款时后台员工需要携带大笔现金前往客户处，最多时可能随身携带 80 万元的现金；回收贷款时信贷员也需要携带大量现金去所在乡镇的银行存款。运送大额现金可能带来道德风险及巨大的安全隐患：一方面，携带多达几十万元的现金可能诱发业务员的违法违规行为。虽然放款由后台员工携带现金，信贷员陪同前往，但这并不能完全杜绝道德风险。另一方面，运送现金也时刻面临着被盗、被抢的可能，女性信贷员收款时甚至需要家属陪同来保证现金安全。

现金保管风险：按照中和农信规定，信贷员收回贷款后需要将现金存入中和农信的银行账户。然而，由于客户常常居住在相对偏僻的地方，信贷员收完当天的应还款项后很有可能已经错过了所在乡镇的银行营业时间。此外，在某天放款量大时，后台需要较早出门放款，而银行开始营业时间固定，因此，后台可能提前一天支取部分款项，这种情况下分支机构则需要保管大量现金过夜，这里同样存在着巨大的安全问题。

假币风险：中和农信采取现金收款，则有一定的可能性收到假币，然而，为维护与客户之间的相互信任关系，信贷员通常不会携带验钞机上门收款。尽管信贷员一再强调"客户也不知情，客户不是故意骗我们的"，但收到假币带来的损失都由分支机构承担，这一风险仍然不可忽视。

人财物成本包括前台时间成本、后台时间成本和财物成本。

前台时间成本：信贷员每个月都需要上门收款，每笔贷款需要前往客户处收款 10 次或以上，而中和农信的客户往往居住在较为偏远的地区，因此现金收款造成了大量前台员工时间成本的浪费。同时，现金放款同样也会带来信贷员的时间浪费，客户收到现金放款时往往要花半小时以上数钱、判断现金真伪等，对信贷员的工作效率造成影响。

后台时间成本：由于中和农信采取现金放收款制度，每个分支机构都需要设置会计和出纳岗位，每天登记现金日记账，月末整理核对报表，并负责票据工作，对支票的开具和报批、现金预约调剂、收款凭证、放款凭证开具、现金发放、整理等工作负责，这些繁重而琐碎的工作同样极大地消耗了中和农信的人力成本。

财物成本：信贷员前去银行存款、去客户处收放款，带来的油耗和车体损耗由信贷员自行承担，这笔财物成本虽不直接由中和农信负担，但也间接地由中和农信通过绩效工资的形式对信贷员给予补贴，同样形成了公司的成本。

（2）手工录入信息——繁重的信息录入任务

信贷员返回家中后，需要将客户资料输入电脑，并将当天签约照片压缩后上传至中和农信的管理系统。第一次家访后，信贷员需要上传客户的贷款申请表；第二次家访后，信贷员需要上传和客户签订的贷款合同。这些手工录入工作平均每天需花费 1～2 小时，对工作已经很繁忙的信贷员而言是非常沉重的负担。

（3）合规检查——存在诸多风险点

信贷员花费大量时间精力将客户资料、照片上传到中和农信系统，然而贷款前总部并不会对这些资料的合规情况进行检查，也不会对贷款业务进行审批。在信息化改革前，中和农信总部只会在期末定期对各分支机构的流程合规情况进行检查，但执行这些检查时往往多数贷款已经完成，因此总部的合规检查既不能起到风险控制的作用，也无法让总部及时地参与到中和农信的信贷活动中去。合规检查不仅滞后，还存在诸多风险点，如信贷员的操作风险、道德风险，以及因检查滞后而放大的客户信用风险。

信贷员操作风险：信贷员需要手动将客户的银行卡号、身份证号等信息录入电脑后上传系统，而总部往往需要很长一段时间之后才会对这些信息进行检查。此外，在放贷流程中信贷员需要向系统上传大量现场照片、客户情况等材料，信贷员在工作中很可能出现材料缺失等操作错误，而这些错误难以被总部及时发现。

信贷员道德风险：中和农信采取风险前置的信贷员模式，没有完全实现审贷分离，在信息化改革之前，信贷员一个人几乎要完成全流程的授信工作，这就意味着信贷员有机会通过违规操作谋取私利。虽然总部会对个人贷款进行事前抽查，且分支机构主任和督导能够对信贷员工作起到一定的监督作用，但中和农信的分支机构一般规模并不大，存在有督导和信贷员串通欺诈的可能性。因此，中和农信需要一个更为合理、总部参与程度更高的放贷流程。

因检查滞后而放大的客户信用风险：在经济下行时期，中和农信的风险贷款率也有所提高。信息化改革之前，分支机构对所有的客户违约风险负责，而总部较为滞后的合规检查无法有效起到降低贷款逾期率的作用。

事实上，在中和农信规模较小时，原来的工作流程和信息系统能够较好地适应业务发展和风险管理的需要。然而，随着近年来业务迅速发展，原有工作流程的风险和成本问题日益显著。同时，考虑到其规模不断扩大，也有了对现有信息系统进行升级改造、建设更加完备的后台支持系统的需要和能力。

（二）外部的环境与机遇

信息化改革前，中和农信的小额信贷业务模式已经在广大农村地区推广了19年之久，2015年客户满意度调查显示客户对中和农信服务效率满意度为98.8％，92％的客户在七天之内得到了贷款，速度远高于农村地区的其他传统金融机构。因此，中和农信的小额信贷业务模式实际上是经历了时间考验的成功模式。上述业务痛点一方面是来自客户量不断增长的压力的结果；另一方面也是受到农村技术和金融环境改变影响的结果。

在互联网金融的浪潮中，中和农信意识到信息技术是传统小微金融企业转型的方向，而农村各项设施建设的完善为其技术改革提供了良好的基础。

1. 农村信息技术普及率不断提升为信息化改革奠定技术基础

近年来，我国农村地区信息技术普及率不断提升，尤其是随着移动电话性价比的持续提高，农村居民家庭移动电话持有量迅速向城镇居民靠近（见图5-3）。在互联网最开始出现时，电脑是必要的联网设备。当移动电话发展到可以方便地联网时，农户为获得互联网服务而需拥有设备的成本相较只能通过电脑联网的时代大幅度下降了，农村互联网普及率和农村网民中手机上网比例均呈现出显著的上升趋势（见图5-4）。移动电话以及移动互联网的高普及率方便了人们随时随地记录和分享文字、图片等信息，信息采集、传播和处理效率大大提升，为改变中和农信小额信贷业务中繁重的手工信息录入任务和滞后的合规检查奠定了技术基础，也为移动金融业务的推广和小额信贷业务还款方式的改革提供了技术条件。

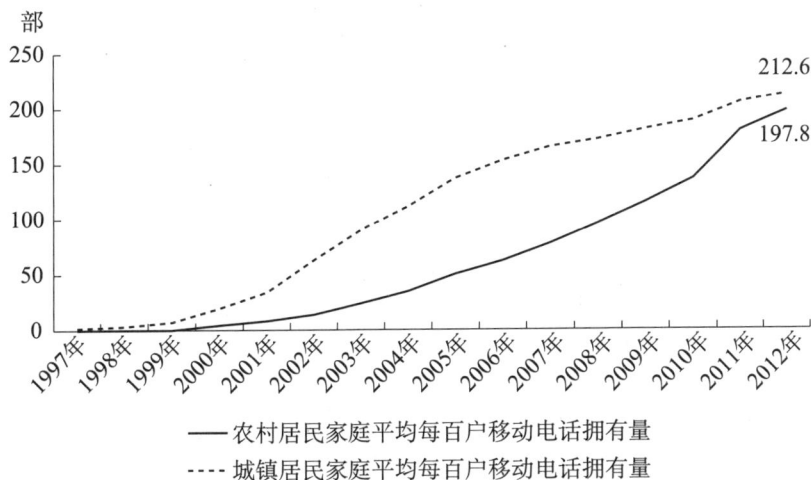

图 5-3 城镇、农村居民家庭平均每百户移动电话拥有量
资料来源：国家统计局。

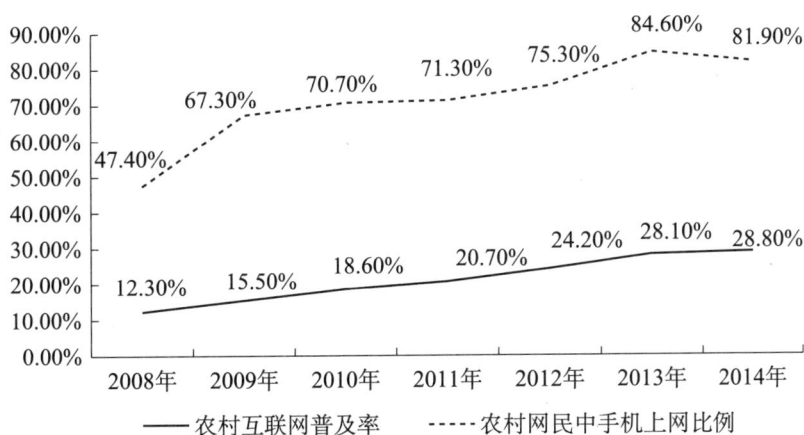

图 5-4 农村互联网普及率及农村网民手机上网比例
资料来源：中国互联网络信息中心（CNNIC）。

2. 农村金融基础设施不断完善为信息化改革营造金融环境

农村金融基础设施的完善可以分为两个层面，一是金融机构线下网点等实体金融形式在农村地区覆盖率的提高，二是网上银行、手机银行、第三方支付等信息化金融服务在农村地区普及率的提高。

2009 年 10 月，银监会召开乡镇基础金融服务全覆盖工作推进会，探索解决农村金融服务均等化难题的有效途径。[①] 经过五年的努力，金融机构空白乡镇从 2009 年年末的 2 945 个，下降至 2014 年年末的 1 570 个，在全国乡镇级区划中占比从 7.21% 下降到 3.89%。从信息化金融服务在农村地区的普及率来看，2009—2014 年，农村网民中网上支付使用率从 15.1% 上升至 35.2%，每年增长约 4 个百分点（见图 5-5）。事实上，2015—2016 年是网上支付发展的一个高峰期，虽然目前农村地区数据尚未发布，但从全国总体数据[②]来看，从 2014 年年末的 46.9% 上升至 2016 年 6 月的 64.1%，增长速度明显快于 2014 年之前的五年。

农村金融机构覆盖率和农村网民网上支付使用率的提高让更多的农户可以方便地进行存取款和转账汇款，也为改变中和农信现金放收款的流程提供了可能。

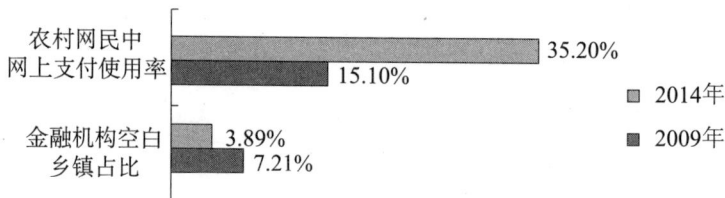

图 5-5　农村金融基础设施完善情况

资料来源：中国互联网络信息中心（CNNIC）、银监会、国家统计局。

---

① 银监会. 中国银监会办公厅关于空白乡镇基础金融服务全覆盖工作情况的通报. 银监办发 [2011] 205 号.

② 包括农村地区和非农村地区。

二、如何进行信息化改革?

在数字信息技术深入渗透经济社会的潮流中，面对上门现金放收款所带来的愈加显著的现金风险和人财物成本，以及手工录入信息所带来的繁重工作任务、滞后的合规检查带来的各项风险，为让公司更为规范化运营，中和农信于 2013 年开始信息管理系统改革试点，简化工作流程、提升工作效率、加强多方面风险把控，有力支持机构的连锁化发展布局。2015 年，中和农信完成了全国各分支机构的整体信息化改革。

（一）信息化改革的主要措施

2015 年，中和农信全面铺开信息化改革，目前进展包括借助银行的银企直联、超级网银系统进行贷款集中发放和收回，优化信贷员手机客户端以自动识别身份证和银行卡，组建风险审核审批团队加强风险管理，引入移动办公平台"兜行"等。

截至 2016 年 5 月，中和农信各项信息化改革项目主要在四个方面展开：

1. 集中代付

中和农信希望通过银企直联、超级网银系统集中代付的方式，降低由于上门服务引致的现金风险和人财物成本。这个问题随着近年来客户增加越来越显著。

2015 年 7 月，中和农信放款流程正式开始推行集中放款。由于改革前的放款程序是在客户家签订合同的同时现金放款，改革后的放款程序是在客户家签订合同并上报总部进行合规检查后，由总部直接通过银联卡打款。因此，在放款流程中集中放款的改革并没有减少信贷员拜访客户的次数。然而，从支取现金、运送现金到发放现金，看似简单的现金放款过程实际牵涉许多的风险和成本。集中放款全实现后，前台信贷员不再需要承担现金运送风险，上门签约时不再需要在等待客户数钱、辨别现金真伪上消耗时间，后台由于不再需要承担预约现金、开具支票、管理繁复的现金日记账、开具和整理放款凭据等工作，原有的会计和出纳岗位相应取消，全部转岗为督导或内务专员。

相较而言，集中收款虽然同样于 2015 年 7 月推出，但由于客户需要在每月还款时保证相应银行卡里存有足额待扣款项，客户必须提前到银行存款或提前转账，在操作中可能遇到各种实际情况，例如少数客户嫌麻烦暂时不愿意通过银联代扣还款，或到了还款期因为生意繁忙而要求信贷员上门收款等，因此，收款银联代扣的实现是一个渐进的过程。

经过一年的过渡期，小组贷款业务收款银联代扣目前已实现67％，个人贷款业务已实现95％。

由于一笔贷款按约定通常需要收款 10 或 12 次，从前信贷员每天上门收款的时间大大多于上门放款的时间，每天多达几十笔的上门收款任务常常让信贷员疲于应对。随着银行卡收款的逐渐实现，前台信贷员每天只需要在银行执行代扣指令后检查没有代扣成功的款项，根据需要进行沟通，对确实需要上门收款的再离开公司进行收款。信贷员每天不再需要紧张地逐户上门收款，现金流量的逐渐减少使现金运送风险、现金保管风险和假币风险大大减少，后台现金日记账和月末核对整理报表的工作相应减轻，也不再需要整理收款凭据。业务员节约下来的时间可以用于维护老客户，开发新客户。

2. 优化信贷员手机客户端

优化信贷员手机客户端旨在提升业务员采集、上传和管理客户信息的效率。

2013 年，中和农信试点推行信贷员手机客户端，但绝大多数信贷员还是采用电脑端操作。2015 年，中和农信在全国范围内强制下线了电脑端，要求全部信贷员使用手机客户端完成贷款相关信息的录入、上传和管理。目前的信贷员手机客户端已得到多次优化，优化后的信贷员手机应用可通过 OCR 技术自动识别身份证和银行卡，包含申请、签约、审核、收款、客户管理、报表等模块，可随时随地地对客户信息进行采集、上传和管理。

在第一次上门家访时，如果客户认可服务条款确认申请贷款并填写申请表，信贷员可以通过手机应用现场添加客户基本信息，并对客户的身份证、银行卡、签字的纸质申请表现场拍照，并实时上传到系统，减少手动输入次数，提升输入准确性。督导通过手机应用即可看到新添加的客户信息，及时对客户的贷款、还款意愿等进行电话回访确认。在第二次上门家访确认信息完整、完成签约后，信贷员可以实时将客户照片和合同上传到中和农信的管理平台（信息化改革后放款流程如图 5 - 6 所示）。

3. 总部风险管理部门介入贷款全流程

2015 年中和农信在风险管理部组建了风险审核审批团队，在总部层面围绕信贷准入、材料检查、信息检查三个维度进行管理，控制员工的操作风险、道德风险与客户的信用风险。

信息化改革前　　　　　　客户贷款流程　　　　　　信息化改革后

```
                        有贷款需求电话
                        联系分支机构
                             ⇩
实地调查了解          第一次家访接受          实地调查了解
客户实际情况    ┄┄▶   贷前培训，填写   ◀┄┄   客户实际情况
                     贷款申请表

返回家中通过电                            在客户处通过手
脑上传客户资料  ┄┄▶              ◀┄┄     机上传客户资料

督导电话回访    ┄┄▶              ◀┄┄     督导电话回访

分支机构主任审批 ┄┄▶             ◀┄┄     分支机构主任审批

总部抽审部分个贷

                     2～3日内贷款
                ◀┄┄  审核通过    ◀┄┄     总部可否决个贷

督导前往银行取款 ┄┄┄▶

                                         在客户处通过手
                     第二次家访签    ◀┄┄  机上传合同信息
                     订贷款合同      ◀┄┄  总部合规检查

家访时发放现金  ┄┄▶   收到贷款    ◀┄┄     家访后1~7日内
                                         打款到客户卡上
返回家中通过电脑
上传合同信息

每月上门收取现金 ┄┄▶  每月还款    ◀┄┄     银行卡代扣收款
```

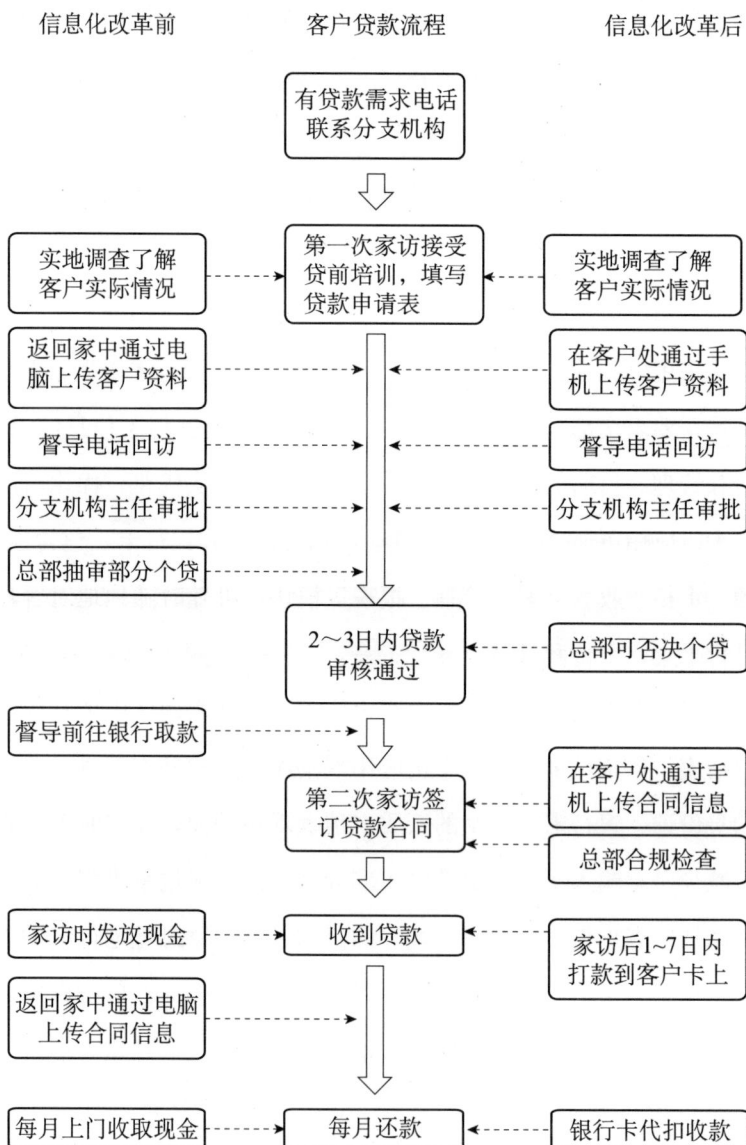

图 5-6　中和农信小额信贷业务信息化改革前后贷款工作流程比较

　　在信贷员将客户信息与照片等内容上传中和农信平台后，风管部门将对材料的合规情况进行实时审查，如果发现客户不满足某项贷款

条件，填写的信息有遗漏，签名前后不一致，照片上人物有误等问题，可以及时反馈给信贷员进行确认，信贷员根据实际情况补充材料或进一步调查。

在中和农信的两类信贷产品中，小组贷款的最终放贷决策仍由分支机构主任进行，总部只进行合规检查；而个人贷款的放贷决策由分支机构和总部风管部门共同完成。总部风管部门借助 IPC 微贷技术实时对个人贷款客户还款能力进行评价，对于信用风险较高的客户，总部有权否决分支机构上报的贷款申请。

4. 移动办公平台"兜行"全普及

移动办公平台"兜行"旨在为员工随时随地进行办公、学习创造条件。

2015 年，中和农信成功引入为员工量身定制的"兜行"手机平台，包含通知公告、《和信》内刊、和信学院、在线考试以及同事圈等模块，业务员可以通过通知公告和《和信》内刊模块及时了解公司发展动态，通过和信学院和在线考试模块进行随时随地的学习、测试，通过同事圈模块与同事经常交流经验、培养团队感情。相较从前只能通过邮件和开会的方式进行学习，"兜行"有利于提高员工培训的维度和频度。

（二）未来目标

2015 年，中和农信的技术团队由 20 人增加到了 40 余人，对各项业务系统进行了建设和完善工作。在未来，中和农信将继续推进信息化进程，通过各项流程的优化实现公司整体的规范化、高效运作；同时，信息化建设的核心仍是为现有业务本身服务，这时的中和农信并不打算向数据驱动的企业（比如技术金融企业）转型。为此，中和农信打算从两个方面推进信息化改革。

首先，继续完善内部信息化改革，借助技术支持优化和简化流程，降低人力物力成本，提高风险管理水平，并运用信息化技术对接监管部门、征信系统以及融资渠道。未来的信息化建设依然以推动公司规范化、高效运作为目标。

其次，与数字金融机构合作共赢。在信息化浪潮之中，看重农村信贷市场的互联网金融企业越来越多，蚂蚁金服、京东金融等基于大数据技术的新型金融组织纷纷进军农村信贷市场，且其贷款额度往往低于农信社、农商行，与中和农信的客户群体有所重叠。和这些数字金融机构不同的是，中和农信并非信贷工厂型的小贷公司，其独特的优势在于其信贷员主导的特性，而小额贷款不可能彻底离开地面部队的支持，因此在信息化大潮中，中和农信与大数据企业可以做到合作共赢。2015年11月开始，蚂蚁金服和中和农信开始合作，双方在信贷模式上形成互补关系：蚂蚁金服在大数据、云计算、金融风控领域有着丰富的经验；中和农信则具有熟悉客户情况的信贷员，在风险控制、贷后催收方面有蚂蚁金服所不具有的优势。信息技术服务于企业本身，中和农信不会转型为蚂蚁、京东这样的企业，而是借助其独到的信贷员优势，将信息技术为自身所用，合作共赢。

未来，中和农信或与更多数字金融机构在渠道、风控、资金、大数据等多方面开展合作，共同为广大农村地区用户提供普惠金融服务，以"互联网＋精准扶贫"的方式帮助更多人脱贫致富。

三、信息化改革的效果如何?

中和农信的信息化改革实行至今已满一年,而我们最为关心的显然是其改革成效:改用银企直联、超级网银系统集中代付是否确实方便了信贷员的工作,降低了保管现金带来的风险?各项手机应用是否确实能提高业务员的工作效率,让业务员能够更为方便地学习金融知识?信息化改革从整体而言是否降低了中和农信的业务成本,同时又提升了其财务绩效?此外,中和农信的员工、客户对于此次信息化改革的接受程度又是怎样的呢?

我们于 2016 年 7 月 21 日开始通过微信对中和农信基层业务员发放了关于信息化改革成效的调查问卷,该问卷对中和农信的前台(信贷员)、后台(督导)业务员分别进行了调查。截至 2016 年 8 月 2 日共收回问卷 1 103 份,其中有效答卷 1 103 份,前台答卷 874 份,后台答卷 229 份,基本符合中和农信基层机构的前后台人员比例。另外,我们于 2016 年 7 月 12 日前往中和农信河北省保定市曲阳县分支机构调研,对中和农信的员工、客户对信息化改革的反应进行了深入的访谈。

余文部分将综合财务绩效、问卷调查及实地调研结果,从财务绩效、员工反应、客户态度等多个方面对中和农信此次信息化改革的实效进行分析。

(一) 解放人力,拓展市场

中和农信信息化改革解放人力的进一步目的并不仅仅是降低人工成本,更为重要的是让工作人员将更多的时间用到开拓市场上。

中和农信的贷款额度远低于农商行、农合行，贷款流程也更为便捷。另外，民间借贷的利率更高，且主要针对的是能够"当家做主"的男性借款人，因此贷款额度低、利率合理、针对女性客户的中和农信在农村的业务很少遇到竞争方。所以，中和农信员工开拓市场的主要工作在于通过多种宣传渠道，让更多的居民对中和农信业务有所了解，让更多人有借款需求时能够想到并愿意联系中和农信寻求帮助。

中和农信开拓市场的方法分为两方面，一方面是老客户的口耳相传，另一方面则是督导主导、信贷员协助的直接宣传工作，督导和信贷员会通过路演、发放传单、张贴墙贴海报等传统方式，以及微信传播等新方式向当地居民宣传中和农信的贷款特点与贷款方式。从这些开拓市场的途径中可以看出，开拓市场实际上是一项十分费时费力的工作，而信息化改革所解放的人力，正应当用在开拓市场、让中和农信吸引更多客户上。

扩大业务不完全是信贷员工作的核心，然而多数信贷员同样也发现，信息化改革能够让他们在这方面获益，让他们有更多时间进行营销，从而提升贷款业务量（见图 5-7）。

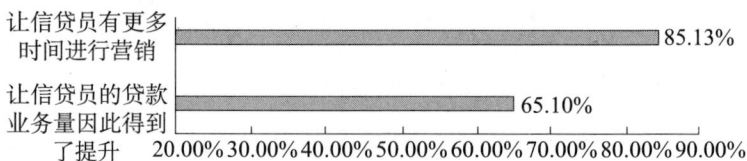

图 5-7　信贷员对信息化改革扩大业务情况的感受
资料来源：中和农信调查问卷整理分析。

客观上，我们同样可以从中和农信月度简报中公布的财务数据中得出相同的结论。图 5-8 列示了信息化改革前后一年中每个月的信贷员平均贷款金额；图 5-9 列示了信息化改革前后一年中每个月的分支机构平均贷款金额。由于贷款量存在季节性波动，如年初、年末有借款需求的客户通常较多等，我们将每月贷款金额与上年同期进行比较，可以看到在 2015 年 7 月的信息化改革之后，平均每位信贷员、每个分支机构的放款量都有较大幅度的增加，而这种增加在放款量大的月份尤为明显，进一步体现了信息化改革对于开拓市场的重要作用。

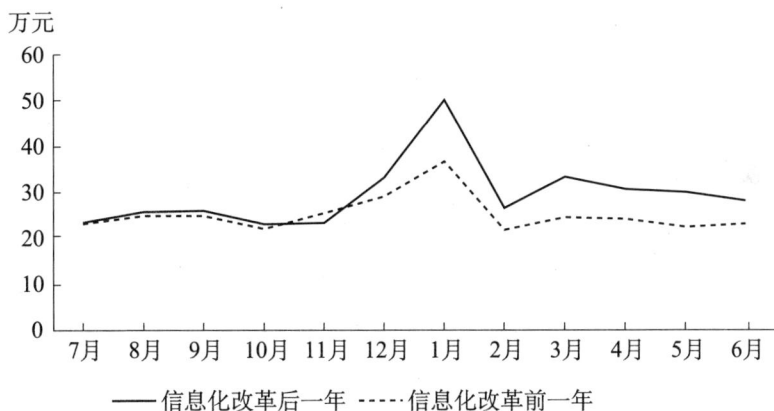

图 5-8 信息化改革前后月度信贷员平均贷款金额

资料来源：中和农信月度简报。

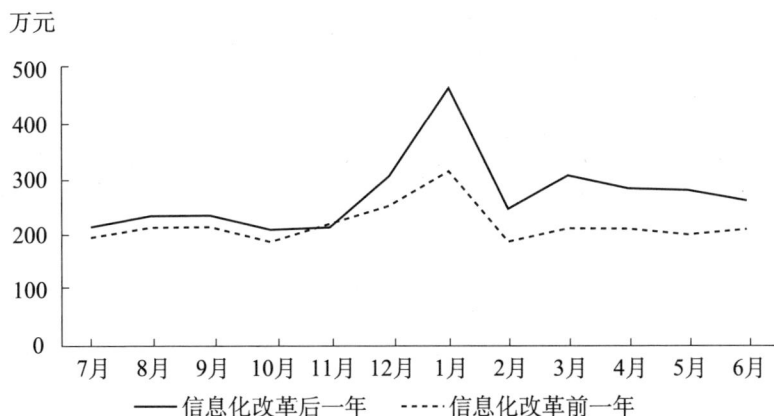

图 5-9 信息化改革前后月度机构平均贷款金额

资料来源：中和农信月度简报。

（二）安全作业、提高效率

1. 银企直联、超级网银系统集中代付的作用

在使用银企直联、超级网银系统集中代付之前，针对每笔贷款，信贷员往往都需要往返客户处、银行、中和农信分支机构十余次进行放款、收款工作，而督导也常常会因为现金放收款花费大量时间。因此，使用集中代付对于解放前后台工作人员的人力，提高工作效率有着极为显著的影响。另外，考虑到现金收付款需要工作人员保管大量现金，集中代付同样会让中和农信的基层员工的放收款工作更为稳妥、安全。

我们先对使用银企直联、超级网银系统集中代付前后信贷员的变化进行分析。

图 5-10 列示了信息化改革前后信贷员平均每月的现金放收款数

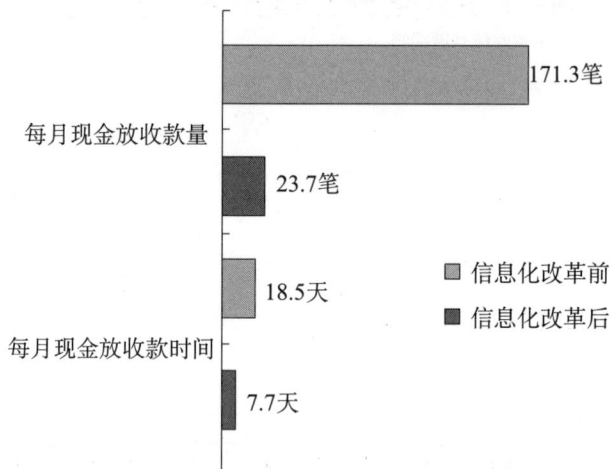

图 5-10　信息化改革前后信贷员现金放收款数量及时间
资料来源：中和农信调查问卷整理分析。

量，以及每月用在现金放收款上的时间。可见，使用银企直联、超级网银系统集中代付对信贷员最基础的影响在于，大幅度减少了信贷员每月的现金放收款量，从而减少了信贷员用于放款和收款的时间。由于中和农信还没有完全实现集中收款，因此每月信贷员仍需要花费不足一天的时间进行现金放收款工作。

图 5-11 列示了信贷员对于使用银企直联、超级网银系统集中代付的直观感受，多数信贷员认为集中代付从多方面方便了自己的工作。80%以上的受访信贷员认为集中代付节约了交通工具的油耗，减少了上门放收款的时间；超过 90%的受访信贷员认为集中代付减少了其去银行存取款的时间。信贷员同时更为关注现金放收款带来的安全问题，90%以上信贷员认为集中代付避免了保管大额现金带来的风险，也降低了自己收到假币的风险。

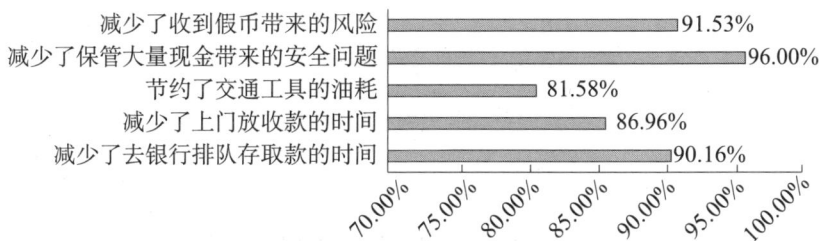

图表数据：
- 减少了收到假币带来的风险：91.53%
- 减少了保管大量现金带来的安全问题：96.00%
- 节约了交通工具的油耗：81.58%
- 减少了上门放收款的时间：86.96%
- 减少了去银行排队存取款的时间：90.16%

图 5-11 信贷员对集中代付提高效率情况的感受
资料来源：中和农信调查问卷整理分析。

可见，集中代付的确方便了前后台员工的日常工作，解放了信贷员和督导的劳动力。节约了大量放收款过程中消耗的财力，并且使得放款收款过程更为安全可靠，极大地提高了基层员工的工作效率。

2. 各项手机应用的作用

中和农信推出的手机应用包括信贷管理系统 App 以及用于交流与培训学习的"兜行"App。信贷员能够利用手机客户端自动识别身份证和银行卡，在客户处完成大部分客户信息的上传工作，而督导则能够通过手机应用管理相应信贷员负责的客户。此外，前后台工作人员都能够利用"兜行"实时了解公司动态和需要学习的各项知识。

在中和农信推出手机应用前，信贷员每天回到家后都需要整理客户信息并手工录入到电脑里，图 5-12 列示了信息化改革前后信贷员平均每天在这项工作上花费的时间情况。可见，信息化改革平均每天可以为信贷员节约出接近一个小时的时间，的确实现了解放人力、提高效率的作用。

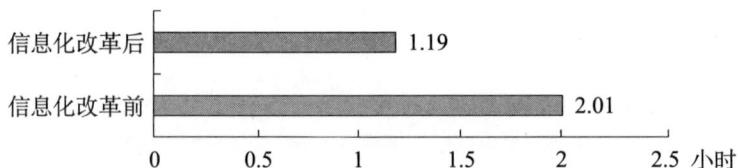

图 5-12　信息化改革前后信贷员整理客户材料时间
资料来源：中和农信调查问卷整理分析。

同样，督导借助手机应用节省了大量时间，也就有了更多时间从事督导的本职工作。图 5-13 说明了信息化改革前后督导每月用在开拓市场、审核资料、回访客户上的时间差异。由图可见，信息化改革后，督导有了更多的时间进行营销、回访客户，而花在审核材料上的时间有所下降，同样很有可能是由于能够通过手机应用即时管理客户信息造成的。

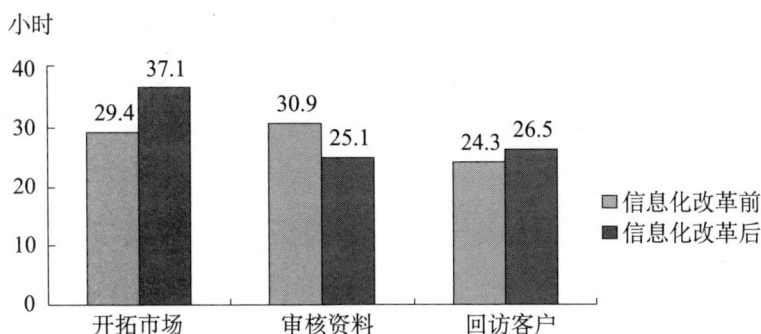

图 5-13 信息化改革前后督导各项工作时间
资料来源：中和农信调查问卷整理分析。

我们再从主观层面分析前后台工作人员对于各项手机应用的综合态度，图5-14描述了信贷员和督导对各项手机应用提高效率方面的感受。在信息化改革之前，中和农信一直通过邮件发送材料或分支机构开会的方式让基层员工学习相关金融知识；信息化改革之后，多数信贷员和督导都认同使用手机应用学习知识会比之前的方法更为方便。超过70%的信贷员认为手机应用确实减少了其录入客户信息花费的时间；而对督导而言最为重要的是，信息化改革后，中和农信在一定程度上实现了无纸化操作，督导可以通过手机应用管理客户信息，而省去了保管大量纸质资料带来的麻烦。

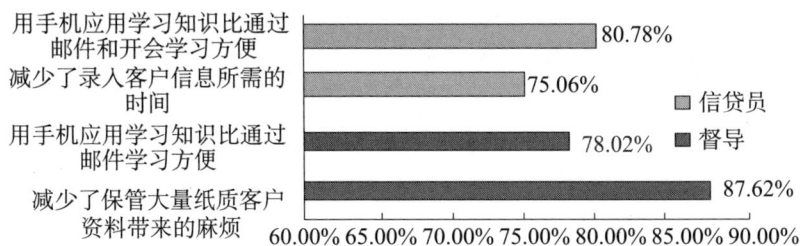

图 5-14 信贷员和督导对各项手机应用的感受
资料来源：中和农信调查问卷整理分析。

综合以上前后台员工的主观、客观现状，我们可以看到，中和农信的信息化改革的的确确起到了解放人力，节约财力，提高效率的作用，同时也使得放收款过程变得更为安全可靠。

（三）推进扁平化管理

信息化改革帮助实现集中的财务记账和财务管理，使分支机构取消财务相关岗位。

信息化改革之前，财务岗员工还需要花费大量时间精力完成现金日记账、现金发放材料保存等工作。

图5-15列示了督导对于信息化改革使用银企直联、超级网银系统集中代付的感受。几乎所有督导都认为集中代付减少了保管大量现金带来的安全问题；70%以上督导认为集中代付减少了会计出纳做账带来的麻烦，选择这一选项的督导人数较少可能是由于并非所有督导都兼任会计出纳岗位。

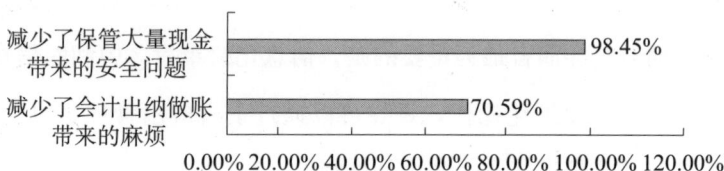

图5-15　督导对银联集中代付提高效率情况的感受
资料来源：中和农信调查问卷整理分析。

财务相关岗位的取消有助于推进扁平化管理，使中和农信的基层人员配置更为合理，人力资源能够用到更有价值的工作上。

（四）改善风控流程

在信息化改革之前，总部对整个放款流程的参与程度很低，仅在多数贷款完成后进行定期例行的检查，而这种检查毫无疑问是滞后的，是不利于风险控制的。信息化改革完善了中和农信的风控流程，降低了信贷员和客户的多种风险。

信贷员的操作风险方面，在针对基层工作人员的调查问卷中，超过 70% 的信贷员和督导都表示，手机应用能自动识别客户的银行卡、身份证信息，减少了录入信息时可能犯的错误。信息化改革让总部能够实时参与到放款流程中，及时对各项客户材料进行合规检查，"缺少材料等问题能很快被发现，比以前要过很长时间才能发现要好"（见图 5-16）。

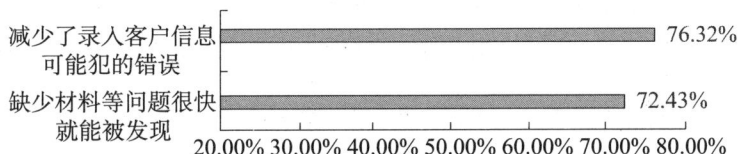

图 5-16 前后台工作人员对合规检查的感受
资料来源：中和农信调查问卷整理分析。

信贷员的道德风险方面，银企直联收款能够让客户及时通过网银、短信提示等方式得知自己的还款情况，避免了现金收款时可能出现的信贷员挪用客户资金的问题。手机客户端的全面推行，让对信贷员和督导的实时定位成为可能，信贷员、督导在客户处上传相关照片、总部进行实时审核，同样降低了基层工作人员欺诈的可能性。此外，新系统的运用让总部风险管理部门能够实时监测信贷员的异常行为，降低了信贷员的道德风险。

客户的信用风险方面，总部风管部门对贷款全流程的实时介入加强了对客户，特别是个人贷款客户的信用资质审核；而银联代扣这一还款方式同样能够在一定程度上解决客户有钱而拒绝还款的问题。

（五）现阶段改革存在的问题

在过去的一年中，中和农信的信息化改革取得了以上诸多的成效，然而这并不意味着这次的改革已经尽善尽美。现阶段改革依然需要进一步完善新的系统，也需要给客户和信贷员更多的时间适应。

第一，新系统还需进一步完善。在实地访谈和问卷调查中，部分信贷员和督导指出了新系统还存在的一系列问题，包括"兜行"学习不够方便、手机应用的功能不够完善，等等。

从图 5-17 可见，近 30% 的信贷员认为手机应用不够好用，而近半数督导有这种看法，说明前后台业务员使用的客户管理手机应用都还需要更进一步完善。另外，对于手机应用，35% 的信贷员认为所在地的网络条件不够好，导致其回到家才能使用手机应用、无法实时上

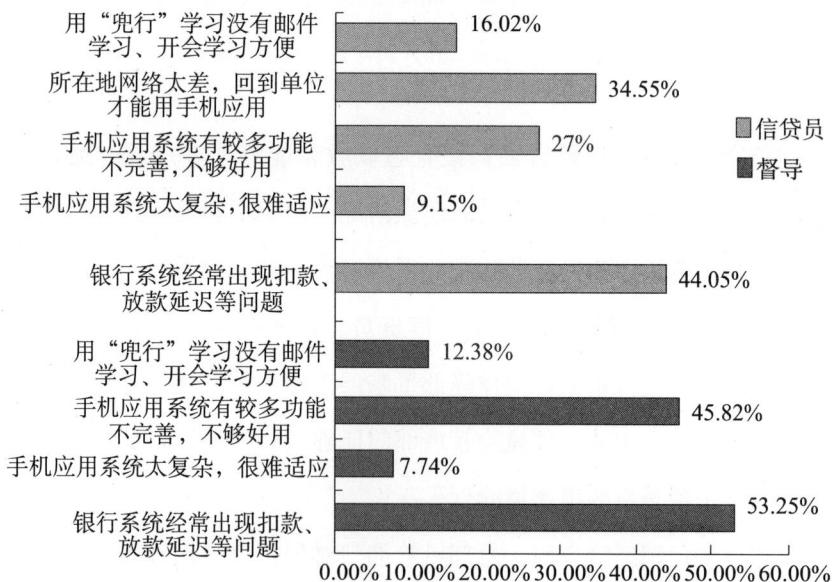

用"兜行"学习没有邮件
学习、开会学习方便　　　16.02%
所在地网络太差，回到单位
才能用手机应用　　　　　34.55%
手机应用系统有较多功能
不完善，不够好用　　　　27%
手机应用系统太复杂，很难适应　9.15%
银行系统经常出现扣款、
放款延迟等问题　　　　　44.05%
用"兜行"学习没有邮件
学习、开会学习方便　　　12.38%
手机应用系统有较多功能
不完善，不够好用　　　　45.82%
手机应用系统太复杂，很难适应　7.74%
银行系统经常出现扣款、
放款延迟等问题　　　　　53.25%

0.00% 10.00% 20.00% 30.00% 40.00% 50.00% 60.00%

■信贷员
■督导

图 5-17　信贷员和督导对新系统的感受

资料来源：中和农信调查问卷整理分析。

传客户材料。此外，一半左右的信贷员和督导都指出银联集中代付也存在问题，银行系统经常出现扣款、放款延迟，需要中和农信工作人员向客户解释，或需要工作人员手动处理扣款、放款问题。

为解决系统完善问题，中和农信成立了使用工作客户端的 QQ 群，信贷员和督导遇到问题能够实时向 IT 部门反映并获得实时在线的答复。随着更多问题的出现和解决，中和农信的手机应用系统、集中代付系统或都将在未来变得更加完善。

第二，员工和客户还需时间适应。中和农信的信息化改革中，银企直联集中代付是从 2015 年 7 月统一开始的，存在的过渡时间很短，这也造成了部分员工和客户对此感到不太适应。

图 5-18 列示了员工和客户对集中代付的感受。其中，低于 10% 的员工认为适应新系统比较麻烦，不使用现金不踏实，可见虽然少数员工对银联集中代付不太适应，但大多数员工能够接受这次改革。与之相对，超过 30% 的客户认为去银行存取款太麻烦，因而不愿使用集中代付。另外，接近 20% 的客户较难理解银联卡的工作原理，如有部分客户认为"我存在自己卡里的钱你们也能扣走，太不安全了"等。

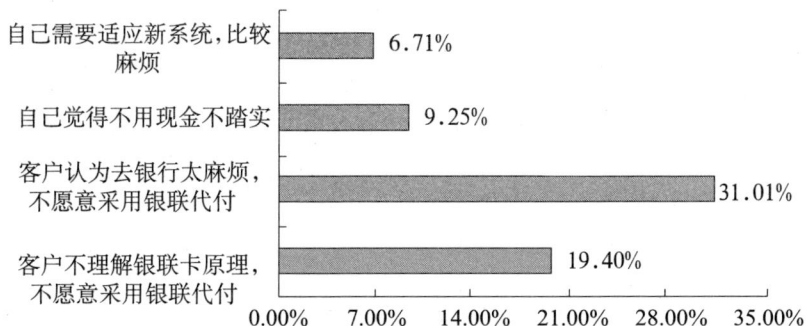

图 5-18 员工和客户对集中代付的感受

资料来源：中和农信调查问卷整理分析。

中和农信60％以上的员工为高中或大专学历，近95％的客户为农民，因此员工和客户对集中代付的接受程度有待提高是能够理解的。

此外，在实地调研中，我们对部分客户进行了访谈，在一定程度上了解了客户对集中代付存在不同感受的原因（见表5-1）。

表5-1　　　　　　　客户对集中代付存在不同感受的原因

客户感受	银企直联集中放款	银企直联集中收款
方便	不需要收到现金后再存入银行	不需要每月固定时间在家中等信贷员上门
不方便	1. 没看到现金心里不踏实 2. 不经常用银行卡；住处离银行太远，收到贷款还要去银行取现金 3. 银行款项不一定能准时到账，影响使用	1. 不能理解银行为什么能在不知道密码的情况下划走自己卡里的钱 2. 每个月都要去银行存钱，过于麻烦 3. 银联代扣有时候会失败

由表5-1可见，客户对集中代付的感受差异原因，与客户的所在地、生活习惯和观念都有很大联系。

我们可以看到，现阶段改革存在的系统和员工客户适应问题中，有部分情况是中和农信能够直接改善的，如加强手机应用系统建设、完善和银行系统对接等，而另一部分问题则无法由中和农信直接解决，如网络信号不好导致手机应用无法使用、客户住所离银行太远导致不方便现金收付款等。

的确，农村信息技术条件的改善与金融基础设施的健全是中和农信开始信息化改革的重要动因，但在改革已经推进到一定阶段的今天，农村信息技术条件与金融基础设施同样可能对中和农信的信息化进程造成阻碍。唯有农村技术环境与金融环境得到整体改善，中和农信面对的这些问题才能够得到有效的、根本性的解决。

四、信心与努力

通过案例调查研究，我们确证了中和农信的信息化改革实效。中和农信通过银企直联集中代付；优化信贷员手机客户端；总部风管部门实时介入放款全流程；移动办公学习平台普及等信息化举措，实现了解放人力，节约财力，提高效率，优化流程的效果，同时让更多的资源能够用于开拓市场，风险控制制度得到了更好的完善。虽然中和农信的信息化改革未来还需要不断地完善，员工和客户都还需要进一步适应，但就其目前取得的成效而言，我们可以认为数字信息技术能够有效地服务于传统普惠金融机构，推动其实现规范化、高效运作的目标。

中和农信的核心竞争力在于其独特的地面部队，信贷员对当地乡土社会的熟悉程度是其他机构无法获得的竞争优势；同时，中和农信信贷员主导的放款模式也为信贷员的不当操作提供了可能。因此，中和农信的数字信息技术改革是服务于其核心业务的，在控制风险的同时极好地提升了主要业务的效率。从中和农信出发，面对数字信息化潮流，以及各路市场力量进军普惠金融领域的趋势，传统普惠金融机构首先应该对自身的特点与核心竞争力具有清晰的认识，在此基础上，与时俱进地跟进数字信息技术的发展，适时地引进合适的技术来改进流程，提升效率。

此外，技术和金融基础设施的支持同样重要——农村居民思想认识的转变，农村信息技术普及率的不断提升，金融基础设施的不断完善，都对中和农信的信息化进程起到了推动作用。但是，想要实现农

村信贷服务可获得性的全面提升，想要让每一位农村居民都有效地获
得适当的金融服务，基础设施的建设是最为根本的。

参考文献

[1] ASLI D，LEORA K. Measuring Financial Inclusion：The Global Find-
ex Database. Policy Research Working Paper，No. 6025. https：//open-
knowledge. worldbank. org/handle/10986/6042 License：CC BY 3. 0 IGO.

案例点评

在中国，中和农信是一家最近似于孟加拉乡村银行的金融组织。
中和农信植根农村，为农村妇女提供信贷服务，满足她们在生产经营
和生活消费中产生的小额信贷需求。服务于低收入群体，提供小额、
短期信贷产品，以及其业务模式的高度手工化、高频率化（包括频繁
的入户走访、按月上门收款的收放贷流程），使中和农信的人力密集
程度远远超过大型商业银行，也使其营业成本远远超过传统商业银
行。利用数字信息技术降低人力成本，提高财务可持续性，并帮助客
户降低融资成本，是中和农信梦寐以求的事情。

在这个案例中，作者用一手调研数据向我们展示中和农信信息化
改革带来的成效。通过银企直联集中代付；优化信贷员手机客户端；
总部风管部门实时介入放款全流程；移动办公学习平台普及等信息化
举措，中和农信在解放人力，节约财力，提高效率，优化流程方面初
见成效，切实体会到了信息化带来的好处。说明数字信息技术在传统
微型信贷机构操作模式中，确实可以帮助解决高成本低效率的问题，

实现规范化和高效运作，有极大的应用前景。

显然，将数字信息技术引入传统手工操作的、作坊式的微型信贷业务，中和农信作了一个尝试，而且是成功的尝试。其意义绝不仅限于中和农信本身，对所有具有同样问题的类似传统微型信贷机构也有借鉴意义。我们期待中和农信继续砥砺前行，为同业提供更多可借鉴的经验。

点评人：李存刚[①]

---

① 中国人民大学商学院财务与金融系博士生。

6

Financial Inclusion

坚守者"拍拍贷"

——对 P2P 网贷平台拍拍贷的研究[①]

张迎新[②]

---

① 本案例调研小组成员为张迎新、王琳、盛思思。本报告根据收集资料、访谈记录等整理而成，未经拍拍贷公司审定。

② 中国人民大学商学院财务与金融系博士生，联系方式：yingxin@ruc. edu. cn。

摘要： P2P 网络借贷作为发展普惠金融的重要力量，在中国爆发出极强的生命力。在中国大量 P2P 平台改变商业模式，向商业银行模式演变以求发展时，唯有拍拍贷公司坚持做纯粹的网贷交易平台，不垫付，不做线下交易。拍拍贷为其这份坚守付出了增长速度远低于同行业的代价，当然也收获了安全性和稳健性增长。此案例给出的重要启示是：第一，社会征信体系落后是中国 P2P 网贷平台商业模式变异的根本原因，社会征信体系是 P2P 网贷平台健康发展的生命线；第二，缺乏法律与监管是该行业市场失序的重要原因，完善法律和加强监管刻不容缓。

依托于互联网的个人间直接借贷——P2P 网贷——开创了数据信息时代借贷交易的新模式。P2P 网贷取消了银行等专业中介机构，让最终的贷款人和最终的贷款人直接见面，形成类似于股票债券交易的直接投融资模式。这个最早产生于英国的金融创新模式于 2006 年进入中国后，爆发了极强的生命力，以世界上独一无二的速度增长，使中国成为世界上最大的 P2P 网贷市场。但是，在中国社会征信体系落后以及监管缺位的情况下，哪种发展模式能够提供最好的保障，帮助 P2P 网贷企业沿着正确的方向快速行驶，是众多 P2P 网贷平台企业苦苦探索的事情。有不少企业为了实现快速扩张，采取"线上""线下"结合的商业模式，为投资人提供垫付、担保等贷款保障手段，因此迅速扩大了市场占有率和经营收入。在竞争乱象中，拍拍贷公司坚持不碰政策红线，坚持不垫付，不做线下交易，以至于这家最早的 P2P 网贷公司的交易额一度远远落在同类公司之后,营业利润也不高。

让人感到不解的是,拍拍贷作为一家营利组织,为什么要做这种坚持?坚持的意义何在?我们希望通过对拍拍贷公司的深入研究,回答上述问题。

一、背景——P2P 网络借贷

(一) P2P 网络借贷的缘起

P2P 网络借贷是指"个人与个人间的小额借贷交易,一般需要借助电子商务专业网络平台帮助借贷双方确立借贷关系并完成相关交易手续"[①]。

"随着互联网的发展和信用环境的成熟,个人间直接借贷这一人类最早的金融模式焕发出新的活力。"[②] 互联网的连接作用消除了时空限制,使数量众多的贷款人与投资者能够建立跨地域和跨熟人圈的联系,个人间借贷活动的发生范围被极大扩展。在这个背景下,基于互联网的 P2P 借贷应运而生。2005 年 3 月,世界上第一家具有 P2P 网络借贷性质的"Zopa"网站在英国诞生。

P2P 网络借贷不仅是个人借贷的互联网化,更深层次的意义是金融脱媒:它脱离了传统中介的支持,直接连接资金的需求者和借出者,将非熟人圈的大规模借贷行为纳入直接金融范畴,因而具有颠覆性的意义。这种去中介的借贷交易以极其灵活的交易方式,降低了时间成本和

---

① P2P 金融. [2017 - 12 - 05]. http://baike.baidu.com/view/4821552.htm.
② 引自《互联网金融报告 2014——通往理性繁荣》,课程主持人:谢平。

交易成本，大幅度提高了资金使用效率，并让利于借贷交易双方——"贷款人可以享受更便利的信用融资渠道和更低的借款成本，投资人可以获得比银行存款更高的回报"。[①] Zopa 模式一经推出便得到广泛关注和认可，迅速在其他国家被复制。2007 年由拍拍贷引入中国，随即类似平台相继涌现，影响范围不断扩大，交易数额日益增长。

P2P 网贷的技术优势使得资金供求双方迅速匹配，快速成交，无论交易额有多小。P2P 网贷还可以帮助借贷双方突破传统借贷中的地域局限、人缘局限、资金局限，使得受益人群大幅度增加：使那些在传统金融中因交易成本过高而无法得到金融服务的小微企业、个人，可以在 P2P 网贷环境下得到便捷服务。有学者对比美国信用卡公司 Experian 的数据后发现，在美国 P2P 网贷平台 Prosper 上的借贷人群通常是其所属信用级别当中信用分数较低，不易获得传统金融服务的人群（Freedman and Jin，2008），说明 P2P 网贷借助互联网，可以服务到更多群体，更具有金融的包容性。因此，P2P 网贷更具有普惠金融的性质。

2015 年 7 月，国务院将互联网＋普惠金融列为 11 个"互联网＋"重点领域之一，P2P 网络借贷作为一种服务于小微企业和个人的网络借贷活动，成为发展中国普惠金融的重要力量。

（二）中国 P2P 网络借贷的发展[②]

2013 年被称为中国"互联网金融元年"。作为互联网金融中的佼佼者，P2P 网贷迎来了井喷式的发展，引世人瞩目。到目前为止，"中国上海的 P2P 网贷平台'陆金所'的累积交易规模已经位居全球

---

① 引自《互联网金融报告 2014——通往理性繁荣》，课程主持人：谢平。
② 此部分内容所引数据都来自网贷之家网站，网址：http://www.wangdaizhijia.com/。

第一"①，中国已超越美国成为全球最大的 P2P 交易市场。但是与国外相比，中国的 P2P 网贷平台倒闭"跑路"的数量也是世界"首屈一指"的。从 2013 年下半年开始就有大批平台倒闭或遭挤兑，P2P 网贷因此受到越来越多的质疑，被称为"野蛮生长"。

根据网贷之家发布的《中国 P2P 网贷行业 2014 年度运营简报》，2014 年全年累计 P2P 网络借贷成交额高达 3 829 亿元，以月均 10.99％的速度增长。2015 年 1—7 月，累计成交量达到 3 831.29 亿元（见图 6-1）。其中仅 7 月 P2P 网贷全行业的整体成交量就达到了 825.09 亿元，环比增长 25.10％，是上年同期的 3.8 倍。P2P 网贷全行业历史累计成交量已经达到 7 660 亿元。同样迅速增加的是 P2P 网贷平台数量。2015 年 7 月底全国正常运营的平台 2 136 家，环比增长 5.32％（见图 6-2）。其中，7 月新上线平台数量为 217 家。

但伴随着交易规模和平台数量的增长，P2P 平台频现挤兑、倒闭事件。2015 年 7 月新增问题平台 109 家，累计问题平台已经达到 895 家，而 P2P 网贷行业累计平台数量达到 3 031 家（含问题平台），问题平台占比已经达到 29.52％（见图 6-3）。

中国 P2P 网贷的发展速度之快与"跑路"事件之多，均创造了"世界第一"，这种"冰火两重天"的现象反映了行业发展的失序。不仅严重影响投资者信心，而且导致劣币驱逐良币现象。在这样的环境下，很多 P2P 平台纷纷"抱团"成立行业联盟进行自我约束，联手与问题平台划清界限，以求行业健康持续发展。另外，行业呼吁规范，呼唤法律法规的监管，使市场重拾对 P2P 行业的信心。

---

① 引自中国 P2P 金融令全球"刮目相看". (2014-10-20) [2018-01-31]. http: //news. 163. com/14/1020/16/A910KL8P00014AEE. html.

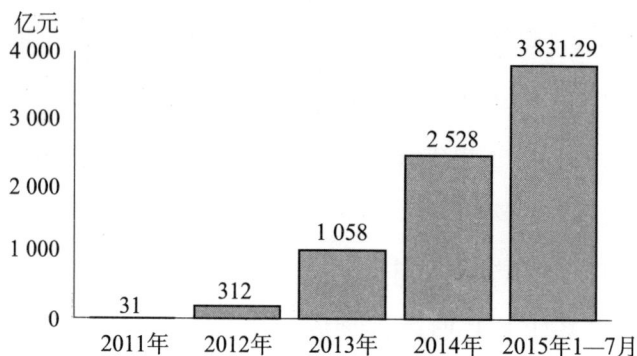

图 6-1 各年网贷成交量

资料来源：网贷之家。

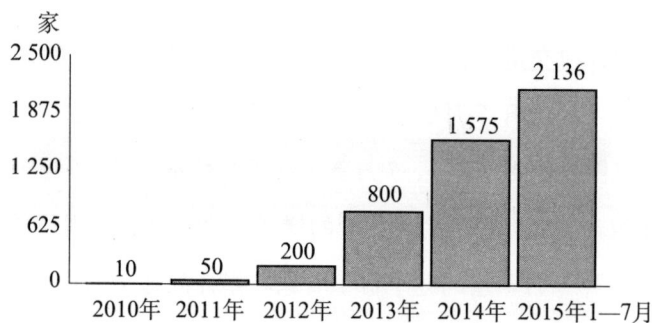

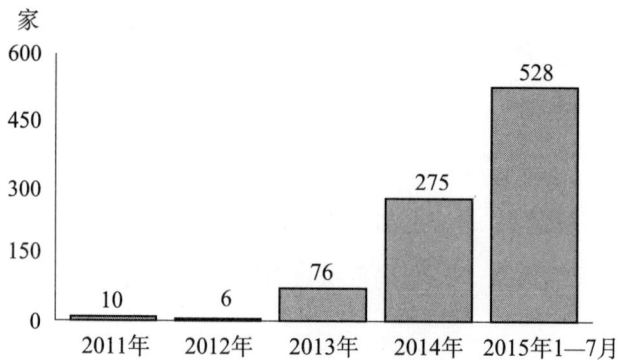

图 6-2 各年网贷平台数量

资料来源：网贷之家。

图 6-3 各年问题平台数量

资料来源：网贷之家。

按照行业生命周期理论，目前国内 P2P 网贷行业正处于从"幼稚期"向"成长期"过渡的阶段：市场增长率仍然保持较高水平；"网贷平台主要致力于开辟新用户和占领市场"①；行业暂无明确监管，市场壁垒很低，可以自由进入和退出，因此也导致 P2P 行业鱼龙混杂。"监管将至"的消息不断出现，但监管落地的消息一次次"踏空"，这种监管政策的不确定也符合幼稚期的发展特点。但是从 2014 年起监管细节开始向市场释放：划定了 P2P 发展四条红线，提出了监管的十大原则，强调了 P2P 风控机制。尤其是进入 2015 年，随着银监会普惠金融部的设立，《关于促进互联网金融指导意见》的出台，P2P 行业将逐渐回归理性，进入洗牌阶段，从而进入成长期，迈向成熟期。

与国内群雄竞争的局面不同，美国 P2P 借贷市场基本上完全被 Lending Club 和 Prosper 占领，其中 Lending Club 市场占有率接近 80%。2014 年 12 月 12 日 Lending Club 以 50 亿美元身价成为首个登陆纽交所的 P2P 平台，意味着其完成资源整合并确定了成熟的发展模式。

其实早期中美的 P2P 网贷行业"处于同一起跑线上，Lending Club 成立于 2007 年，中国上海也出现了拍拍贷"②。2008 年 Lending Club 在 SEC 登记，主动接受监管，为自身业务开展扫除了合规障碍，但中国直到现在还未形成具体监管标准。2014 年 Lending Club 成功上市，而中国 P2P 平台上市前路漫漫。发展的分歧与两者根植的

---

① 王家卓，徐红伟.2013 中国网络借贷行业蓝皮书.北京：知识产权出版社，2014.

② 中国 P2P 行业已走 7 年，监管缺位严重拖后腿.（2014－08－21）［2017－12－05］. http：//stock.sohu.com/20140821/n403638119.shtml.

社会环境息息相关，很多条件在中国尚不具备，因此，中国 P2P 行业生长在不同的土壤中。

（三）P2P 网络借贷的中国土壤

与国外比较，我国 P2P 网络借贷生长的土壤环境既是一片沃土，有长期金融管制留下的巨大市场发展空间，又是一片荒原，杂草丛生，缺乏管理，"植物"野蛮成长。对于 P2P 网贷行业来说，严重缺乏市场基础设施（法律、监管、社会征信体系）的保障。

1. 缺乏健全的信息披露制度

P2P 网络借贷的实质是撮合借贷双方的资金供求需求，在撮合过程中帮助投资人准确识别贷款人信用风险。为此，信息披露是第一要义。按照金融中的"原罪"推论，没有几个贷款人愿意如实披露自己的全部信用信息，必须有强制规则。强制规则下的信息披露一方面可以通过法律规定实施，一方面可以通过社会征信体系实现。

就 P2P 网贷而言，欧美国家充分发挥司法健全和征信体系健全的优势。美国将 P2P 网贷借贷视作一种证券交易，归证监会管辖。要求所有 P2P 交易平台必须进行全面的风险揭示，包括持续报告借款发行（相当于收益权凭证发行）说明书以说明借款的具体细节，投资者随时可以在证监会的数据系统和网站查到这些数据。此外，所有贷款人按照规定，需要提交有公信力的征信机构提供的信用评分，以帮助投资者迅速、客观地度量贷款人信用风险。

我国目前的情况是，第一，没有完善的有公信力的第三方征信机构提供的信用评价。国内唯一一家有权威的征信机构中国人民银行征信中心在 P2P 网贷平台起步后的相当长时间内，拒绝对 P2P 网络借贷平台提供征信服务。并且这家征信中心的征信记录覆盖率很低,仅占全国人口的 23%,信息内容匮乏,有"公信"但没有"力",信息披露只能依靠贷款人提交的无法验证信息,真实与否依赖贷款人的"觉悟"。第二,没有明确的监管机构对平台交易信息披露做明确规定。监管机构缺乏严苛的信息披露制度和惩罚机制。

信息披露制度的严重不健全,特别是有公信力的第三方征信力量缺失,导致 P2P 平台无法建立自动化的审贷、定价和相应的风险控制模式,平台只能在贷款人提供的信息基础上,尽自己所能提供信用评价(评级)供投资人参考,或者以其他方式为投资人提供风险保障。信息披露制度严重不健全的另一个严重后果是,助长了 P2P 网贷领域的金融诈骗行为。

2. 缺乏监管

我国 P2P 网贷行业目前处于"三无"状态——无准入门槛,无行业标准,无监管法规。无准入门槛导致没有实力的平台只需几千元就可以开展业务;无行业标准,导致资金错配、资金池等高风险模式频频出现;无监管机构和条例,没有对信息披露的制约和责罚,导致平台跑路事件频出,而且投资者普遍维权难,投诉无门,诈骗行为审判无依据,并由此引发了一系列问题。

中外 P2P 发展土壤的巨大差异造成 P2P 在国内演化出了截然不同的模样,具体体现在 P2P 平台的商业模式以及其发挥的角色上。

(四) P2P 网络借贷的模式变异

1. P2P 的中国式改造

在 P2P 模式中,存在一个中间服务方——P2P 借贷平台,它为借贷双方提供直接公开的交易平台，使贷款人避开了申请困难、程序复杂的银行贷款方式。平台在交易过程中扮演信息中介的角色，"主要为借贷双方提供相互的信息交流、信息价值认定和其他促成交易完成的服务"[①]。在国外模式中，平台充当的都是中介人的角色，不介入借贷交易，收入来源主要是收取中介服务费和管理费。在这种模式中，P2P平台本质上是一个信息中介（见图6-4）。

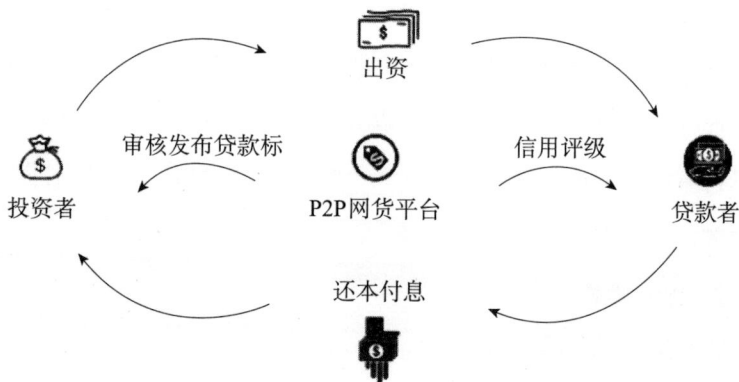

图6-4　P2P网络平台交易流程
资料来源：2013中国网络借贷行业蓝皮书。

但是，中国的土壤环境使P2P网贷这个舶来品在落地生根的时候发生了变异：不再是简单的信息中介平台。

鉴于国内信用环境差，征信体系建设严重落后，监管缺失，不具备欧美国家开展P2P网贷的前期条件；又鉴于国内投资者对于理财具有普遍保守的心态，风险承受能力低，国内大部分P2P网贷平台为了控制风险和获取客户，开始花费大量人力和财力组建线下销售与风控队伍，与贷款人面对面完成借款信息采集、信用信息核实等工作，或

---

① 王家卓，徐红伟.2013中国网络借贷行业蓝皮书.北京：知识产权出版社，2014.

者依托当地分支机构或门店寻找潜在优质贷款人。另外，平台为了吸引用户还推出投资者保障计划乃至本金担保承诺。这样一来，P2P 网贷平台不仅承担信息中介的角色，还承担了信用中介甚至资金中介的角色。这些 P2P 网贷平台发生了变异。

保障和担保模式可以迅速增加平台的交易量，2009 年红岭创投开创本金垫付模式，并凭借担保模式在一段时间内成功领跑国内 P2P 行业。之后围绕着 P2P 业务主要环节，又衍生出多种细分方式。

从图 6-5 中可以看出，P2P 借贷主要环节出现了细分和差异化，这些环节类型的组合可以产生很多种业务模式。在行业中被广泛采用的业务模式主要包括传统模式、债权转让模式、保障模式和平台模式。

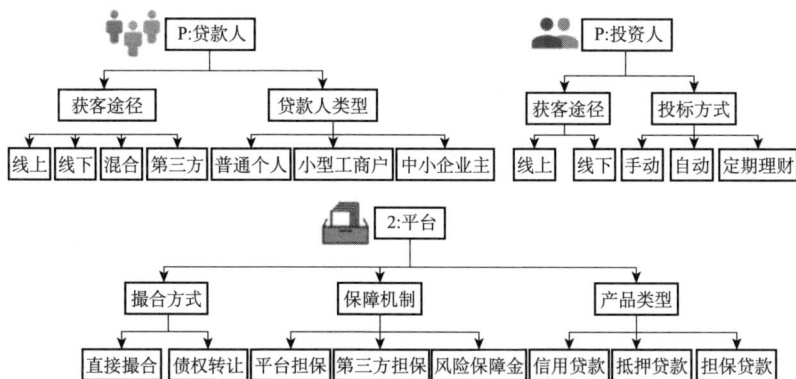

图 6-5 我国 P2P 借贷业务各个环节的细分
资料来源：2014 中国 P2P 借贷服务行业白皮书。

2. 主要模式介绍

（1）传统模式

传统模式（见图 6-6）是个人对个人的纯线上模式，贷款人自主发布贷款信息，投资人自行选择出借项目，平台作为中介，不负责交易成本和贷后的资金管理；同时不承担担保，投资者自身承担违约风险。

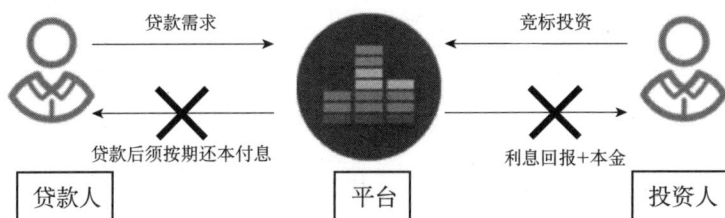

图 6-6　传统模式

资料来源：2014 中国 P2P 借贷服务行业白皮书。

（2）债权转让模式①

债权转让模式（见图 6-7）又称"多对多"模式，是指借贷双方不直接签订债权债务合同，而是通过第三方个人先行放款给资金需求者，再由第三方个人将债权转让给投资人。其中，第三方个人与 P2P 网贷平台高度关联，一般为平台的内部核心人员。P2P 网贷平台则通过对第三个人债权进行金额拆分和期限拆分，将其打包成类似于固定收益的组合产品，供投资人选择。

图 6-7　债权转让模式

---

① 罗明雄. P2P 网贷三大模式之纯平台模式和债权转让模式．（2014-07-11）[2017-12-05]．http：//stock. sohu. com/20140711/n402104734. shtml.

（3）保障模式

中国不完善的信用体系使得投资人在准确评价贷款人信用方面会遇到很大困难，而且互联网的虚拟性使得借贷风险进一步放大。为了迎合投资人，平台开启保障模式保证投资人的资金安全，按照具体办法，保障模式可以分为担保模式和风险准备金模式（见图 6-8、图 6-9）。

"担保模式是指 P2P 平台为了降低投资人的风险而提供的一种具有资金担保服务功能的借贷模式。在该模式下发生逾期违约后，投资人可以从资金担保方获得本金或利息补偿，从而降低或避免损失。"[1]按担保资金的来源可以将担保模式划分为 P2P 网贷自身担保和第三方担保两种模式。

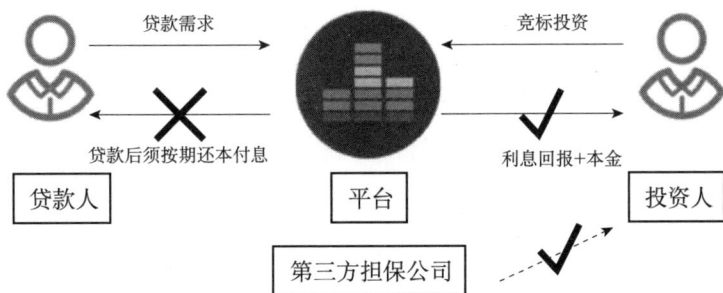

图 6-8　担保模式

资料来源：2014 中国 P2P 借贷服务行业白皮书。

"风险准备金模式是指 P2P 平台公司建立一个资金账户，当借贷出现逾期违约后，平台将动用资金账户里的资金垫付剩余本金或本息，从而达到保护投资人的目的。资金的来源包括但不限于平台自有资金、借款管理费、投资人收益分成提取等。"[2]

---

① ② 王家卓，徐红伟 . 2013 中国网络借贷行业蓝皮书 . 北京：知识产权出版社，2014.

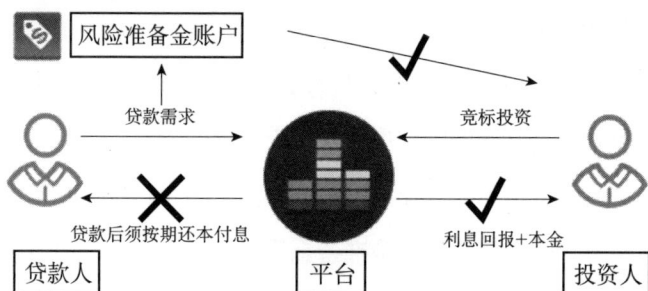

图 6 - 9 风险准备金模式

资料来源：2014 中国 P2P 借贷服务行业白皮书。

（4）平台模式

随着 P2P 发展，寻找贷款人这项工作逐渐被独立出来，交由一些专业的小额贷款公司或担保公司完成，这种模式就是以有利网为代表的平台模式（见图 6 - 10）。"平台模式是指贷款人来源于合作的小贷公司及担保公司，并由小贷公司及担保公司提供担保，平台不参与贷款人的开发及本金垫付。"① 平台模式最大的特点就是投资人不再直接对接贷款人，而是贷款机构。

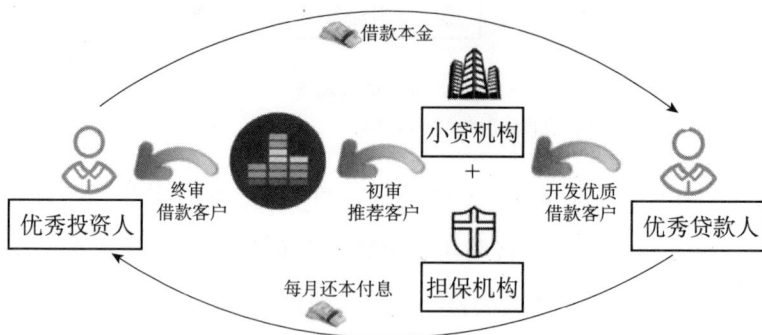

图 6 - 10 平台模式

----

① 王家卓，徐红伟 . 2013 中国网络借贷行业蓝皮书 . 北京：知识产权出版社，2014.

总体来说，P2P 网络借贷原本应该建立在高度个人信用建设基础上，但由于中国目前社会信用体系落后，金融监管缺位，导致大多数 P2P 网贷平台的商业模式发生了一系列变异，形成五颜六色的混合模式。

但是我们发现，在我国众多 P2P 网贷平台竞相改变商业模式时，唯有一家在静静地坚守，坚持做传统的平台模式，坚持不提供垫付和担保。它就是将 P2P 网贷平台带进中国的拍拍贷。拍拍贷被业界同行认为过于"理想化"，其发展也一直不温不火，被很多近几年才起步的平台轻松超越。[①] 为何拍拍贷一直在坚守，坚守具有怎样的意义？我们希望深入其中得到答案。

二、拍拍贷的坚守

（一）拍拍贷的发展历程[②]和运营框架

2005 年 Zopa 模式在全世界得到广泛的关注和认可，与此同时，拍拍贷创始人张俊发现一方面国内小微企业融资难，另一方面很多白领有钱但缺少投资渠道。在参考 Zopa 模式后，他与其他三位来自上海交通大学的工科生一起，于 2006 年创办了国内首家 P2P 平台——拍拍贷。创业初期的他们已经感受到互联网与金融结合的大潮，因此，也可以说是 P2P 模式选择了他们。

---

① 到目前为止，我国坚持传统模式且规模较大的 P2P 平台也只有拍拍贷一家，而采用各种形式进行担保的平台占比在 99％以上。

② 对话网贷人：第七期．［2017－12－05］．http：//www.wdzj.com/zhuanti/dhwdr7.

创业初期的拍拍贷也对商业模式进行了多方面探索。初期是依靠熟人相互介绍拓展业务，但效率不高，随后拍拍贷转向开放平台模式，即拍拍贷模式的雏形。起步阶段由于缺乏数据而且找不到合适的风险评估方法，拍拍贷采用了线下考察的模式。但这种方式成本过高，效率过低，且公司缺乏对信用风险的诊断经验。经历了半年艰苦摸索，以及对国外线上交易的详尽考察后，2008年拍拍贷决定回到纯线上模式。从此该模式延续至今，不再变化。至于平台不承诺垫付本息，是拍拍贷在创业之初就定下的铁律。因此，"纯线上不垫付"可以说是拍拍贷的代名词。拍拍贷发展历程见图6-11。

2015	2015年4月拍拍贷正式公布成功完成C轮融资，成为行业首个完成C轮融资的P2P平台 2015年3月正式发布"魔镜风控系统"，这是行业首个真正基于征信大数据的风控系统
2014	2014年11月荣获2014年度中国最佳P2P网贷平台大奖 2014年3月宣布完成B轮数千万美元融资
2012	2012年9月获得红杉资本的千万美元级A轮风险投资
2011	2011年10月获得2011年信息服务业论坛"最具创新模式奖"和"最佳贡献奖"
2009	2009年3月信用评级系统、认证系统和反欺诈系统全部正式上线 2009年4月免费模式升级为收费模式，业务模式首次被CCTV和福布斯报道
2007	2007年6月10日拍拍贷在上海成立，成为中国第一家网络信贷企业

图6-11 拍拍贷发展历程
资料来源：拍拍贷官网：拍拍贷大事记。

按照纯线上不垫付的运营模式，有借款需求的客户首先向平台提交个人信息、借款用途信息等，拍拍贷在审核资料真实性并对违约风险做出评价后，将所有通过平台审核的信息发布在平台上，供有投资需求的客户选择，投资者最终确定贷款对象和贷款金额。借贷交易达成后，贷款人必须按约定还款方式还本付息，投资人得到相应投资回报。如果贷款人违约，平台不提供资金担保，投资者承担全部违约损失。在这个模式中，拍拍贷只作为单纯中介平台进行信息发布和信用甄别,不承诺担保,保留了 P2P 网贷的本来面貌。

(二) 拍拍贷的发展现状

拍拍贷在七年的发展历程中,交易规模做到了连续五年维持 200％以上的增长速度,2013 年交易规模超过 10 亿元,2014 年达到 27 亿元,实现增速 158.36％(见图 6-12)。2015 年第一季度报告显示,拍拍贷第一季度累计交易量实现 4.8 亿元,同比增长 274％,创平台季度成交量新高。此外,平台交易的活跃度也在提高,2015 年第一季度成功投资笔数为 165 万笔,成功贷款笔数 9 万笔。拍拍贷的业务覆盖全国近 78％的县市,并且平台用户地域分布平均、分散。拍拍贷注册用户达到 600 多万,成为行业内最大的在线交易用户群体。

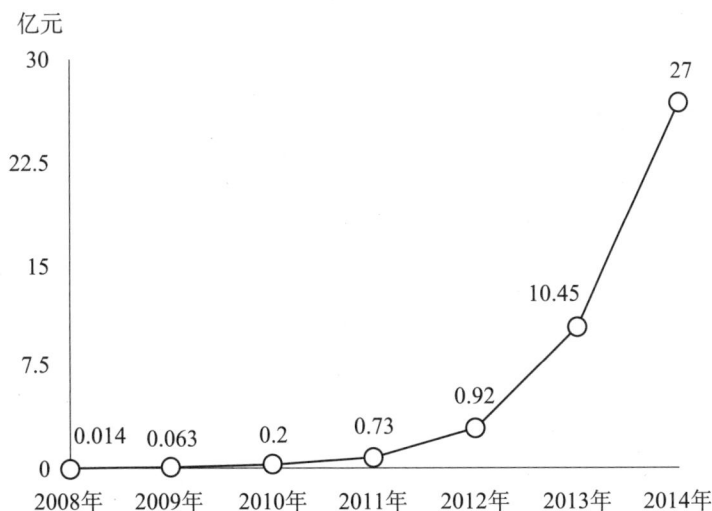

图 6-12　拍拍贷的各年交易规模

资料来源:艾瑞咨询报告、拍拍贷官网和 2015 年第一季度报告。

从自身发展状况看,拍拍贷做得相当成功。但是作为中国 P2P 网贷平台"第一人",也作为保持原生态商业模式的"仅此一人",拍拍贷在行业中处于怎样的发展水平呢？在图 6-13 中，我们对比了不同模式的代表平台的交易规模。红岭创投采用担保模式，在 2014 年的交易金额达到 147.74 亿元；有利网通过与小贷公司合作，在经过短短两年的发展后，交易金额达到 72.92 亿元；创立于 2010 年 4 月的人人贷采用的是风险准备金模式，成交量达到 37.28 亿元。另外，采用债权转让的宜人贷于 2013 年成立，截至 2015 年 2 月累计放款金额为 30 亿元，而平台累计交易促成金额在 5 月已突破 50 亿元。作为国内第一家 P2P 平台，拍拍贷在发展七年后的 2014 年交易规模才突破 20 亿元，在 P2P 市场的吸引力已经大大削弱，地位迅速滑落，与其他平台相比可谓成长缓慢。还有媒体描述拍拍贷为"长不大"的拍拍贷。拍拍贷的不利发展使得其他 P2P 平台做出相应的思考和改变，纷纷通过模式改造吸引了更多投资者参与，交易量在短期内迅速扩大。"而拍拍

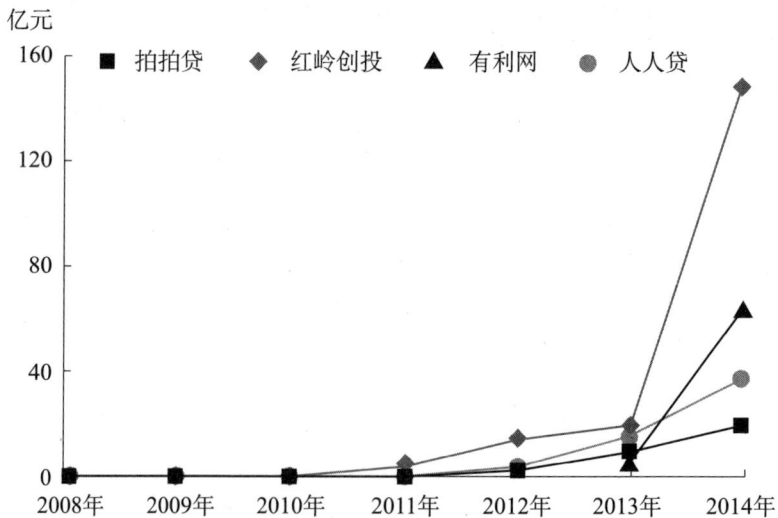

图 6-13 四大平台历年成交规模

资料来源：有利网 2014 年度报告、艾瑞咨询报告、2013 中国 P2P 借贷服务行业白皮书、人人贷官网。

贷的团队，则像一群略显落寞的理想主义者，坚守在自己的理想国中。"① 不过，他们凭借独特的坚守受到资本的追捧和肯定，2015 年 4月拍拍贷正式宣布完成 C 轮融资，再次成为国内 P2P 行业首个完成 C轮融资的平台。投资永远是看未来，拍拍贷吸引机构投资很重要的原因是平台的可持续性和可扩展性，这也许就是坚守的意义。

三、坚守的意义

所谓坚守，就是拍拍贷在国内其他较为知名的网贷平台纷纷通过担保等各类形式承诺平台垫付时，仍在坚持 P2P 借贷中介的本质。但平台坚持不介入交易、不赔付本金的做法也令拍拍贷陷入"长不大"的怪圈。作为孤独的坚守者，拍拍贷走过了七年多的岁月，并且不断受到资本市场青睐，目前已成功完成 C 轮融资。投资者究竟看好拍拍贷的什么？其价值何在？

对此，我们将从坚守的经济意义和社会意义上进行梳理和分析，以了解拍拍贷坚守的意义所在。

（一）坚守的经济价值

1. 坚持不垫付

（1）真正的"定心丸"

拍拍贷坚守的线上不垫付模式是真正属于互联网金融的未来模式，它保留了 P2P 的原始面貌。拍拍贷不介入交易过程，投资者需要

---

① 林默. 拍拍贷历劫记.（2014－02－21）［2017－12－05］. http：//www.iceo.com.cn/com2013/2014/0221/277828_4.shtml.

自己承担逾期和坏账的风险，因此平台避免了因垫付功能而产生的系统风险，因此平台几乎没有经营风险，生命力顽强。[①]

与不垫付模式相对应的是垫付模式：当贷款人出现违约时，投资者可以从平台或从第三方担保公司获得本金保障。"本金垫付承诺"的宣传口号，就像一颗"定心丸"，俘虏了很多投资人的心：投资者不用承担任何风险，也不必花费大量精力对贷款人进行风险判断。这个做法一下子就抓住了市场的焦点，也因此迅速崛起。"那么，这样的'定心丸'是否真的让人定心呢？"[②]

2009 年红岭创投开创了本金垫付模式，但红岭创投的创始人周世平说："'本金垫付'其实是一把'双刃剑'，一方面实现了为投资人保本，但另一方面却增加了网站自身的风险。"因为原本投资人承担的风险转移给了平台或者担保公司。当平台自身不能抵御风险，违约率超过其赔付能力时，平台便会因此倒闭。2014 年 8 月，广州金山联纸业老板疑跑路事件[③]使红岭创投平台形成 1 亿元的坏账金额，坏账金额创 P2P 网贷纪录。按照本金垫付的承诺，红岭创投为投资者兜底损失，形成巨大的财务压力。2015 年 2 月，红岭创投平台的投资产品"安徽 4 号标"因为安徽森海园林公司资金周转困难出现 7 000 万元违

---

① 拍拍贷于 2011 年 7 月 4 日也启动了一项所谓本金保障计划，但该计划条件极其严苛，首先，保障对象不是整笔贷款，而是坏账额大于回收额的部分；其次只对成功投资 50 笔以上，每笔贷款额不超过 5 000 元，并且每笔贷款额不超过借款标的金额 1/3 的投资人提供保障。由于条件苛刻，满足保障计划的人寥寥无几。推出本金保障计划以后的八个多月内，只有四位用户触发了本金保障的条件。该保障计划的实际上是一项奖励计划，目的是鼓励投资人做小额分散投资。

② 马树娟. P2P "本金垫付承诺""定心丸"未必定心.（2013 - 06 - 13）［2017 - 12 - 05］. http：//www.wdzj.com/news/guonei/4797.html.

③ 广州金山联老板跑路调查.（2014 - 09 - 03）［2018 - 01 - 31］. http：//finance.sina.com.cn/chanjing/gsnews/20140903/031320195699.shtml.20140901418596190.html.

约，红岭创投不得不再次兜底，承担本息兑付。但是"兑付神话"并不总能实现。例如贷帮网，一个P2P网贷平台面对一笔高达1 280万元的逾期资金时，CEO尹飞拒绝兜底，与其在网站风险揭示书对投资人"在一定条件下会回购债权"的承诺相悖。承诺与毁约的做法使贷帮网受到了舆论谴责。虽然平台拒不兜底避免了损失，但丢了声誉，最后也许会被迫出局。以上事件说明，承诺本金垫付的兜底做法大幅增加了平台承担的系统风险，可能给投资者带来更大的损失，而不是很好的保障措施。

互联网金融的本质还是金融，互联网这一工具并未改变金融的本质属性。P2P网贷平台必须怀揣一颗对金融的敬畏之心。健康的金融产品依靠的是健全的风险控制体系，兜底表面上是为投资人挽回了损失，但实质上是平台风险管理出现重大失责。平台真正要做的事情是加强风险管理，为投资者提供安全的投资环境，否则翅膀永远都硬不起来。拍拍贷虽未向投资者承诺本金垫付，但平台因此安全性提高，投资者不必担心平台会停止运营，倒闭，甚至跑路，以至于自己血本无归。

所以，拍拍贷作为一个纯信息中介，致力于为投资者提供准确、全面的信息，帮助投资者做出精准判断，完成资金借贷过程。投资者承担的风险都在个人掌握之中。这种做法看似短期内丢了市场，实则在长期内赢得市场，是一种更健康、更稳健的做法。就像最"危险"的地方往往就是最安全的地方一样，P2P网贷平台给投资人真正的"定心丸"不是垫付，而是不垫付。

(2) 吸引"聪明"的钱

市场充满风险和不确定性，在应对这些风险的时候，不同的人有不同的思考和行为。在不垫付的模式下，拍拍贷对每笔借款不做担保，投资者自己承担违约风险，因此不会轻易随大流，资金的流向会经过判断和计算，按照拍拍贷的说法，"拍拍贷的每笔成交都是投资人自己的智慧选择，所以在拍拍贷上流动的资金是聪明的钱"①。拍拍贷推动投资者具备风险识别能力，使其可以根据贷款人披露的信息做准确风险判断。

而在垫付模式下，投资者放弃自己独立思考和判断，把选择权让与平台，对每笔投资只考虑收益率的高低，缺少一层投资者的筛选机制。此外，高收益往往带来高风险，投资者在追逐高利率的同时，平台会面临更大的逾期和违约概率，承受更大的垫付压力，进而要求平台具有更强的风控能力抵御风险。当平台资金不足以覆盖坏账时，资金链将承受巨大考验。如果平台自身难保，给投资者的保障更无从谈起。

所以，拍拍贷的不垫付模式会挑选到更多拥有良好投资知识、有风险规避意识的投资者，过滤掉懒惰的投资者，吸引的是"聪明钱"。长远来看，不垫付模式会越来越好地运转下去，垫付模式则会暴露出越来越多的问题。

（3）合规经营

虽然，P2P 网络借贷行业发展初期缺乏明确监管法规，但有关部门依然在不同场合呼吁 P2P 网贷只是一个撮合借贷的交易平台，存在一些不能触碰的红线。因此，虽然没有明确法律，但从业者对于政策导向还是基本清晰的。鉴于明确的法律规定迟迟没有出台，踩红线者

---

① 拍拍贷不担保考验"钱的智商"．（2013 - 05 - 05）［2017 - 12 - 05］．http：//www.wangdaizhijia.com/news/guonei/4338.html.

越来越多。直到 2015 年 7 月 18 日，市场期待已久的互联网金融行业
监管政策终于落地：十部委发布了《关于促进互联网金融健康发展的
指导意见》。随该指导意见的出台，银监会对于 P2P 行业的监管细则
也即将出台。按照指导意见，个体网络借贷要坚持平台功能，为投资
方和融资方提供信息交互、撮合、资信评估等中介服务。个人网络借
贷机构要明确信息中介性质，主要为借贷双方的直接借贷提供信息服
务，不得提供增信服务，不得非法集资。P2P 平台不得以自身为投资
人提供担保：不得为借款本金或者收益做出承诺，不承担系统风险和
流动性风险，不得从事贷款和受托投资业务，不得自保自融。同时，
最高人民法院也在时隔 24 年后重新发布对民间借贷的司法解释，明
确了 P2P 网贷平台的信息中介性质。

对于 P2P 平台引入第三方担保公司的担保模式没有被否定，但是
要求第三方担保公司受《中小企业融资担保机构风险管理暂行办法》
的监督，必须有融资性担保公司的资质，并且担保责任余额一般不超
过自身实收资本的 5 倍，最高不超过 10 倍，对单个担保人的融资性
担保余额不能超过净资产的 10%。这些规定将一大批担保公司挡在
P2P 网贷平台之外，使那些依赖第三方担保为投资人保险的 P2P 平台
面临担保不足的问题。

按照目前有 99% 的 P2P 网贷平台运作模式中有提供垫付、担保、
信用增级内容的行业状况，随监管细则出台，将有一批踩"红线"的
违规经营平台面临被淘汰的命运——或者整顿，或者退出市场。当
然，那些坚持合规经营的 P2P 平台也迎来了蓬勃发展的春天。

拍拍贷坚持做信息中介角色，不垫付、不担保，满足合规性，平
台不承担系统风险和政策风险，走是一条最稳健的道路。同时，还培

育了一批坚持理性投资的投资者，体现了拍拍贷的智慧。

2. 坚持纯线上

划分 P2P 网贷平台模式的另一个角度是纯线上模式和线上线下结合模式。纯线上模式是指获客渠道，以及信审风控、促成交易、放款的全部流程都在互联网上完成。目前国内大部分 P2P 平台正与这种模式渐行渐远。主要原因是国内征信体系不健全，个人信用状况难以判断，所以大部分 P2P 平台的线上工作只相当于国外 P2P 平台流程的一部分，用户获取、信用审核在不同程度上已经由线上转为线下。例如，大多数平台直接在各城市成立办事机构或开设分公司，还有部分平台采用加盟模式，让加盟商成为各地的业务操作员。拍拍贷没有这样做，它不仅坚持不垫付，而且坚持"纯线上"，即坚持在线上完成全部操作流程。到目前为止，我国 P2P 网贷平台中明确表示不做线下业务的只有拍拍贷一家。为什么拍拍贷要坚持纯线上业务？我们从用户获取和信用审核两个角度来考察这种坚持的意义。

（1）信用审核

拍拍贷是利用线上的大数据风控模型完成信用审核工作的。但是，大数据风控建立在数据积累基础之上，在具公信力的第三方征信服务基本缺位的情况下，拍拍贷发展初期面临缺乏数据的问题。但即便如此，拍拍贷仍然坚持风控要从线上走，之所以这样做，是因为线下调查成本太高、缺乏经验以至于效果不理想。在这段时期，拍拍贷的线上审贷工作更强调对贷款人信息做定性而非定量分析，以避免出现太多问题。随着可获取公开数据信息的增加，以及自我积累的客户信息增加，拍拍贷的信用风险评价手段逐渐从定性分析转向定量分析。

与拍拍贷不同，很多P2P平台面对缺乏社会征信服务的问题时，纷纷将信贷审核的工作转至线下，与贷款人面对面交流，完成借款信息采集、信用信息核实等工作。这种方式可以将风险控制在较小的范围内。但是涉及环节多，参与人数多，并且不能标准化处理，很大程度上依赖审核员的个人经验。这种依赖个人的方式成本偏高，且质量难以保证。对于P2P网贷平台来说，不是最佳模式。相反，依赖数据模型的贷款风险评价方式尽管在数据量有限时不准确，但随着用户量累积和交易记录累积，系统对用户风险的判断会越来越准确。

所以从信用审核的角度看，P2P网贷平台坚持纯线上的价值，在于"坚持"两个字。

（2）用户获取

P2P网贷平台的交易规模至关重要，没有规模就无法覆盖成本。在中国居民储蓄迅速增长、潜在投资人（出借方）很多的情况下，拓展平台交易规模的核心就是拓展贷款人规模，增加对贷款人的用户获取量。

在纯线上模式下，对贷款人的开发也是在线上完成的。由于获取贷款人的关键在于尽可能为贷款人提供快速低成本融资服务，而纯线上与线下模式相比，在人工成本上可以降低很多（批量经营），在审核时间上可以缩短很多（使用大数据分析模型可以迅速完成对借款标的信用审查、核准、上线过程）。在拍拍贷的平台上，如果用户积极配合，几分钟就可以完成整个流程。因此，纯线上模式有助于满足客户低成本高效率的融资需求，在获客方面具有一定的优势。但缺点是获客时是被动等待而不是主动出击。

在线下模式中，P2P平台通过各地网点人员进行营销。这种主动出击的方式有助于挖掘有借款需求的客户，尤其是大额客户，实现业务量迅速扩张。缺点是人员成本、店铺成本以及管理成本因此大幅度提高。为了覆盖增加的运营成本，平台要么提高交易的收费标准，要么提高单笔借款金额以实现规模效应。但这样一来，P2P 平台借贷的单笔交易金额会提高，不是小微借贷，而是中大额借贷，其性质发生了变化，从小微金融转向传统金融领域。这个结果不仅会形成 P2P 网贷平台与传统银行业的竞争，还因为单笔借贷额度加大增加了平台的信用风险。

拍拍贷不走线下获客的路子，避免形成臃肿的线下团队和高昂的运营成本，坚持纯线上获客。这个做法使其能够将运营成本控制在 2% 以下，成本降低使其可以让利于平台上的交易者，增加客户量。而且随着用户规模大的扩大，规模效应会使得成本的优势更加明显，形成良性循环。

纯线上获客模式的优势除了降低成本和提高放款速度以外，还有客户黏性高以及员工边际贡献度大的优点。从客户黏性看，随着行业竞争愈演愈烈，比起客户数量，"客户黏性成为平台价值的重要衡量指标"①。显然，将拍拍贷的线上获客模式与线下获客模式比较，那些由贷款人自发选择进来的客户比被营销员积极游说进来的客户，具有更强的客户黏性。至于员工边际贡献度，纯线上模式可以通过系统的批量化操作处理交易全流程，大大减少员工数量，提高员工的边际贡献。目前，"拍拍贷平均每个员工每月可以贡献近 50 万元的交易量（撮合成功的贷款规模），而线下为主的 P2P 公司月人均贡献交易量约

---

① 易通贷：用户黏性是投资人选择 P2P 平台新指标．（2014 - 12 - 09）［2017 - 12 - 05］．http：//www. prnews. cn/press_release/118967. htm.

为 4 万元"①。由此可见拍拍贷模式是效率最高的 P2P 模式。建立如此一套操作系统必然会发生大量研发成本，但是一旦规模做大之后平均分摊到每个用户身上的成本就足够低了。

线上模式与线下模式的核心特点见表 6-1。

表 6-1　　　　　　　　　　线上模式和线下模式核心特点

业务环节	用户获取	风险控制	交易成本	政策风险
线上	1. 易于用户规模拓展及精准营销； 2. 用户数据可追溯，可积累； 3. 易于长期用户教育与黏性提升。	1. 掌握交易数据与流水，易于数据及可控经验积累； 2. 提升风控效率与精准性，降低人员道德风险； 3. 受数据规模及维度制约。	1. 节省人力成本，运营成本等； 2. 批量化操作，提高效率，易形成规模化效应。	1. 第三方平台防触政策红线。
线下	1. 短期内交易额较快增长； 2. 易于对用户的快速说服与教育。	1. 传统风控模式风险低； 2. 容易产生道德风险； 3. 周期相对较长； 4. 无法自己掌握核心数据。	1. 涉及过多线下环节，成本高，使 P2P 失去普惠性。	1. 容易碰触政策红线：非法吸收公共存款以及非法集资。

资料来源：艾瑞咨询，《P2P 小额借贷典型案例模式研究报告》。

根据以上分析，我们发现对于线上线下孰优孰劣的问题，不能简单从获客量多少下结论。采用线下模式的宜信，2013 年的成交规模达到 300 亿元左右，而采用线上模式的拍拍贷成交量仅有 10 亿元，显然拍拍贷远不及宜信。但从交易成本看，宜信的成本肯定会高于拍拍贷。而高交易成本会驱动平台有做大额交易的倾向，偏离小额交易。这不符合政府政策导向，也加大了经营风险。如果把眼光放得长远一

①　P2P 模式再争辩：拍拍贷力挺纯线上. (2014-03-10) [2017-12-05]. http://www.niwodai.com/view-xindai-article-fe602162536.html.

些，我们更看好拍拍贷采用的线上业务模式。因为该模式更能发挥互联网平台交易的优势，只要坚持，就能久远。

拍拍贷坚持不垫付、纯线上的运作模式，看起来发展速度慢，也很保守，很平淡。但它的模式受外部环境影响较弱，基本依靠内生用户的黏性和数据积累，增长缓慢但具有后发优势。拍拍贷选择的是一条"走得更远，走得更稳的路"。拍拍贷的坚守，换来的是最有后发优势的广阔前景，这也许就是投资人看到的拍拍贷价值。

（二）坚守的社会意义

1. 践行普惠金融

互联网技术的发展降低了企业供给的边际成本，改变了供给曲线，让供给曲线与需求曲线相交于远尾，颠覆了经济领域中的2/8原则，为小本生意创造了极大的盈利空间。P2P网贷行业正是利用了长尾效应，专门做服务于小微企业和个人的小微金融交易。但也正是这个客户群体被传统金融遗弃，是普惠金融的服务对象。所以，P2P网络借贷的服务对象，就是普惠金融的对象，P2P网络借贷做的是普惠金融的事情。

拍拍贷将自己的平台用户定位为底层用户群体，致力于让没有信用体系的人群更容易地借到钱，将放贷额集中在几千元到几万元的区间。2013年拍拍贷单笔平均借款额为1.1万元，87％的借款金额在1万元以下。2014年，单笔借款数字还在继续下降。据张俊介绍，2014年拍拍贷的单笔平均贷款约为6 000元。

中国小微金融领域市场巨大，是一片蓝海。从中国人民银行征信中心的数据可以推算出，目前能够得到银行信贷服务的人口只占全国总人口数的 23%，这个数据大致说明小微金融市场的广阔性。拍拍贷早在 8 年前就意识到这一巨大的市场空白，并先行进入，进行微金融服务。拍拍贷在实现其经济利益的同时，也帮助被传统金融排斥的人群获得金融服务，践行了普惠金融的理念。更加可贵的是，拍拍贷通过坚持纯线上的商业模式控制成本，避免因线下操作带来的成本压力而不得不提高贷款额度、改变服务群体性质的问题，坚持下沉，始终触及底层社会群体。在 2015 年 7 月 22 日召开的中国互联网大会暨首届中国普惠金融大会上，拍拍贷因其八年来坚持纯线上个人无抵押小额信贷服务，践行普惠金融的理念，荣获大会颁发的 2015 年年度"互联网＋"普惠金融优秀案例大奖①，其为普惠金融服务做出的努力得到了充分肯定。

2. 教育投资者

我国 P2P 网贷生态圈中有四大参与主体：监管层、平台、贷款人和投资人，其中投资人主要是非专业的个人。我国的个人投资者普遍存在投机心理强、风险意识差的特征。在教育投资人提高风险意识，做理性投资方面，拍拍贷是一个践行者。

拍拍贷 CEO 张俊认为，"不担保是为了吸引'聪明钱'。'聪明的钱'能够做出趋利避害的选择，能够做正确的事，在获利的同时对公司、行业、经济起到更多正面的作用。"拍拍贷希望借此倡导一种市场机制，教育投资人学会控制风险，同时严格控制平台的整体风险。例如，拍拍贷在 2011 年 7 月 4 日启动一项本金保障计划，承诺对那些成功投资 50 笔以上，每笔贷款金额不超过 5 000 元并且小于借款标

---

① 中国互联网大会召开，拍拍贷 8 年践行普惠金融获优秀案例奖．（2015－07－23）[2017－12－05]．http．//news．163．com/15/0723/17．AV7MR4Q100014AED．html．

的金额 1/3 的投资人给予奖励（对坏账超过回收额的部分给予补偿），以教育并鼓励投资者做小额、分散的投资操作。分散投资是投资界的铁律，拍拍贷经过大数据分析发现，只要满足以上条件，做到投资足够分散，很少会有人出现亏损。"该计划推出后八个多月内，只有四位用户触发了保障的条件"①，说明小额分散投资的原则卓有成效。

张俊认为，如果说八年前拍拍贷担负着普及理财知识的任务，那现在任务转变了，"要通过本金保障的分散投资条件来培养用户的分散投资理念，做聪明的独立理财人"。通过图 6-14 中单笔投资金额分布状况我们可以看出，拍拍贷平台的投资者有更强的分散化投资意识。

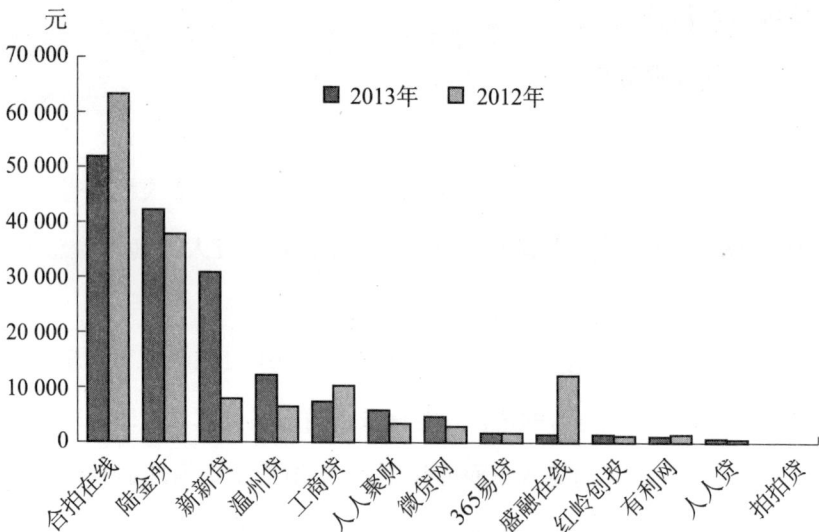

图 6-14 13 家网贷平台平均单笔投资金额

资料来源：中国 P2P 借贷服务行业白皮书。

① 本金保障计划续．（2012-03-15）［2017-12-05］．http：//blog. sina. com. cn/s/blog_70f2dea10100y5ym. html.

投资者教育任重道远，P2P网贷平台在组织直接借贷的金融交易活动中，一方面通过完整的信息披露，让投资者全面、系统地了解拟投资对象，准确把握投资风险；另一方面倡导用户分散化投资，从而降低风险，实现自我保护。事实上，教育投资者做一个智慧的投资者比平台任何形式的保证都有用。

四、对坚守的支撑

作为孤独的坚守者，拍拍贷在中国背景下践行传统P2P模式，一路走来十分艰辛。除了对理想的执着追求外，支撑拍拍贷坚守下来还必须有"硬件"的支持，这个"硬件"就是拍拍贷基于大数据的风险控制体系。

拍拍贷坚持纯线上，意味着放弃从线下辨别贷款人信息的真实性。在缺乏有公信力的第三方征信资料的情况下，线下辨别是一个相对较好的信用风险识别办法。但拍拍贷考虑到成本过高和人员经验不足，放弃了该方法，坚持纯线上。代价是，扩张速度不能过快，风险识别的准确度相对不高。

在坚持纯线上的初期，拍拍贷对任何贷款人都采用同样的授信额度——首次授信最高借款金额3 000元，无论他的信用评级如何。经过一段时间的用户信用积累后，慢慢增加放贷额度。最初的风控偏定性分析标准，例如已婚比未婚信用好，女性比男性信用好等。公安部2009年对外开放数据后，可以从网上获取的公开数据越来越多，在积累了足够多数据后，拍拍贷的风控转向定量分析标准。在定量分析阶段，系统可以直接进行审核、评分，在此基础上定价，定额度。低信用评分的用户批准的借款额度低，借款利率高。

定量为主的风险控制要求有大数据支撑以及与之相应的信用风险控制体系，坚持纯线上的拍拍贷始终致力于基于大数据的风险控制系统建设。经过多年累积，"拍拍贷的风控系统已经形成由反欺诈系统、信用评级系统、基于信用评级的风险定价系统三个子系统构成的风控体系"①。

（一）基于大数据的风控思路

借贷交易中，风险控制的核心是对贷款人的信用风险进行识别和评价。对此，拍拍贷的基本思路（见图 6 - 15）是，首先基于一些假设来判断贷款人的信用资质，然后在不断积累数据的基础上，逐渐提高假设和模型的精确性。当用户违约后，平台会收集其尽可能多维度的信息，并假定具备这些特征的贷款人是高风险人群，随后通过平台积累的该贷款人多次放贷、还贷信息，检验本次违约与贷款人信用风险的关系，进而对风控模型的精准性做持续优化。

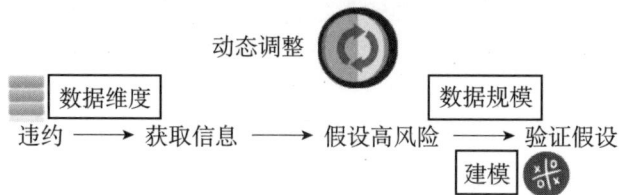

图 6 - 15　拍拍贷风控思路

上述环节中有三个关键部分，首先是能够获取用户多少维度的信息，这与信息技术水平有很大关系；其次是数据规模，数据规模由用

---

① 洪偌馨. 解密拍拍贷风控术.（2014 - 08 - 19）［2017 - 12 - 05］. http：//www. yicai. com/news/4009094. html.

户规模决定。有了用户才会有数据，才会有更准确的评级，有了更准确的信用评级可以吸引更多的用户，因此就有了正向循环。整个风控体系在正向循环的动态调整过程中不断优化；最后是分析方法，也就是建立风险评估模型分析用户的信用状况。

(二) 大数据来源

大数据是拍拍贷风控体系的基础。基于此，平台才能根据一流算法，发挥顶级数据挖掘和分析能力，形成基于大数据的风险控制优势。拍拍贷的数据来自用户自我提供和用户授权平台收集两个渠道。

用户在拍拍贷平台上提出借款申请时，需要提交注册信息并授予平台权限去检索其个人信息。在检索信息方面，拍拍贷与公安部身份证信息查询中心、工商局、法院等全国十几家权威的数据中心合作，还与淘宝、敦煌网等电商平台合作，共享用户信息。另外，拍拍贷利用搜索引擎收集贷款人散落在互联网上的碎片化信息，例如网络行为轨迹、社交网络行为、消费记录等，具体如论坛发言、微博粉丝数量、发布内容、关注对象、登录拍拍贷网站的习惯以及注册时的填写速度，等等。目前拍拍贷一个贷款人的平均参考因素（信息）有400多个，高者达2 000多个。在信用审核中，拍拍贷首先通过权威数据中心核准贷款人真实姓名和身份信息，再利用多维度信息按照自建风控模型进行信用考量和评估。

为了积累大量数据，拍拍贷高度重视平台用户规模扩张，因为可以借此做数据分析。截至2015年6月30日，拍拍贷服务人数已经达到642万，是整个行业中用户规模最大的一家平台。

（三）基于大数据的风控系统

关于建模方法，拍拍贷经历了从个案分析，到回归分析方法，再到根据人群细分建立 18 个模型的变化。根据选择的细分模型，可以对任一贷款人进行信用评估。据拍拍贷介绍，这个模型的准确度相当高。目前拍拍贷平台的坏账率大约只有 1.7%，主要归功于这个模型。从图 6-16 中可以看出，拍拍贷已经形成了有效的风险控制体系，平台的逾期率大幅降低。

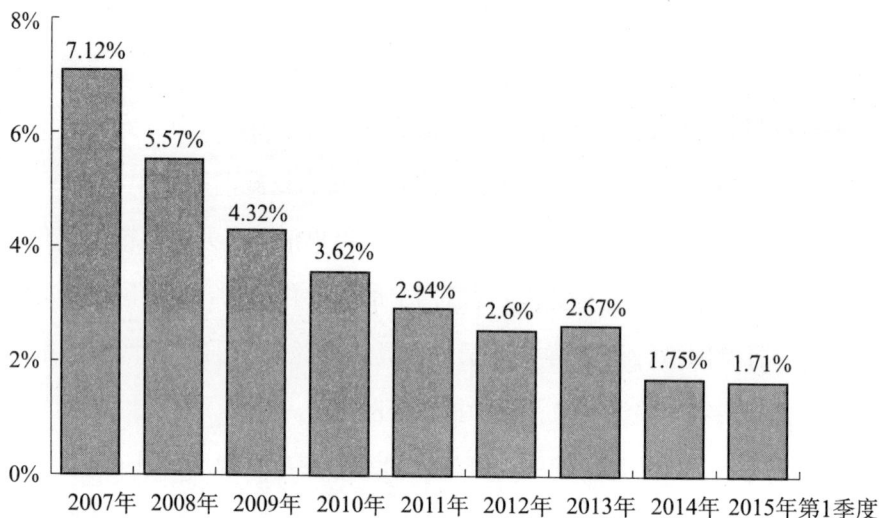

图 6-16　拍拍贷平台逾期率情况
资料来源：拍拍贷 2015 年第一季度报告。

2015 年 3 月 24 日拍拍贷正式发布风险控制系统"魔镜风控系统"①，拍拍贷称此次发布的"魔镜风控系统"占据了三个第一：行业

---

① 国内首家 P2P 企业拍拍贷发布"魔镜"大数据风控系统．（2015-03-25）［2017-12-05］．http://stock.sohu.com/20150325/n410269190.shtaml.

内第一家以大数据风控模型为核心；行业内第一家能够预测每一笔借款的违约率；行业内第一家能够基于风险评估进行定价。"魔镜风控系统"基于注册用户 600 万（其中活跃用户占 15%）累积的近 40 亿条数据开发而成。拍拍贷实时更新记录每个贷款人 2 000 多个字段的信息，从中层层筛选，提炼出能够预测一个人信用的信息维度和信息变量，最终生成针对每个标的的风险评级。基于大数据技术，该系统可以做到对每一笔借款给出一个相应的风险评级、预测逾期率，并根据风险评级形成风险定价，以保证与风险对应的收益。经过几个月的检验，到目前为止，预测的结果与真实情况基本相符，真实结果没有超出预测范围（见图 6 - 17）。

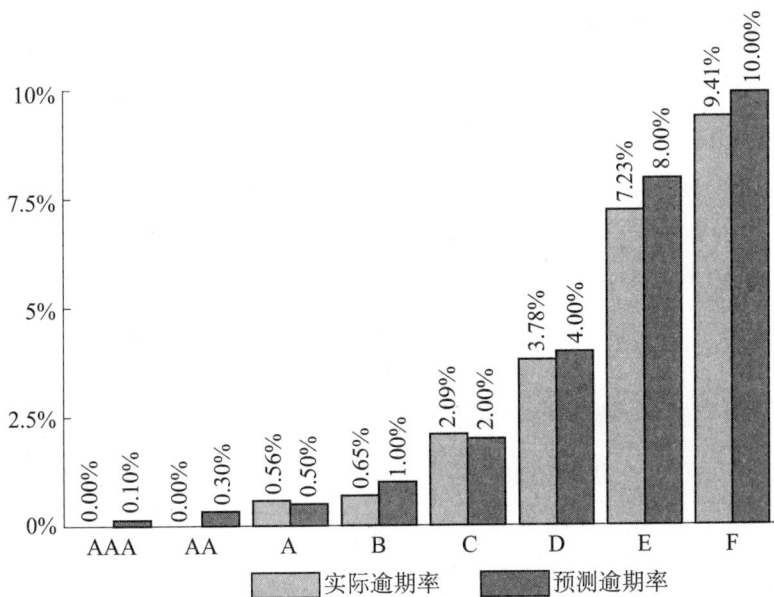

图 6 - 17 实际逾期率对比魔镜风控系统预测值

资料来源：拍拍贷 2015 年第一季度报告。

随着用户数量不断增加，可以有更多数据量和更多数据维度用来完善魔镜风控系统，使其提供更精准的预测，产生更广泛的应用价值。事实上，魔镜风控系统的开发是被"逼上梁山"的，如果中国存在有公信力的第三方信用评分系统和征信服务，拍拍贷这些苦苦坚持的 P2P 网贷平台可以节约更多的人力物力做平台该做的事情，在 P2P 网贷的路上走得更远，更好。拍拍贷这些 P2P 网贷公司自力更生开发出卓有成效的风险评估系统，既是它们的荣耀，也是小微金融领域以及普惠金融事业的悲哀。如果从全社会的角度看，社会征信体系的落后加大了小微金融的运作成本，而且造成社会资源的浪费。

五、坚守的未来——拍拍贷向何处去？

经过长达八年坚持，拍拍贷这个孤独的"坚守者"脚下的路日渐平坦。但是，竞争环境依然是残酷的，这个被认为过于理想化的坚守者，接下来的路要怎样走？值得我们关注。

（一）厚积薄发

尽管过去八年里拍拍贷发展缓慢，但进入 2015 年，拍拍贷的交易量迅速放大。根据拍拍贷最新数据显示，进入 2015 年以来，拍拍贷的交易量呈现几何级递增态势，单月交易量从 2 亿到 3 亿的突破仅仅历时不到 3 个月。6 月单月成交额首度突破 3 亿元，创平台成立以来单月最高交易量，实现同比增长 244％，环比增长 24.56％，环比增长速度远远超过全行业的 8.19％，也高于同行业的红岭创投、鑫合汇、Ppmoney（环比增长分别是-6％、20％、2.8％）①。拍拍贷的坚

---

① 本金保障计划续（2012-03-15）［2017-12-05］. http：//blog. sina. com. cn/s/blog_70f2dea10100y5ym. html.

守开始收获果实了。

值得注意的是，"拍拍贷平台借款申请笔数位居行业之首，上半年拍拍贷共收到 143 万笔借款申请，审批通过 25 万笔借款，同比增长 248.6%，相当于每分钟发放 1 笔成功借款。与行业相比，拍拍贷上半年单月发标量已经几乎等于行业成交量排名前 3 平台的总和"①（见图 6-18）。在如此高效处理数十万借款申请能力的背后，是拍拍贷强大的自动化运营系统、魔镜风控系统和精准风险定价决策的共同支撑。2015 年 6 月行情初步检验了拍拍贷开发风控系统的能力和效率。"另一个领跑行业的数据是，2015 年上半年拍拍贷贷款人数超过23 万，一家平台服务的贷款人独占行业总贷款人的 22%。"② 另外，

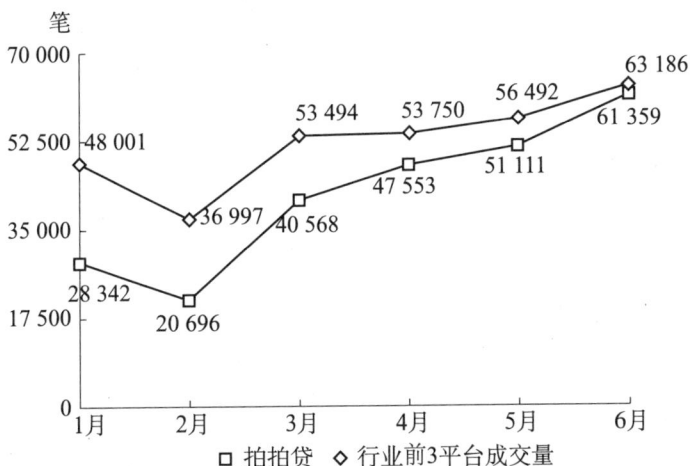

图 6-18 拍拍贷 2015 年月发标量逐渐趋于行业前 3 平台总和
资料来源：拍拍贷半年报、网贷之家。

在 6 月撮合的 6 万笔借款中，有近一半的交易笔数贡献自新客户，这

---

① ② 拍拍贷半年报．（2015-08-19）［2017-12-05］．http://www.ppdai.com/help/MediaReports187．

说明拍拍贷坚持纯线上发展客户的模式是有成效的。

此外，拍拍贷也推出多元理财产品（彩虹理财计划和快投工具）吸引投资人。彩虹理财计划每周发标三次，用户可预约投资项目，收益率根据投资期限依次递增。该产品推出后，每次近 500 万的资产包会在短短数分钟之内被迅速抢光。快投工具可以帮助用户高效地分散投资：投资者的投资基金会通过系统根据一定算法自动分散投资到最多数百个标的中。拍拍贷的线上不垫付模式在分散化投资的投资理念以及不断推出的投资产品下已经成为业内稳健投资的风向标，吸引了更多投资人涌入网贷市场。

（二）互联网金融集团

我们发现，坚持不垫付、纯线上，做原生态 P2P 网贷平台的拍拍贷，也在为自己设计超越纯粹 P2P 网贷平台的发展蓝图。拍拍贷拟突破单一 P2P 网贷业务，发展征信、资产生成、财富管理等业务，逐步成为一个互联网金融集团。在资产端，打算开发更多的借款产品，以及基于消费场景的应用，来服务贷款用户；对于财富管理端，拍拍贷打算以个人信贷为基础，通过更加多元化的资产配置产品和极致的使用体验满足线上理财人群的需求；对于大数据征信端，拍拍贷已经将该系统独立出来，准备对社会提供征信服务，更大程度上发挥该系统的价值。

拍拍贷的远景规划也许是它坚守的必然结果。但无论商业模式怎样变化，拍拍贷的两个核心价值：做依托互联网、大数据的金融服务；做合法合规的金融服务，都是且只能是它实现价值增值的基础。

参考文献

[1] FREEDMAN S, JIN G Z. Do Social Networks Solve Information Problems for Peer-to-peer Lending? Evidence from Prosper. com. Working Papers. University of Maryland.

案例点评

拍拍贷是中国唯一一个在长达八年的时间里坚持原生态运作模式（信息中介）的 P2P 网贷平台。可以想象，在中国这个社会征信体系严重落后，相关金融监管严重缺位的环境下，做原生态的坚守有多不易。作为第一个将 P2P 网贷引入中国的平台，看着一个个后来者通过模式创新从自己身边轻松越过时，拍拍贷的坚守有多艰难。

从拍拍贷的案例中我们得到以下两点结论：

1. 完善社会征信体系建设是保证中国 P2P 网贷平台健康发展的生命线

按照中央十部委签署的《关于促进互联网金融健康发展的指导意见》的界定，P2P 网络借贷平台是撮合借贷双方实现个人间直接借贷的信息中介。但是，如果信息中介严重缺乏信息，其撮合下形成的金融交易就只能是投机而非投资交易了。

信息来于何处，最直接的来源是有公信力的第三方征信机构。美国 P2P 网贷平台之所以有快速发展，是因为它不用担心无处寻觅贷款人的征信记录，发达的社会征信体系以及政府拥有的公共记录信息披露制度，保证可核实信息来源的便捷性。在这个意义上，包括社会征信体系以及公共记录信息在内的社会信用信息服务制度和披露制度，是P2P网络借贷行业发展的基础设施。但是这个重要的基础设施在我国几近于零。

中国的社会征信体系发展严重滞后，中国人民银行征信中心经过近十年的发展，不过集中了其管辖职能覆盖下的各商业银行的借贷信息。这个唯一的全国规模的征信中心不仅数据信息内容贫乏，覆盖人群少，而且服务意识弱。作为一家国家最高金融监管部门的下级机构，征信中心对自己究竟是政府监管部门，还是一家征信服务机构，定位并不十分清楚。这种不清晰的代价是，由于P2P网贷平台迟迟无法得到征信中心提供的征信服务（被征信中心拒绝），被迫自寻出路：或者踩政策红线，为投资人提供垫付、担保，以补偿信息缺乏带来的投资风险；或者自己慢慢开发征信系统，同时承担由此带来的成本。

因此可以认为，中国P2P网贷平台的商业模式之所以大量出现踩政策红线的违规行为，在相当大程度上是社会征信体系建设严重滞后所致，也是中国政府主导征信体系模式的低效率所致。

我国征信体系建设的严重滞后使P2P网贷行业为此付出了沉重代价：提高了行业成本，加大了行业风险。如果社会征信服务不能有大的改善，这个专注于小微金融领域、致力于为小微企业和个人提供便捷金融服务的行业甚至会因此面临生存危机。在这个意义上，我们说社会征信体系建设是P2P网贷平台的生命线。只有加快社会征信体系建设，才能保证P2P网贷行业的健康发展。

2. 完善法律与监管是P2P网贷平台健康发展的保证

从2007年我国第一家P2P网贷平台出现开始直到2015年7月，

在长达八年的时间内，对于P2P网贷平台这种与钱、投融资有直接关系的行业，一直存在法律真空、监管真空。这本身就是十分危险的事情。没有监管的金融肯定会成为野蛮生长的金融，最终以泡沫破裂、给社会带来金融震荡、经济震荡而告终。

P2P网贷行业尽管没有走到这一步，但一直是险象丛生。缺乏监管、惩罚机制，使P2P网贷行业鱼龙混杂，任何一个人都可以轻易注册一个平台开张，也可以轻松将投资人的钱席卷而去，即所谓"跑路"。截至2015年7月底，我国累积问题平台达到895家，7月新增问题平台109家，从问题平台事件类型上看，跑路类型平台占当月总问题平台数量比例为57.80%①，以至于在社会公众眼中，P2P网贷和诈骗、跑路两个词连在了一起。

如同任何其他领域一样，法规与监管总是要滞后新生事物。我国监管部门没有很快出台监管法规，也是出于对互联网金融的审慎了解和观察。但法律监管真空中受损失最大的是那些真正愿意做好P2P网贷业务的创业者和企业家，以及像拍拍贷这类坚持不碰政策红线的坚守者。首先，法律与监管真空，使P2P网贷行业面临极大的政策风险，政策不确定会促成从业者的短期行为和投机行为；其次，法律与政策监管真空使守法者吃亏，长期下去，必然形成劣币驱逐良币的效果。十分值得庆幸的是，八年之后终于等来了政府的行业指导意见，也为拍拍贷这样的守法者带来了希望。

但在感到庆幸的同时，我们依然对政府需要花费如此漫长的时间

---

① 2015年7月网贷平台数量与人气月报．（2015－08－01）［2017－12－05］. ht-tp：//bbs. wangdaizhijia. com/thread－552826－1－1. html.

去观察一个金融创新现象，迟迟不建立相应法律规则感到遗憾，毕竟效率太低了些。与我们同时起步的其他国家如美国，在第一家 P2P 网贷平台出现后不到两年的时间就出台了明确的监管法规，我们却要等待八年，真的需要这么长时间吗？在大众创业、万众创新的时代，法律监管体系建设的低效率，可能会阻碍社会进步。

点评人：李焰

Financial Inclusion

"数字金融＋保险＋龙头企业＋电商"

——蚂蚁金服农村普惠金融案例

张迎新

摘要：基于羊养殖的特殊性及养殖户资信较低的问题，蒙羊牧业股份有限公司（以下简称蒙羊）探索出"农牧民＋合作社＋公司＋银行＋担保＋保险"的"羊联体"养殖供应链金融合作模式。蒙羊供应链金融进一步与天猫电商合作，并引入蚂蚁金服，强化提升了供应链金融的风险控制手段，拓展了信息采集和资金来源的渠道。同时在产品销售上，蒙牛与天猫实现了双赢。可见，互联网＋农村供应链金融不仅可以解决供应链金融的风险控制难题，还可以实现销售与融资的双保障。

一、蒙羊推出"羊联体"模式

中央一号文件连续多年指出要支持新型农业经营主体和新型农业服务主体成为建设现代农业的骨干力量，加快我国农业现代化、农业规模化的进程。但是我国农村经济的特性造成传统金融无法有效满足其金融需求。农村供应链是推动我国农业实现现代化的一个有效的组织方式，为农村供应链提供支持的农村供应链金融，自然成为推动农业规模化，实现现代农业转化的重要工具（胡跃飞和黄少卿，2008；宋雅楠等，2013；胡国辉和郑萌，2013）。2015年12月31日国务院出台《关于落实发展新理念加快农业现代化实现全面小康目标的若干意见》，提出支持农业经营方式创新，积极推动金融产品、利率、期限、额度、流程、风险控制等方面创新，进一步满足家庭农场、专业大户、农民合作社和农业产业化龙头企业等新型农业经营主体的金融需求。国家鼓励金融机构通过产品创新、模式创新和技术创新破解其中障碍，真正实现金融普惠。目前以阿里集团下蚂蚁金服为代表的具有电商背景的新型金融主体凭借自身优势，积极参与农村金融领域并积累了一定经验。本案例基于蒙羊发展（供应链中的核心企业），围绕蒙羊养殖户的资金需求，结合蒙羊与蚂蚁金服、中华财险的"数字金融＋保险＋龙头企业＋电商"的合作模式，讨论电商在农村供应链金融中创造的价值和意义。

（一）蒙羊战略发展

1. 蒙羊简介

蒙羊成立于 2012 年 5 月 3 日，总股本 3.1 亿，是集"生态草场建设、有机饲草料加工、良种肉羊繁育、规模化基地养殖、光合立体牧业、活畜交易中心、生产及深加工、全国终端销售"于一体的现代化绿色生态全产业链运营公司。蒙羊立足北纬 36°～49°黄金畜牧带，自西向东建立七大产业基地群，并以规模化、标准化、产业化的发展模式以及全新互联网思维的整合融入，一跃成为内蒙古自治区农牧业产业化重点龙头企业、自治区扶贫龙头开发企业、中国航天事业合作伙伴、中国肉类协会常务理事单位。[①] 2014 年，蒙羊销售收入突破 12 亿元，屠宰羊单位 65 万余只，净利润突破 4 000 万元，较 2013 年有较大增加；2015 年，蒙羊屠宰羊单位 115 万余只，生产精细化分割羊肉产品 13 000 余吨，销售额突破 18 亿元，利润完成 7 000 余万，产

---

① 蒙羊官网简介，网址：www.mengyang.com.cn。

销量连续三年位居行业首位。图7-1描述了2012—2014年蒙羊的营业收入以及资产状况。历经两年时间的准备，2014年蒙羊进入发展的快车道，在营业收入方面有较大增幅，较2013年增长了约1.7倍，并且通过资源整合和兼并实现总资产和净资产的快速增长。

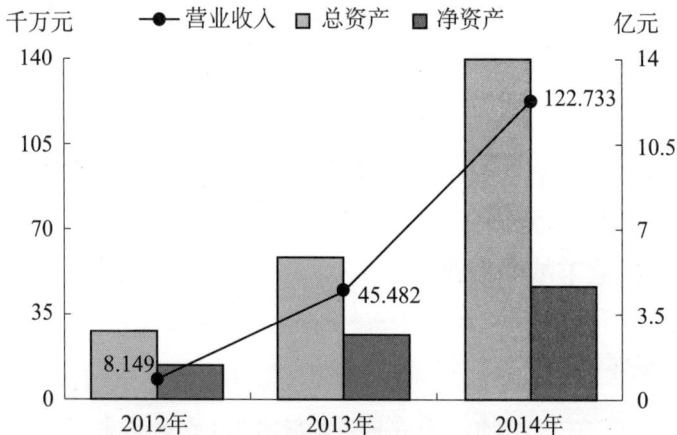

图7-1　蒙羊的营业收入和资产状况

说明：图中的折线图对应左边坐标轴，柱形图对应右边坐标轴。

2. 蒙羊绿色生态全产业链运营模式

蒙羊一直以产业化发展思路为依据，引领农牧产业新升级，2012年成立至今，蒙羊已经布局完成全产业链的运营——"种、养、交、加、营"（见图7-2）。其中，种：蒙羊对优质种羊进行培植繁育，并配合规模化有机饲草料种植加工，从源头保证羊源质量。养：蒙羊采用标准化、集约化、规模化的饲养模式，按照"五大标准"① 体系和"六个统一"② 标准保障肉羊养殖的科学性与标准化。另外，蒙羊还建

---

① 五大标准体系是指繁育、防疫、饲养、安全管理、种羊场标准体系。
② 六个统一标准是指统一品种改良、统一饲料标准、统一技术服务、统一饲喂标准、统一防疫体系、统一出栏标准。

立"光合牧场",打造立体循环经济体系。交:蒙羊建立活畜交易中心,为农牧民提供便捷的交易渠道与平台,并搭建起中国第一个定位于服务农牧民的电子化信息交易平台——六畜旺旺,多个盟市的肉羊合作社和肉羊养殖户可在此平台享受市场信息查询、交易等服务,进而帮助农牧民开拓市场,找到商机。加:蒙羊采用国际先进工艺与设备进行标准化深加工,并率先在肉羊行业启动 GMP 标准化生产作业规范,将药品行业生产安全的高标准应用于蒙羊产品生产全过程,每一道严格工序都保证了产品品质。目前蒙羊产品种类丰富,能够满足不同顾客需求。营:蒙羊的销售网络覆盖全国,并且进行线上线下的交互营销。目前,蒙羊已进驻全国 2 000 余家大型商超,与近百家国内知名餐饮连锁企业进行合作,并且蒙羊的产品也在知名电商平台"天猫""京东"以及微商城同步在售。

立足于北纬36°~49°黄金畜牧带优质肉羊良种繁育,确保羊源

独创光合牧场、立体牧业,零污染,零辐射,科学养殖

规模化草场建设,有机饲草料加工,蒙羊每一只羊都享受优厚的福利待遇

引进国际先进生产线(GMP)标准生产,保证产品的安全和营养

立足内蒙,辐射全国,互联网思维+专卖店+战略客户+传统渠道

图 7-2 蒙羊的全产业链运营模式

在发展初期，蒙羊的产业链前后端都十分分散：蒙羊依托市场，从散户手中网状式地回购羊，经屠宰后输出各种产品，同样再以网状式销售到终端市场。此后，蒙羊将提高自控羊源比例作为自己的发展方向，逐渐将前端产业化，建立自己的示范养殖基地，并将养殖工作进行社会化分工，分给合作社（大型养殖户），最终形成了"公司＋基地＋合作社"的合作模式。自控羊源是企业生存发展的需求，有利于避免如三鹿向伊利和蒙牛供应有毒奶源，上海福喜食品向肯德基供应过期劣质肉等事件的发生。为了真正做到在源头上把控羊源，建立安全可控的羊源供应保障体系，蒙羊提出了"六个统一"标准，同时蒙羊提供全套的良种繁育和兽医服务，从而为高品质羊肉产品的生产加工提供了完善的上游环节。虽然食品安全蕴含在产业链的各个环节，但是一旦养殖环节出现问题，生产加工的食品安全将不复存在。

3. 蒙羊战略规划

面向未来，蒙羊致力于继续扩大生产规模和影响力，推动品牌化发展，并为做大做强中国肉羊企业、改善牧民与百姓生活贡献蒙羊价值。图7-3列示了蒙羊在3～5年内的销售收入规划，预期从2016年开始进入发展年，并在2019年目标实现销售收入100亿元。

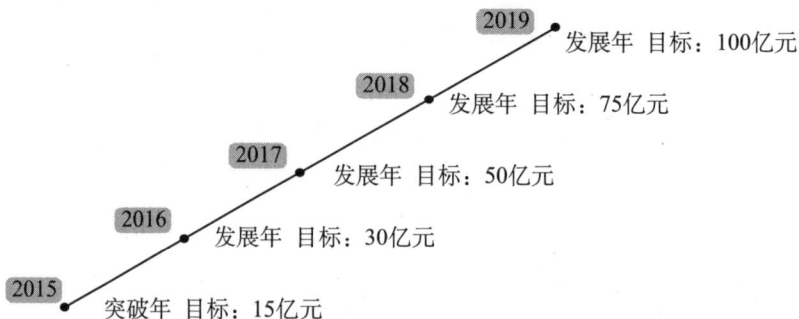

2019 发展年 目标：100亿元
2018 发展年 目标：75亿元
2017 发展年 目标：50亿元
2016 发展年 目标：30亿元
2015 突破年 目标：15亿元

图7-3 蒙羊未来3～5年战略规划

"做大"是蒙羊实现未来战略规划的必经之路。在做大之前首先要"做稳"，也就是每年如何获得稳定的羊源从而保证企业生产的连续性。与养殖户之间建立长期合作关系能够实现这一点。在双方进行多期重复博弈过程中，如果养殖户唯利是图，将羊销售给高价买家并打破以往合作关系，将形成不良声誉并暴露自身品性，那么在养殖环节中，蒙羊将选择不再继续与其合作，不提供任何服务并回购育肥羊，这些农牧民从而将失去重要的销路，导致在经济上受到较大的损失。另外，声誉作为一种有价值的无形资产，可以抑制经济主体的短视行为，对于已积累较高声誉的经济主体，声誉租金现值较高以至于可以激励经济主体维持合作关系，维护自身声誉。因此从声誉角度分析，我们认为蒙羊与上游养殖户建立稳定良好的合作关系有利于羊源稳定的获取。目前蒙羊育肥羊合作户共54户，其中合作社有32户，占比接近60%。54户合作户与蒙羊合作年限平均为2～3年，而且其中5户的年出栏量在1万～1.5万只，15户在1.5万～2万只，34户在2万只以上。

"做稳"之后则是如何"做大"的问题。对于力求实现快速发展的蒙羊，如何扩大羊源从而提高生产加工规模是其重点关注问题。目前，蒙羊羊源主要来自两种渠道，一是合作的养殖户，二是市场的散户，其中第一种渠道占比85%，并且基于源头可控考虑，在未来蒙羊将实现完全从合作养殖户手中获取羊源，从这个角度上讲，养殖户扩大养殖规模是蒙羊扩大羊源的唯一解决方案。

但是想要实现扩大养殖规模，必须首先解决以下几个问题：一是养殖户养殖技术水平落后，疾病防控观念薄弱导致产量低；二是无法及时获取市场销售信息、受肉羊价格波动影响大导致收入没有保障，也就是扩大规模后肉羊能否顺利销售的问题；三是养殖户个人融资贷款难导致养殖启动及运转资金严重不足。蒙羊为养殖户提供养殖技术服务，并为养殖户免费提供全套的兽医服务可以解决技术问题。对于销路问题，当肉羊养殖达到标准后，蒙羊根据当年羊只收购市场价确定保护养殖户收益的"保护价"对肉羊进行全部收购，降低了市场波动对养殖户造成的损失。目前蒙羊对合作户的活羊屠宰价格比市场价格高出 0.8～1 元/斤。最后，对于缺少大规模资金支持的问题，由于羊养殖具有特殊性，以及养殖户资信不符合银行贷款要求，养殖户无法获得足够资金支持。具体来说，"金山银山带毛不算"，羊属于活物养殖，不同于固定资产，无法作为抵押品进行担保，并且在养殖过程中发生意外的可能性较大，例如疫情、自然灾害以及意外事故等会造成羊大面积死亡，从而影响资金偿还。对于养殖户自身，绝大部分养殖户都达不到银行对抵押资产价值的要求，所以面临融资难、融资贵的问题。对于所有提供资金的出资方，它们需要在把控风险的同时支持实体企业的发展，而羊产业的现状和运行机制几乎不满足任何传统出资人的风险控制框架。

蒙羊一直在思考如何解决养殖户的资金需求问题，因为只有解决养殖户的需求，蒙羊才能健康生存。逐渐地，蒙羊探索出目前的"羊联体"模式——"农牧民＋合作社＋公司＋银行＋担保＋保险"的合作模式。蒙羊最初设计"羊联体"模式的初衷就是为了做好农户与资本之间的信用对接，解决农户的增信问题。

（二）蒙羊的"羊联体"模式

1. 发展历程

在原有"公司＋基地＋合作社"的模式上，蒙羊又引入银行、担保和保险元素（见图 7-4），致力于解决养殖户的资金问题，其中每一个元素的加入都对应解决出资方在资金安全方面的每一种担心。为了使蒙羊养殖户能够顺利获得信贷资源，需要解决对农民增信以及降低业务风险两部分障碍。

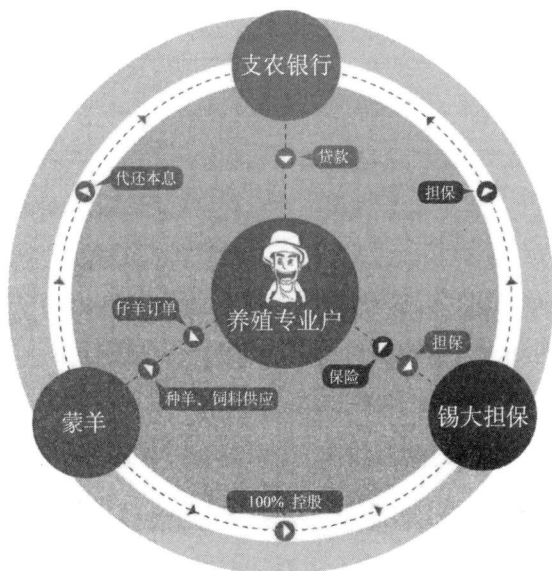

图 7-4 蒙羊的"羊联体"模式

（1）解决农民增信问题

除了养殖户自身协调资源满足银行融资门槛以外，与养殖户业务相关的主体也可调节自身资源为其增信，如政府和龙头企业。蒙羊在2013 年自筹资金 5 000 万元成立全资子公司——呼和浩特锡大农牧产业融资担保公司（以下简称"锡大担保"），为了使农牧赚钱容易并且做大做强。锡大担保是内蒙古自治区自治办特批的全区最小担保公司，并且只对蒙羊上游产业链合作的农户买羊买料进行担保。为了进一步扩大发展，2014 年锡大担保注册资本增资到 10 000 万元整。

2014 年 1 月 1 日至 2016 年 7 月 30 日，累计担保 133 笔，累计担保金额 5.66 亿元，在保责任余额 2.77 亿元。而且锡大担保自成立以来，担保代偿率 0%，代偿回收率 0%，担保损失率 0%。在保费方面，目前一般商业性担保机构收取 2%～3% 的保费，政府性平台最低收取 1%～1.5% 的保费，对于养殖户，如果将出栏的育肥羊销售给蒙羊将不需缴纳保费，否则要承担 1% 的担保费用。实际情况中，养殖户都会选择履约，否则下期进行融资时蒙羊将不再为其担保，从而无法再获得信贷资源。因为对于蒙羊而言，建立担保公司的初衷是为了培植自身的上游养殖链，为企业的发展保驾护航。蒙羊除了自身创造条件为养殖户增信外，还主动寻求其他合作合伙的帮助。目前内蒙古金融集团下属担保公司"内蒙古金城担保公司"也为养殖户提供担保。

（2）降低业务风险

银行等出资方还涉及两部分风险，首先是资金结算的安全性，也就是如何确定资金流向问题；其次是由于产业特殊，涉及活物养殖，如何防控生物资产安全性，抵消生物养殖过程中的风险。

一方面，蒙羊通过在业务上对养殖户进行捆绑来应对结算安全问题。具体地，蒙羊向银行推送客户后，银行按照审贷要求进行风险评估，达到放款条件后，银行将资金打入农户银行卡中，但是这笔资金只能用于定向支付购买羊只和相关饲草料，这些生产资料都由蒙羊提供。最终在羊收回进行结算时，蒙羊将超过贷款金额的利润返还农户，并替养殖户与银行进行结算。在整个密闭的资金流中，银行的放款资金变成生成资料，羊养殖之后通过结算最终又变成金钱，并且所有的现金流都归集在企业内部，银行只需要监测并掌控企业现金流便可实现风险控制。在整个过程中，资金不经养殖户的手，从而解决了关于资金流向的问题；

　　另一方面是如何化解养殖风险的问题，蒙羊引入保险元素，与中华联合财险进行合作给羊上保险，蒙羊是内蒙古地区第一家为肉羊投保的企业。目前我国对于猪、牛等都有成熟的商业险种，并且发生代偿情况时，国家有专门预算对保险公司进行补贴。而羊的养殖险，并没有纳入国家补贴的农业基本险，因为比起猪肉加工与销售，羊肉的加工与销售产业化程度低，规模化程度低，只达到 68.2%。在此之前没有一家企业进行资源整合，因此蒙羊推进肉羊养殖险可谓一波三折。但是养殖过程中的风险一直是银行认为非常关键的风险，因为当养殖环节产生风险时，整个产业链都会发生系统性风险，从而会对企业和银行带来致命性打击。当加入保险后，面临突发疫情、自然灾害时，养殖户可以化解 80%～90%的风险从而挽回较大损失，面临较小风险敞口，从而愿意放大养殖规模。目前养殖户每只肉羊只需缴纳 10元的保费。出险后，每只肉羊即可享受 500 元的赔付金额保障，真正成为了养殖户信赖的"定海神针"。新增保险要素除了起到稳定市场的作用外，还间接完成给羊定价的功能，使羊变成可以质押的资产，实现从资源资本向产业资本过渡。另外保险的加入还保护了消费者的最大利益，以往死羊、病羊剥皮后将流向市场，扰乱市场交易秩序，有了保险后便能够有效地自动净化市场。总之，保险元素不但有效降低养殖风险，保证养殖户收益，保护消费者"舌尖上的食品安全"，同时也为整个产业链降低了风险。目前蒙羊正在积极促动自治区党委和政府将肉羊保险纳入国家补贴的农业基本险。农办财［2016］12 号文件《农业部办公厅关于开展 2016 年度金融支农服务创新试点的通知》特批中华财险申请的呼伦贝尔地区"互联网＋信贷＋保险＋牛羊养殖项目"农业补贴支持，我们认为未来在内蒙古地区全面覆盖指日可待。

2. "羊联体"模式分析

蒙羊围绕养殖户的需求独创了"羊联体"模式①，将看似不相关的资源全部整合在一个平台上，不仅从根本上解决了养殖户融资难融资贵的问题，还给蒙羊带来新的机会。

在"羊联体"的框架内，一是能为农牧民提供担保和便宜的资金支持。蒙羊使用"羊联体"的名义代表上游庞大的养殖户与银行谈判，而非单一养殖户与银行对接，通过对价可以在很大程度上降低贷款利率。以往养殖户获得的贷款名义利率为 12％左右，其中还未包含隐形成本，而加入"羊联体"的养殖户目前直接融资成本低于 7％，降幅程度接近 50％，真正地给养殖户们带去了福利。二是为农牧民提供养殖技术服务。三是解决农牧民无稳定市场的问题。蒙羊前端提供所有生产资料，养殖中提供全套技术服务，解决肉羊养殖技术难的问题，养殖后以保护价回购育肥羊，省去养殖户后顾之忧，因此养殖户更像是"工作员"，养好羊成为了一份职业，无须再为做好工作之外的事情担忧，真正做到了无忧生产，无忧销售，也符合新型农民经营

---

① 在"羊联体"模式下，养殖户可以通过合作养殖与放母收羔等多种模式与蒙羊进行合作。公司评定有意合作户的养殖能力、场地、经验、有效抵押资产等情况以确定是否合作。在合作养殖模式中，公司给合作户寻求购羊银行贷款，将达到合同标准的羔羊投放给合作户，合作户进行育肥。育肥羊达到标准后，公司按照保护价回收，交羊任务完成后，公司代偿本息，利润返还合作户。在放母收羔模式中，公司向合作户供应与贷款金额相符并达到合同标准的基础母羊及种公羊。合作户只需在三年内向蒙羊缴纳符合标准与数量的羔羊。完成交羔任务后，公司代合作户偿还银行贷款本息，投放母羊及任务外羊羔归合作户所有。

主体的概念。

"羊联体"模式在帮助养殖户增收致富的同时，间接帮助蒙羊稳定了羊源，扩大了羊源，因为"羊联体"模式帮助蒙羊稳定了与养殖户的合作关系，双方由松散的买卖型向紧密的利益共享、风险共担的利益共同体转变，从而可避免羊源巨大波动的可能。另外，蒙羊利用金融杠杆可以发展更多养殖户，扩大养殖户养殖规模，从而进一步扩展了羊源供应范围，有利于推进肉羊行业规模化与品牌化发展。荣获2015年全国劳动模范的杭锦旗锡尼镇浩绕柴达木嘎查牧民吉木斯，是蒙羊创新"羊联体"模式中的一员[①]。2013年吉木斯与蒙羊牧业签订了肉羊养殖合作合同。在蒙羊牧业的帮助下，她的基地规模达到了肉羊存栏1万只、年出栏3万只。截至2014年12月，蒙羊每月出栏屠宰8万～10万只羊全部是由"羊联体"养殖户提供的。同时，"羊联体"的模式避免了赊销问题，增加了蒙羊的流动性。赊销对于养殖业是比较常见的问题，由于养殖户贷款难，缺乏资金，而核心企业为了保证稳定的上游养殖户，只能先向农民赊销生产资料。而赊销本身存在较大风险，也限制了企业的流动性。

"羊联体"模式自2013年创立至今，已经服务了94位养殖户（有重复借贷），放款金额总计37 042万元，平均每户贷款金额约394万元，并均已到期并按时偿还，无违约情况发生。合作对象包括包商银行、中国银行、内蒙古银行、金谷银行、中信银行、河套商业银行和海尔小贷，分别由锡大担保公司或者金诚担保公司进行担保。

---

① 蒙羊"羊联体"模式助力农牧民增收致富．（2015－05－27）［2018－01－31］．http：//www.sohu.com/a/16616400_115402.

二、"数字金融 + 保险 + 龙头企业 + 电商"的模式

蒙羊自身拥有优秀的资源禀赋,"互联网+"为其提供了快速面向全国市场的全新发展机遇,让更多的消费者能够认知和了解蒙羊,并且快速购买到商品。目前,蒙羊入驻天猫等电商平台,让消费者在家就可享用到珍馐美味。2015 年 10 月 19—22 日,在阿里巴巴聚划算活动中,"蒙羊新鲜羊肉产品实现成交额 357 万元,已悄然创造了全国羊肉生鲜电商单次活动销售额的最高纪录"[①]。蒙羊与天猫的合作也开启了蒙羊与"阿里系"接下来的一系列深度合作。

其中最主要的是,蚂蚁金服于 2016 年 2 月加入蒙羊供应链,成为金融服务提供商。在该电商+供应链金融中,蚂蚁金服与核心企业蒙羊、中华财险联手,为肉羊养殖户提供贷款。目前项目已完成设计和多方协调沟通环节,处于试行期。2016 年,蚂蚁金服旗下的网商银行对中华财险整体授信额度为 2.12 亿元(共 43 户),现已有 2 户养殖户完成试点,23 户养殖户的贷款发放工作正在进行中。贷款对象都是有多年养殖经验的养殖户,与蒙羊合作年限也都在 2 年以上。平均每户贷款金额在 500 万元左右,是购买约 10 000 只羊羔和所需饲草料的成本。

蚂蚁金服[②]的加入不仅作为出资方提供了资金来源,还为"羊联体"模式注入了新的活力。核心企业在整个供应链条中处于主导地

---

① 蒙羊携手聚划算打造"互联网+"羊肉盛宴. (2015 - 10 - 28) [2017 - 12 - 07]. http://finance.chinanews.com/life/2015/10 - 28/7593416.shtml.

② 蚂蚁金服农村金融事业部作为资源整合者,负责协调和沟通合作细节,确定合作计划;具体的尽调和放款工作由浙江网商银行负责。

位，蚂蚁金服从市场地位、业务、信用、资产、人员等多方面评估核心企业的能力，而一旦达成合作之后，蚂蚁金服将向其输出全面的金融服务及关联方阿里集团的电商服务，为核心企业提供包括资金、数据、保险、产品销售等多层次的解决方案。让核心企业进一步做大做强！因此蚂蚁金服利用自身生态圈，电商平台优势和技术优势在贷款发放、风险控制和支付结算方面都对最初的"羊联体"模式都进行了一定调整。而在这次合作中，中华财险扮演了更重要的角色，不仅为养殖户承保羊养殖保险，还包括信用保证保险①，成为最主要的风险控制对象。国务院颁布的《关于落实发展新理念加快农业现代化实现全面小康目标的若干意见》指出要积极探索农业保险保单质押贷款和农户信用保证保险，并且在《国务院关于印发推进普惠金融发展规划（2016—2020年）的通知》中也提到要提高小微企业信用保险和信用保证保险覆盖率，力争使农业保险参保农户覆盖率提升至95％以上。信用保证保险的参与对普惠金融的发展提供了支持与帮助，并且对我国金融市场化改革的不断深入和多层次资本市场的持续完善发挥重要作用。

（一）具体流程

在正式合作前，中华财险对蒙羊，蚂蚁金服对蒙羊和中华财险分别进行了尽调。对于出资方，虽然存在担保关系，也需要了解中华财险本身的风险控制能力，因此网商银行对中华财险业进行了严格的调

---

① 信用保证保险是通过向个人客户提供信用保证，从而帮助客户从合作银行获取无抵押小额短期贷款。其中贷款客户是投保人，银行是被保险人。一旦发生保险事故（贷款逾期超过一定天数），保险公司将向被保险人赔款，同时取得追偿权。

研，对股东、控股股东东方资管、注册资本、营业收入、保费收入、投资收入等进行了详细评估。

在贷款发放前，由蒙羊向中华财险推荐长期合作（合作 2 年以上）并预先签订育肥羊收购协议的重点养殖户，中华财险对蒙羊合作户进行尽调，了解资金需求和资金用途，并掌握养殖户自身基本信息、养殖信息、负债状况等。中华财险进行核保后出具信用保证保险保单，并将所有资料交付网商银行。网商银行基于全流程的审核为养殖户发放旺农贷。当审核通过后，贷款可立刻实现发放。

在贷款使用时，现阶段网商银行直接将贷款打入蒙羊饲料和羔羊的企业支付宝账户，此中间账户目前由中华财险内蒙古分公司进行管控。养殖户只能通过阿里巴巴农村淘宝平台购买蒙羊指定的饲料，在支付时选择企业支付宝账户进行代付。中华财险对订单内容复核后交易成功，农村淘宝相应地将养殖户的饲料信息作为溯源依据同步给蒙羊。当育肥羊达到出栏标准时，蒙羊进行回购，并与农户进行结算。在贷款偿还时，农户通过支付宝账户自行完成还款工作。在前期准备阶段，农村淘宝将协助所有贷款养殖户完成支付宝和农村淘宝的开通和培训工作。另外，羊肉加工食品可以通过蒙羊的天猫旗舰店进行销售。

由于目前（2016 年 6 月）处于试运行阶段，因此现阶段运作模式与最初设想有些出入：首先，中间账户的设置是由于网商银行定向支付系统还处于调试阶段，故由中华财险管控并对订单进行复核，避免农户更改资金用途的风险。预计在 2016 年 9 月，中间账户将取消，到时已被授信的农户在农村淘宝店铺选择商品后付款时可以直接选择

"旺农付"账户,此定向支付账户只能在蒙羊的农村淘宝店内购买生产资料。其次,在还款阶段,未来蒙羊的收购款将优先用于偿还蚂蚁金服的旺农贷,剩下利润部分再返还养殖户。目前由农户自己还款的方式会带来以下两个问题:其一,养殖户可能出于对支付宝操作系统不熟练从而耽误还款时间,影响自身信用评价,更改后的方式可以避免由"非还款意愿"引起的违约问题;其二,更重要的,资金完全在体系内闭环流通,可降低信贷风险。

当发生违约时,根据信用保证保险条款,当拖欠达到保单约定期限以上时,中华保险将养殖户未偿还的全部贷款本金及相应的利息赔付给蚂蚁金服,同时取得追偿权。另外,锡大担保向中华保险提供反担保,并缴纳3 000万元保证金。若到期不能履行偿贷义务,保证金即为代偿金,中华财险先缴纳这部分保证金给蚂蚁金服。

由于目前正处于第一批贷款发放环节,具体运行状况和贷款偿还情况如何还有待继续跟踪。

三方合作流程如图7-5所示。

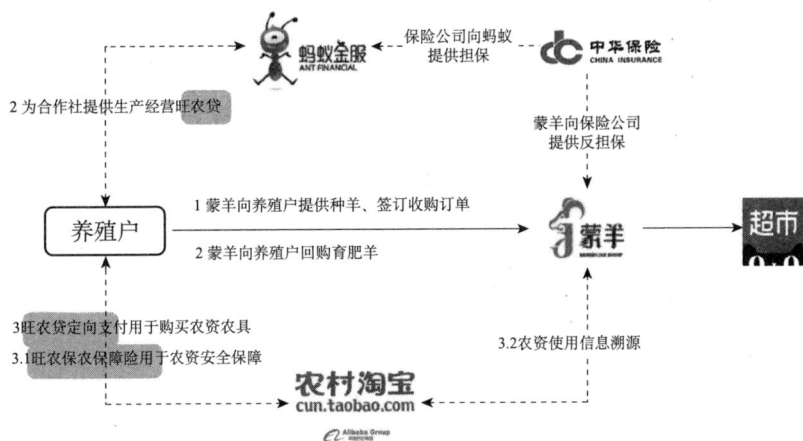

图7-5　蒙羊—蚂蚁金服—中华财险合作流程图

（二）风控体系

金融的核心是风险控制，互联网的生命也是风险控制。在上述案例中，各方又是如何分工做好风险控制的呢（见表 7-1）？

表 7-1 风险控制体系—时间维度

时间	信贷风险类别		风控措施	风控主体
贷前	信息不对称风险		a. 蒙羊推荐合作 3 年以上的养殖户作为贷款对象，双方已建立稳定经营关系； b. 中华财险对养殖户做详细尽职调查并了解具体资金需求数额； c. 网商银行对中华财险做尽调并对养殖户调查结果进行审核。	蒙羊 中华财险 网商银行
贷中	资金使用风险	挪作他用	a. 贷款资金只能用于在指定农村淘宝店铺购买生产资料（定向支付技术）； b. 中华财险实时监测资金流向，由于蒙羊所有生产资料、资金流归集在企业，因此只需监控蒙羊现金流。	蚂蚁金服 中华财险
		虚假交易	a. 为排除生产资料被倒卖可能，农村淘宝合伙人/中华财险会现场确认生产资料是否运到。	农村淘宝合伙人 中华财险
	养殖户经营风险	养殖风险	a. 蒙羊养殖户贯彻"六个统一"标准，并由蒙羊提供技术指导和兽医服务； b. 由中华财险对蒙羊养殖户进行养殖险承保，控制由自然灾害等原因造成的无法偿还贷款的风险。	蒙羊 中华财险
		价格波动风险	a. 蒙羊根据养殖收购价确定保证养殖户收益的"保护价"进行收购。	蒙羊
	蒙羊经营风险		a. 蒙羊根据养殖收购价确定保证养殖户收益的"保护价"进行收购。	蒙羊
贷后	还款意愿风险		a. "以物代钱"确保贷款金额下经养殖户手，并由蒙羊代替农户与蚂蚁金服进行结算。	蒙羊
	还款能力风险		a. 当风险发生造成资金无法全额偿还时，中华财险对蚂蚁金服进行全额赔付； b. 锡大担保公司对中华财险进行部分反担保。	中华财险 蒙羊

蚂蚁金服已经拥有相对完善的大数据信息体系，并依靠蚂蚁金服的云计算平台对庞杂数据进行专业化处理，进而掌握每个人的信用状况。而在农村市场，虽然支付宝活跃用户已超过 6 000 万（截至 2016 年 3 月），但是仍有较多用户没有或只有较少网络交易和行为数据，所以蚂蚁金服对于农户还无法利用擅长的大数据做风控。蚂蚁金服在发展农村信贷业务方面另谋对策，提出的新思路是从与生产紧密结合的路径上想办法——做供应链金融，借助龙头企业深入到生产环节，并且各方发挥自身优势，共担风险，共享风险溢价。

表 7-1 列示了各参与主体在各个时间环节的具体风控措施。蒙羊作为整个供应链的枢纽，具有一定经营规模和品牌影响力，并且已经打造起全产业链运营模式，有责任把控经营过程中的风险，包括养殖过程中的风险、价格波动风险以及蒙羊自身经营风险。另外，蒙羊除了具有资源禀赋外，还对合作养殖户最了解。双方在长期合作的博弈过程中，养殖户的信用质量经过核心企业核验，具有较高的可信度，因此由蒙羊推荐养殖户可以在一定程度上降低信息不对称程度。

中华财险作为主要风险承担人，为养殖户承保养殖险和信用保证保险，因此主要角色为把控蒙羊和养殖户风险。主要表现为在贷前进行详细尽调，了解养殖户信用状况，并明确养殖户贷款需求，使具体采购量与尽调结果一致，避免贷款资金超过实际需求量；在贷中监测贷款资金使用状况，目前通过对订单复核实现，未来通过接入淘宝线上查询系统可以实时了解资金流向和使用数据。同时，中华财险还需按期了解养殖户养殖状况，关注市场行情，监控蒙羊经营和销售状况，避免出现巨大损失。

对于阿里生态内部主体，浙江网商银行作为出资人，蚂蚁金服的农村金融事业部作为资源整合者和后台技术支持，农村淘宝作为配套环节在风险控制中都发挥了重要的作用。当出现违约时，中华财险对网商银行进行全额赔付，因此网商银行的核心为把控中华财险的风险，除了贷前进行基本的尽调外，在贷后，网商银行会对中华财险贷中管理措施进行抽查，比例不低于10%，以督促中华财险在贷中做好本职工作，把控好风险。为了进一步确保资金安全性，凭借电商优势，蚂蚁金服得以贯彻以物代钱的理念，并开通定向支付系统，严格控制了贷款资金用途，解决了传统贷款机构的一大风险点。在整个供应链中，贷款资金形成闭环，从而控制信贷风险。农村淘宝合伙人在其中可以协助进行贷中检查，观察羊羔、饲料是否送到，从而避免物料倒卖情况，合伙人相应地可以获得一定佣金收入。关于宏观层面的风险控制，蚂蚁金服有2 200多台服务器专门用于风险的监测、分析和处置，核心武器为代号CTU的后台智能风控大脑。CTU的核心功能是判断交易是否由账户主人操作，并对可疑交易进行验证，继而拦截，避免盗刷可能。目前支付宝的风险控制率是百万分之一，比一人被陨石击中的概率还小。

三、电商＋农村供应链金融带来了什么？

在"羊联体"模式下，蒙羊已经与中国银行、中信银行以及内蒙古银行等进行了合作，为何从这些国有银行和商业银行转到与蚂蚁金服进行合作？蚂蚁金服的优势体现在阿里巴巴的生态系统以及众多生态合作伙伴的支持。而作为普惠金融的践行者，与类似蒙羊的规模化的新型农业经营主体合作又给蚂蚁金服和阿里生态系统带来了哪些变革？

（一）"电商"给农村供应链金融带来了什么？

1. 贷款方面

农村供应链最主要的是解决农户借款难、借款贵的问题，由于不同金融机构内部组织架构和运行机制不同导致在客户服务方面有很大的差异。蚂蚁金服着眼于真正地解决客户的痛点，因此在贷款使用方面客户有更优的体验。另外，控制风险是金融的核心，也是发展普惠金融的关键，蚂蚁金服与传统金融机构相比，由于拥有阿里生态环境，更能紧密参与到其中，环环把控风险，保证资金安全性。

首先是在贷款使用层面：蚂蚁金服提供的贷款灵活，使用便捷。与新型贷款机构不同，国有银行和商业银行审批复杂，灵活性较差。一般来说，银行授信资金需要分批使用，并且每次使用时都需要进行重新审批，历时较久，通常约一个月。除此之外，当银行内部农业类贷款爆发较高不良率时，银行独立审贷会增加谨慎性，从而选择性地不批贷、不放贷，这会严重打乱生产经营规划，影响生产经营实践。例如对于育肥羊而言，一栏的饲养时间为三个月左右，一个月的资金审批时间会直接造成新一批的养殖工作无法开展或者养殖中断，给养殖户带来严峻的考验。

第一，蚂蚁金服会根据具体的客户需求，创造性、灵活性地提出解决方案，明显改善了农牧民借款体验。例如在案例中，蚂蚁金服可以为蒙羊的母羊和育肥羊分别设计一款金融产品，使用期限和资金量都不相同，其中资金的使用期限与母羊和育肥羊的生产周期密切相关，并且每月还息、到期还本的方式一是减轻了农牧民资金负担，二是避免因闲置借款付出额外利息。第二，审批速度快：网商银行审批通过后可实现立刻放款到支付宝账户，农牧民申请后大约一星期就可收到贷款，速度明显优于商业银行。例如，50 岁的张有全与蒙羊签订了长期收购合同。6 月 17 日其向蚂蚁金服申请贷款，经中华财险及蚂蚁金服的快速审核，当天就收到了资金。同时，农村淘宝合伙人上门服务为老张快速完成了在农村淘宝农资平台上采购育肥羊饲料的订单。第二天，老张就得到了饲料发货通知，从此不再为资金的事情捉襟见肘。第三，蚂蚁金服一次性授信，在限期内（1 年）可以随用随提，每次使用时不需要再单独授信，手续简单，可以节省大量时间和精力。第四，通过支付宝还款方便且没有手续费，同时可以随借随还，贷款者可以完全自主控制贷款成本，规划资金使用。

其次是在贷款风险控制层面：蚂蚁金服利用农村淘宝平台，凭借出色的数字信息技术，设计各参与方顺畅的协调沟通机制，实现每一环节都全程同步参与。

在前期，中华财险通过尽调了解养殖户对饲草料的偏好并反映到农村淘宝，农村淘宝进行线上招商后确定产品的供应商，并进行线上产品发布，从而在生产资料环节为养殖户提供品质好的饲草料，杜绝假冒伪劣产品，利用农村淘宝平台在源头上把控了食品安全性。而在尽调阶段中华财险与农村淘宝对接，一方面同步完成支付宝账户和农村淘宝账户的开通，便于接下来工作的开展；另一方面可以监督中华财险是否履行自己的职责，做好自己的工作。农村淘宝在此阶段的参与避免了那些信用风险较高的借款者获得借款的可能性，从控制借款对象的角度控制了资金的安全。另外，网商银行将自己获取的信息以及中华财险提供的全部尽调数据实现电子化，因为网商银行充分认识到数据的重要性以及如何利用自己的优势解决问题。

而在资金使用阶段，由于贷款资金专款专用，只能在农村淘宝平台核心企业店铺购买生产资料，所有交易数据的线上化使得蚂蚁金服能够实时监控、掌握资金使用和流向状况，而且CTU系统一旦发现异常，可以通过多重验证和资金冻结保障资金安全性，从而在此阶段农村淘宝电商的参与在一定程度上解决了资金用途的问题。另外，经养殖户授权，农村淘宝平台会将养殖户的羊羔饲料采购数据同步给蒙羊，蒙羊可以查询养殖户何时购买了多少饲草料，从而推测其是否按照统一要求进行饲养以及饲养状况，便于控制产品标准和食品安全。

在偿还阶段，通过支付宝账户还贷也便于掌握养殖户还款数据。值得一提的是，养殖户的身份特征信息、采购信息、还款信息以及淘宝账号的开通在一定程度上有助于消费行为出现后留下的交易信息全部实现电子化。基于此积累的真实交易数据，有助于蚂蚁金服发挥在数据风控方面的成功经验，进行精准的风险识别并且在未来能够实现对种养殖业的农场主、合作社完成自动授信。通过布置农村淘宝深入前端和中端，网商银行借助数字信息技术实现了对供应链金融实时、全方位的风险监控，电商的参与改善了供应链金融的风险控制方式。

2. 扩展市场

天猫作为全球知名的电商平台，拥有全国最大的线上购物流量基础和高活跃度用户人群，天猫生鲜更是以高品质产品、完备服务成为了消费者信赖的线上生鲜首选平台。因此电商的参与能够助力核心企业进一步拓展产品销售市场，从而带动整个供应链的规模，实现上下游所有参与方的共赢。2015年10月19—22日在聚划算平台上一场以"聚力青年，生态内蒙"为主题的活动中，"蒙羊旗舰店页面访问量高达 200 多万次，新鲜羊肉产品实现成交额 357 万元，售出蒙羊羔羊后腿 1.1 万条、羔羊肉卷 1.5 万卷、羊排 5 000 多份，以及其他羊肉产品 6 000 多份。向全国 20 多省共计发送宅配冷链物流 3 万余单，让全国消费者品尝到了地道纯正的内蒙古绿色新鲜羊肉"[①]。2016 年 7 月 8 日，蒙羊同天猫生鲜强强联手，正式签署战略合作协议，双方在用户需求挖掘、产品研发创新、生产标准升级等多个方面存在广阔的合作基础与发展空间。蚂蚁金服未来还会专门为蒙羊打造有特色的主题活动，例如在年货节的农村淘宝平台将主推蒙羊的高品质产品。这样一来，利用互联网传播的渠道，更多的消费者能够认知、了解并更快速地买到蒙羊产品，这对于扩大蒙羊销售规模具有举足轻重的意义。

3. 减少中间商，削弱"牛鞭效应"

另外，农牧行业有天然的特点：委托代理环节多、中间环节多并且成本高。通过电商平台直接对接厂家和最终商品消费者，减少中间贸易商、代理商环节，一方面能够缩短从农牧场到餐桌的过程，通过这种方式降低每个环节的成本，并可以将部分利润让利给农牧民，并让消费者享用到物美价廉的美食；另一方面，直接对接能够降低供应链中链条过长带来的牛鞭效应。因为蒙羊可以避开中间商直接获取下游消费者的购买信息和需求信息，精准定位全国不同地区用户人群属性特点，并以消费者的需求为导向打造定制化产品。信息的有效共享能够降低在多方传递过程中出现的扭曲效应，牛鞭的末梢端和根部距离缩短了，末梢端抖动也就不会给根部造成很大的波动了。

---

① 蒙羊携手聚划算打造"互联网＋"羊肉盛宴．(2015 - 10 - 28) [2017 - 12 - 07]．http://finance.chinanews.com/life/2015 - 10 - 28/2593416.shtml.

（二）农村供应链给"电商"带来了什么？

2016 年 4 月底，蚂蚁金服完成了 45 亿元的 B 轮融资，并宣布将农村金融、国际业务以及绿色金融作为未来三大战略重点。农村战略将协同阿里巴巴集团的下乡战略，并配合农村淘宝的业务，让农村的消费者也享受到便捷的支付服务以及其他金融服务。农村金融是蚂蚁金服践行普惠金融的重要战场，在其以信贷拉动农村金融的解决方案中，农村金融事业部对服务的农村客户进行分层，对不同用户提供有区别的信贷产品解决方案（见图 7-6），从线上贷款等数据化平台，到线上＋线下熟人平台模式，还包括供应链＋定向支付平台、融资租赁平台等。

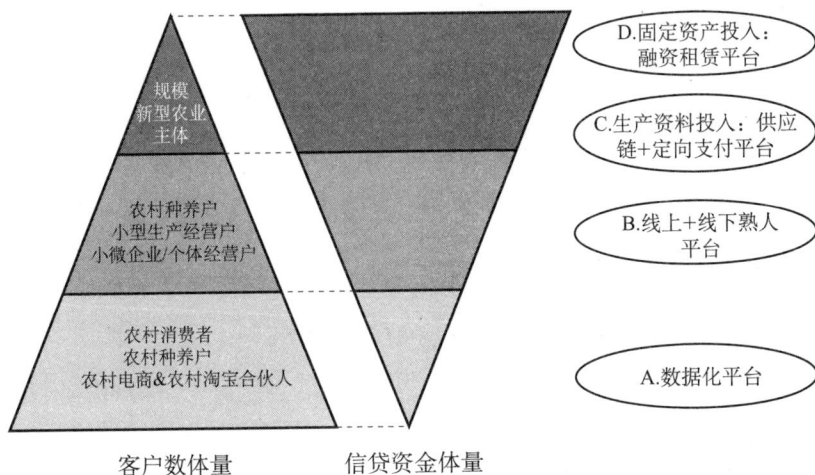

图 7-6 以信贷拉动的农村金融解决方案，助力农业产业升级

农村金融的机遇是用与农民日常生活和农业生产经营密切结合的普惠金融产品和工具撬动中国农业转型和升级。现阶段我国农业劳动生产率仍处于较低水平，而在未来我国的农业将逐渐改善这一局面，

走向规模化发展，并且消费者个性化的需求会催生更多的精品种植。为了提高农业的规模化经营和精品化经营，需要有资本和投资的支持，以帮助实现农机农具、屠宰设备等配套设施，蚂蚁金服看到了大趋势，通过与核心企业合作，共建农业供应链金融服务体系，引导城市富余资金流向农业产业升级领域，推进种植业、养殖业的规模化发展，加快传统农业向现代农业的转化进程。选择供应链金融的方式能够借助核心企业控制风险，并将借钱改为借物或生产资料，进一步降低资金风险。蚂蚁金服在加快传统农业向现代农业的转化进程中贡献了自己的力量。在蒙羊的供应链金融案例中，500万元资金、10 000只育肥羊符合蒙羊总裁闫树春提到的"要把拥有5 000只羊的养殖户培养到拥有10 000只，把10 000只的培养到15 000只"的规划战略。

发展农村金融，扶持供应链金融除了满足特定群体的信贷需求外，还给阿里的整个生态系统带来了新的价值。首先，对于网商银行，目前旺农贷产品只能通过农村淘宝合伙人落地，当农民有贷款需求时，农村淘宝合伙人扮演了推荐人的角色。而且旺农贷主要是个人小额纯信用贷款，目前平均获批额度在5万元左右，因此通过合伙人方式无法触达类似蒙羊规模的养殖户。通过信贷＋保险＋龙头企业的模式可以触达规模化的农村种养户和小型生产经营户从而在支持实体企业发展的同时放大信贷规模，提高资金利用效率。对于农村淘宝合伙人而言，目前佣金收入主要来自代购服务。在内蒙古地区，由于地广人稀，各村淘点订单稀少，而且快消品的消费热情不高涨。通过帮养殖户购置羊羔和饲草料使合伙人收入来源由原来单一的快消品销售佣金变为快消品＋农资销售佣金，从而提供了收入水平。另外，通过在农村淘宝平台购买生产资料，一方面可以保证养殖户使用农资的品质，另一方面可以增加农村淘宝销售额；而在天猫店铺销售优质羊肉产品同样能够反哺电商平台，并能够帮助消费者进行产品溯源，增加终端消费者的选择能力。

参考文献

[1] 胡国辉，郑萌. 农村供应链金融的运作模式及收益分配探讨. 农村经济，2013，5：45-49.

[2] 胡跃飞，黄少卿. 供应链金融：背景，创新与概念界定. 财经问题研究，2008，8：76-82.

[3] 宋雅楠，赵文，于茂民. 农业产业链成长与供应链金融服务创新：机理和案例. 农村金融研究，2012，3：11-18.

案例点评

我国改革开放实行农村承包责任制以来，农业生产重新回到一家一户的小农经济模式。土地经营权改革激发了农民生产积极性，但小农经济的问题也相伴而生，如对自然灾害、市场波动风险的抵抗能力弱，难以对接现代化、商业化的农业经营模式，限制了农村经济发展以及农民生活水平提高。

农村供应链是以现代化企业连接上游或者下游农户，将万千小农户纳入现代农业和商业经济循环中的一个重要手段，对于改变中国农村落后面貌的意义不言而喻。在农村供应链的组合中加上金融服务，则可以有效地让面向农村的小微金融充分发挥改善经营、促进发展的作用。也就是说，可以真正让金融之水浇灌"三农"之树。中国快速发展的互联网经济和数字金融会给传统的农村供应链金融带来怎样的变化？这个案例向我们生动地展示了一家数字金融机构——蚂蚁金服——如何通过进入农村供应链，为农户提供金融服务的过程。尽管截至案例写作时，蚂蚁金服的这个项目开展不到一年，但关于项目的总体设计、各利益主体的诉求和对接，以及项目启动后的初步运行情况，通过作者收集的大量资料信息以及清晰的描述，读者可以获得生动完整的画面。

蚂蚁金服加入到蒙羊供应链之中，不仅为其带来金融服务（支付、信贷），而且为其提供阿里系下的电商资源，使蒙羊获得更好的销售平台，降低市场风险。这种汇聚电商、生产、金融服务为一体的大平台操作，实际上扩展了传统意义的供应链以及供应链金融，形成聚合供应、生产、销售、金融、消费为一体的生态环境，前景无限。

由于时间的局限，案例尚无法展示在一个完整的信贷周期下蚂蚁金服对蒙羊供应链提供该金融服务的效果，以及电商平台对蒙羊产品销售的支持效果。期待此案例后续跟踪能有更加完整的呈现。

点评人：宋华[1]

---

[1] 中国人民大学商学院副院长、教授、博士生导师。

8

Financial Inclusion

汶上先锋贷

——京东农村供应链金融案例

琚聪怡① 陈新宇② 李洋锐③ 王佐④ 佟文昭⑤

---

① 中国人民大学商学院管理科学专业本科生，联系邮箱：rbsjucongyi@163.com。
② 中国人民大学商学院管理科学专业本科生，联系邮箱：rbschenxinyu@163.com。
③ 中国人民大学财政金融学院信用管理专业本科生，联系邮箱：liyangrui97@fox-mail.com。
④ 中国人民大学财政金融学院金融学专业本科生，联系邮箱：zoewz93@ruc.edu.cn。
⑤ 中国人民大学财政金融学院金融学专业本科生，联系邮箱：tongwzchn@ruc.edu.cn。

摘要：汶上先锋贷是京东金融试水农村供应量链金融的第二个项目"京农贷—先锋贷"的一部分。该项目以山东地区大田粮食作物生产供应链为对象，通过与核心企业山东大粮公司合作，实现电商＋供应链金融的服务模式。该项目在一个生产周期和贷款周期中积累的数据经验在一定程度上说明：电商依托核心企业可以大大降低参与农村金融的业务成本；供应链金融可以通过对生产经营的全过程参与和质量控制，以及市场销售的支持，帮助农民降低经营风险，进而控制信贷违约风险。但如何充分发挥电商平台对粮食作物供应链的市场拓展作用，以及如何进一步利用数字信息技术参与信贷全过程，还有待进一步探索和完善。

面对中国农村的巨大市场，阿里巴巴、京东和苏宁等电商巨头纷纷推出各种农村电商发展计划，如阿里集团 2014 年推出千县万村计划、京东推出 3F 战略，均以扩大农村电商市场作为重要战略目标。发展农村金融，成为开拓农村市场的一个重要手段。而农村供应链金融，更是电商得以发挥资源优势的一个更优的农村金融模式。

本案例试图对京东金融于 2015 年开始试点的电商＋农村供应链金融项目：京农贷—先锋贷做深入跟踪分析，考察电商从事农村供应链金融的运营模式，总结问题与经验。

一、京东和京东金融的农村战略

京东于 2004 年正式涉足电商领域。2015 年，京东集团市场交易额达到 4 627 亿元，净收入达到 1 813 亿元，年交易额同比增长 78%，增速是行业平均增速的 2 倍，2016 入榜《财富》全球 500 强，成为中国首家入选的互联网企业。2014 年 5 月，京东集团在美国纳斯达克证券交易所正式挂牌上市，2015 年 7 月，京东入选纳斯达克 100 指数和纳斯达克 100 平均加权指数。至 2015 年 12 月 31 日，京东集团拥有近 11 万名正式员工，业务涉及电商、金融和技术三大领域。

京东金融集团于 2013 年 10 月开始独立运营，定位为金融科技公司。依托京东生态，对外连接京东所积累的大数据以及由此构建的信用体系，京东金融向社会各类客户及用户提供融资贷款、理财、支付、众筹等各类金融服务，为创业创新者提供全产业链一站式服务。目前，京东金融已建立七大业务板块，分别是供应链金融、消费金融、众筹、理财、支付、保险、证券，陆续推出了京保贝、白条、京东钱包、京东金融 App、小金库、京小贷、小白理财等创新产品，实现了在公司金融和消费者金融两大业务版块的全布局。

京东金融的七大业务板块

消费金融板块。京东消费金融板块的主要产品是京东"白条"——一款面向个人用户的信用支付产品。白条为借款人提供免息、分期付款的消费信贷。京东基于用户在京东的往期消费信息和认证信息，按照授信模型为客户提供授信。自 2014 年 2 月 13 日推出该产品以来，白条已有用户 1 000 万个。2015 年"双十一"期间，白条用户同期增长速度达到 800％①。除购物消费借贷外，目前白条已走出京东，对接更多的线下场景，如租房、装修、教育等。

供应链金融板块。京东金融对商品供货商提供供应链金融服务。京东商城的商品销售方式采取直营，和第三方商家运营两种方式。所谓直营是指京东直接从厂商订购商品，然后在京东平台上销售。比较第三方商家运营，直营更能保证商品质量和送货速度。京东商城中直营占比超过第三方运营。在自营业务中，京东公司与直营商品供货商建立了长期合作关系。并在此基础上开发出供应链金融。供应链金融主要采取应收账、存货抵押方式，由京东以及其他金融机构向厂家提供贷款。京东供应链金融中最知名的产品是京保贝、京小贷。至 2016 年年初，京保贝已服务近 2 000 家京东商城的供应商，客户在京东的贸易量增长超过 200％；京小贷累计为 3 万个店铺开通贷款资格。此外还有陆续推出的动产融资、企业理财业务等。

众筹板块。2014 年 7 月 1 日，京东产品众筹正式上线。京东众筹将众筹释义为"新场景解决方案"，旨在激活新消费形态，倡导新文化主张，传递新生活态度。在新消费升级时代下，京东众筹不仅仅是一个筹资平台，更是一个孵化平台，一方面扶持创业创新企业，另一方面丰富京东用户的产品体验，满足用户的消费升级需求。京东众筹中的知名品牌是京东东家（2015 年 3 月 31 日正式上线）。

保险板块。京东金融设计并推出了一系列保险产品，如延保险、手机碎屏换新险、"30·180 保障险"、商品拒收险及白条七天忘记还款险等，保障用户权益。京东金融申请了保险代理，目前也正在申请

---

① 双十一京东白条用户同比增长 800％. (2015 - 11 - 12) [2017 - 12 - 07] . http：//www.askci.com/news/chanye/2015/11/12/151628g70v.shtml.

成立自己的保险公司。

理财板块。京东理财业务基于电商生态圈累计的客户，主要产品有：固定收益的银行理财产品，包括固定收益证券和票据、保险理财业务、基金、股票基金、小金库及部分货币基金等。理财业务的日交易量较大。

支付板块。2012 年 10 月，京东公司收购了网银在线科技有限公司，获得了第三方支付牌照，京东金融的支付业务为京东金融其他业务和商城业务提供了主要渠道。目前，京东在围绕商城体系大力推广支付服务，合作商户覆盖旅游、地产、餐饮、通信、游戏、电商、金融等各大行业，服务包括白条支付与贷款支付。

证券板块。2015 年以来，京东金融依靠其数据能力和技术能力推出京东金融大数据消费指数和京东金融量化策略开发平台（简称"量化平台"）两个产品，以服务证券行业。

2015 年 9 月，京东集团发布农村 3F 战略，将充分发挥京东在渠道下沉、电子商务、互联网金融方面的巨大优势，将京东电商平台的销售渠道、京东自营物流覆盖到农资采购、农产品种植、农产品销售全流程。同时，针对加工、销售的全产业链金融需求，开发针对农户农业生产资金需求的金融产品。

3F 战略中，Factory to countryside 指工业品进农村战略，从 2015 年开始，京东集团已经在 1500 个县建立了京东服务中心，负责配送与商品展示，发展村一级的推广员 30 万名[①]；Farm to table 指生鲜电商战略，即京东逐步与各地方政府签订协议，在京东商城界面打造地区特产馆，帮助推广当地有特色的农副商品进城，连接农产品的

---

① 推广员以兼职的形式为京东工作，进行推销宣传、商品代购等工作，帮助村民提升电商意识。

供应者与需求者①；Finance to country 指农村金融战略，京东依托渠道下沉、电子商务、互联网金融的巨大优势，紧扣以"农产品进城""工业品下乡"为核心的农村经济闭环，设计和打造具有京东特色的农村金融模式。该金融模式力求：在农业生产环节，覆盖农户从农资采购到农产品种植，再到加工、销售的全产业链金融需求；聚焦农村消费生活环节，完整地向农民提供信贷、支付、理财、众筹、保险等全产品链金融服务。京东金融力图以农村产品链的金融为特色，通过金融服务加速建设和优化农村经济生态，唤起农村金融活力，助力农村经济发展和农民生活水平提高。

京农贷于 2015 年 9 月推出，目的是服务农户经营性借款需求。京农贷的首批对象为山东地区杜邦先锋种子种植户及四川仁寿地区枇杷种植户，并采取供应链金融的方式。为此，京东金融公司与杜邦先锋公司地区经销商和四川福仁缘农业公司合作，建立电商＋农村供应链金融的运作模式。截至 2016 年 5 月，山东试点项目济宁地区已发放贷款近 1 000 万。

二、京东的农村供应链金融项目：京农贷—先锋贷②

京农贷—先锋贷于 2015 年 9 月落地实施，是京东农村金融部一项为满足粮食种植户生产资金需求而设计的贷款项目。先锋贷依托粮食种植产业的龙头企业，结合种子销售、粮食种植、粮食回收三个环

---

① 农产品由于不易保存，对运输要求比较高，京东还需要进一步打造生鲜冷链网络。
② 本部分内容中一些名词的解释：京东：北京京东集团有限公司。汶上先锋贷：京农贷—先锋贷的汶上县项目。山东大粮：山东大粮农业发展有限公司。济宁大粮：山东大粮在济宁的子公司。大粮公司：山东大粮和济宁大粮。中银富登：中银富登村镇银行。

节，形成一个较为完善的、有电商参与的农产品供应链金融模式。先锋贷首先在山东部分大田作物种植地区试行。

本案例跟踪分析京农贷—先锋贷在山东汶上县试行 8 个月的情况（2015 年 9 月—2016 年 5 月初）。尽管没有到小麦、玉米收获季节（6 月、7 月、10 月），汶上先锋贷还没有完成一个完整的供应链循环，不能准确观察最终贷款回收情况，但通过现场调查依然可以了解到项目的设计和大部分流程落实情况。

（一）行业背景

山东省汶上县是京农贷—先锋贷的试点地区之一。

汶上县位于济宁市最北部，总面积 889.1 平方公里，北与东平、肥城隔水相望，东临宁阳、兖州，西接嘉祥、梁山，南靠济宁市区，并近临微山湖、京杭运河等水系，光照充足，四季分明，地理位置和气候适宜粮食种植。汶上县是山东重要粮食生产县，粮食作物主要为小麦和玉米，其中小麦的种植季节为 10 月至第二年 5 月，玉米种植季节为 6 月至 10 月。2015 年，全县约有 76.5 万亩小麦田，占全县地域面积的 57.4%。据农业局调查，当地种植面积在 200 亩以上的农户有 562 户[①]。考虑到农户的经营管理水平和风险承受力，单户经营 200 亩为政府鼓励的最佳生产经营规模。

根据我们的调查，汶上县种植户的种植成本包含土地承包金、农资（种子、化肥）、人工费。其中承包金为 700 元/亩年，每亩地每年需要的农资（种子、化肥等）约 440 元、人工费用约 700 元。当地农

---

① 根据济宁大粮公司经营情况估计，实际超过 700 户。

户种植每亩地的平均刚性成本约 1 840 元。当地小种植户一般种植 50 亩，按此成本算需要有 9.2 万元支出。据统计，汶上县 2014 年农民人均纯收入 1.28 万元，相对于 9.2 万元的资金支出，也是一个不小的压力。如果农户种植 200 亩，则各种成本支出约计 36.8 万元，单纯靠自我积累的资金压力就更大了。显然，要实现汶上县政府的号召，按照最佳规模 200 亩种植，需要有外部资金支持。

但是，种植户的粮食、农资不能作为抵押品，农户住房的可抵押价值有限，种植户获得银行贷款有较大困难。即便拿到贷款，仅贷款审批就要至少一个月的时间。融资需求大，融资难度也大，成为阻碍汶上县发展农业规模化经营的一个重要障碍。如果能够通过农业供应链金融的方式解决农业种植户的资金需求，将会有效促进该县农业的规模化、现代化发展。

（二）汶上县粮食种植供应链

济宁大粮作为山东大粮在济宁地区的子公司，服务于包括汶上县的济宁地区粮食种植户，主要销售以种子为主的农资。其中玉米种来自杜邦先锋公司，部分小麦种属于高水平优质麦种。2015 年，济宁大粮提供的种子种植面积占汶上县总种植面积的比例为 30%，其中玉米种子份额占 15%。优质麦种 2015 年卖出 11 000 亩，占种植面积的 1.4%，2016 年卖出 4 万～5 万亩。在经销的小麦种中，包括杜邦先锋的优质麦种，也有自己留存的普通麦种，其中优质麦种售价比普通麦种高 0.2 元/公斤，但能保证最终产品质量高和回收价高①。

---

① 济宁大粮公司收购农民用优质种子种植的小麦、玉米，并且收购价格高于市场价格。

从整体业务上看，济宁大粮为农业种植户提供产前农资经销（包括种子、农药、化肥），产中植物保护和技术指导与服务，以及产后烘干和收购粮食的农业全产业链服务。公司的产品及服务内容见图8-1。

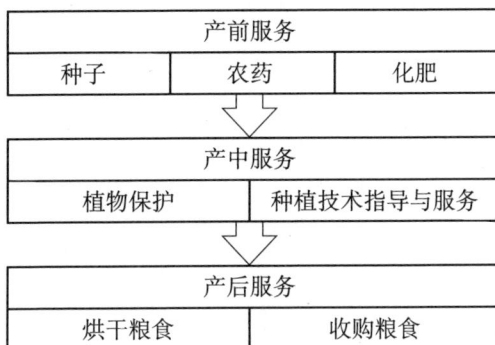

图8-1 济宁大粮公司的产品及服务图示

公司采用客户经理→销售员→农户三级销售模式：客户经理把握区域整体农户的情况，销售员则与部分农户面对面对接，深入了解农户情况，并在农户周边推广公司产品，为公司做最基本的销售拓展工作。济宁大粮的销售业务结构如图8-2所示。

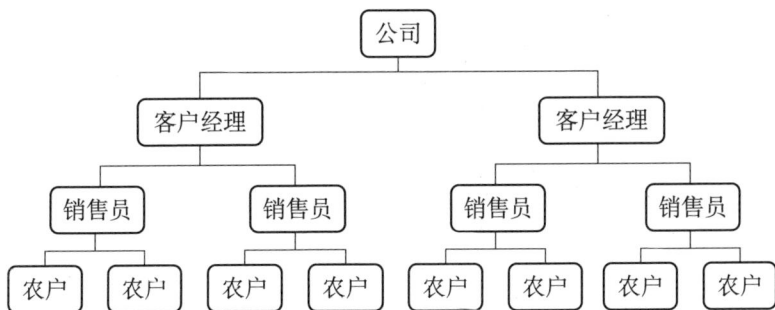

图8-2 济宁大粮公司的销售模式

汶上县农业种植户在与济宁大粮的合作中，形成了购产销一体化的作业模式：种子、化肥由济宁大粮提供，农业种植工作由农户实施，济宁大粮提供农业植物保护服务，粮食生产完毕则由济宁大粮签约回收，部分玉米出售给下游的正大公司（饲料公司），济宁大粮将烘干后的小麦出售给面粉厂。在这一供应链中，核心企业是济宁大粮公司，它既是粮食生产上游的原材料提供商，也是粮食生产下游的成品收购商。济宁大粮通过出售种子和回收粮食，形成稳定的上下游农户客户群，并通过供应链运转累积大量客户经营信息和信用信息，这些均是供应链管理中非常重要的信息资源。以济宁大粮为核心企业的粮食生产供应链如图8-3所示。

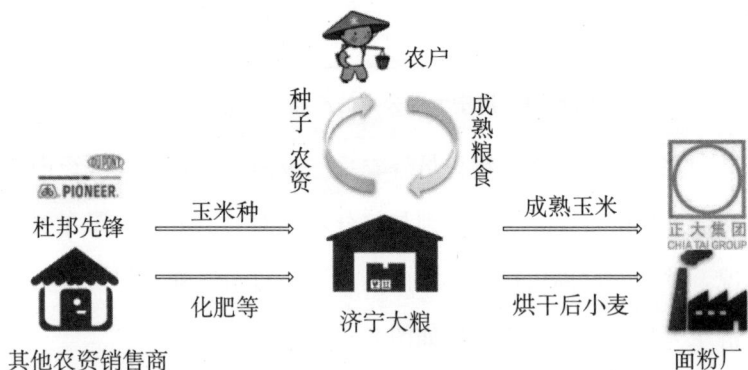

图8-3 以济宁大粮为核心企业的种植生产供应链

（三）汶上先锋贷的缘起

按照以上测算，汶上县农户的粮食种植如果做到规模化（按照县政府估计的最优种植200亩左右），资金是一个大问题。济宁大粮公司的王总也告诉我们，按照他们多年的经营经验，农户存在很大的贷款诉求。于是，母公司山东大粮希望能与金融机构一起推出一款针对农户粮食生产的信贷产品。山东大粮曾与当地的中银富登银行就此事做过洽谈，但中银富登作为一家村镇银行，坚持使用传统农村信贷的方式，要求农户提供抵押担保，并且贷款手续复杂，贷款获得期较长。农民缺乏符合银行传统业务需要的抵押物，这是农村贷款的痛点。显然，中银富登银行无法满足大粮公司帮助农户解决粮食种植中的资金需求问题。

2015 年京东启动农村电商＋农村金融的 3F 战略后，首先要解决如何进军农村金融市场的问题。京东的优势在于电子商务和由此积累的大数据和信息技术，但由于多数农民并非京东电商的客户，没有网络行为信息和账户交易信息，这个优势在农村金融领域消失了。缺乏农户信息是京东进入农村金融市场的第一大障碍。作为一家电商，京东无法复制传统银行的模式——建立一支农村信贷员队伍。与大粮公司合作，则可以利用该公司积累的农户信息实现对农户的信贷。对于山东大粮公司来说，京东既具有新金融业态的灵活性和积极性，以利于信贷业务的组合创新，又具有广阔的电商交易市场平台，可以方便获得电商生态环境下的信息便利、组合便利、协调便利，获取更高的组合协同价值。因此，双方合作应该是一个非常好的双赢组合。因此，双方沟通后一拍即合，山东大粮公司与京东金融携手，在汶上县发起"汶上先锋贷"的粮食种植供应链金融项目。

（四）汶上先锋贷概览

1. 汶上先锋贷的供应链金融模式

在先锋贷的供应链金融中，农业种植户是粮食种植产业链中的下游"企业"——农资采购方，也是产生资金需求的一方。大粮公司是向农户供应种子、化肥等农资的上游企业（供应商），为了解决农民购买农资时的资金需求问题，京东接受大粮公司委托，以代农民付款的方式向大粮公司支付货款，形成农户和京东之间的借贷关系。农户收获并销售粮食时，以销售收入归还京东贷款。因此，汶上先锋贷的供应链金融模式是一种受托支付的代付款供应链金融模式。

汶上先锋贷的运作流程如图8-4所示。

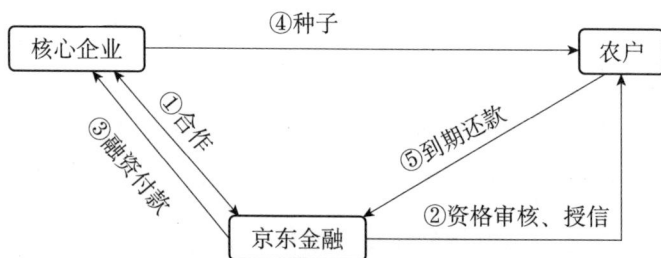

图8-4　汶上先锋贷的运作模式

其中，第一步，京东公司与农资公司合作，县级经销商产品经理发展客户；第二步，获经销商审批的农户在京东网站上填写基本信息；第三步，京东公司向核心企业（山东大粮公司）支付农资款项；第四步，农民拿到贷款额购买的农资进行农业生产；第五步，农民定期向京东还本付息。

2. 汶上先锋贷的特点

结合粮食种植供应链和农村金融的特殊性，汶上先锋贷还具有以下三个特点：

第一，授信权力下放。汶上先锋贷操作中，京东首先给山东大粮做初始授信，山东大粮分配贷款额度给济宁大粮，再由济宁大粮对农户授信。由于济宁大粮与农户有完备交易关系和记录，在多年的合作中，公司对农户的经营情况、偿债能力有较为准确的判断，因此，先锋贷的授信过程强调大粮公司与农户间的授信互动。后文对此会有更详细的解读。

第二，核心企业的信用担保为风控最终保障。在汶上先锋贷中，济宁大粮作为二级经销商为农户贷款提供信用担保，农户还款方式为按月付息，到期农户以售粮款（通常由济宁大粮收购粮食的方式实现农户粮食销售）归还贷款本金。这种做法解决了农户可抵押物少、抵押贷款难的问题，实现贷款抵押与信用担保有效结合。大粮公司之所以可以为农户贷款提供全额担保，关键是公司掌握农户的信用信息，直接监控生产过程，为农民种植提供必要的技术支持。

第三，快速审核，迅速放款。按照先锋贷的设计，农户如果需要贷款，则与大粮公司签订合约，并在京农贷官方网站上填写申请表。合约签订后，将身份证与户口本以及土地使用证明、三户联保保证书等提交给济宁大粮，公司进行内部的审核，耗时1～2天。审核通过后交予山东大粮，其确定贷款额度，耗时1～2天。山东大粮将材料以电子版的形式交予京东，由京东审核真实性，审核通过后放款，约持续2天，整个流程在一个星期以内。由于要求材料与传统金融借贷相比更加贴合农户生产经营实际，所以整个贷款的审核过程更迅速（见图8-5）。

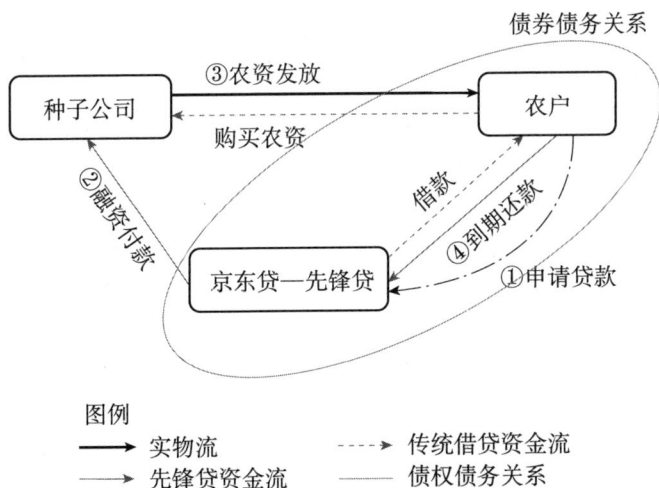

图 8-5 汶上先锋贷流程详图

图 8-5 中虚线表示没有借贷情况下的资金流方向：农户向信贷机构借款，款项付给自行比对选择的农资公司，到期向信贷机构还款。灰色实线表示供应链金融模式中资金的流动：京农贷审核农户后提供信用担保，垫付款项，种子公司提供农资，到期农户向京农贷还款。在此供应链中，资金的流动改变了路径。黑色实线表示供应链中实物流：种子公司为实物提供方，农户为接收方，实物只在种子公司和农户之间流通。

（五）试点期的汶上先锋贷

1. 基本状况

根据调查，从 2015 年 9 月，京农贷于山东汶上县开始农村供应链金融试点，至 2016 年 5 月底，在杜邦公司当地代理商济宁大粮所代理的 6 万多亩土地中，约 1/6 使用了先锋贷的信贷模式购买种子。由于是试点期，目前覆盖的农户为当地 1/4 大农户和部分中小农户。其中大农户指种植面积在 500 亩以上的农户，中小农户一般为 100～500 亩。大小农户共计贷款 1 000 余万元，户均贷款约 10 万元。根据不同农户的文件提交差别，放贷手续时长在 3～7 天不等，最多不超过 10 天。与当地合作社及各类银行 1 个月的放贷期限相比，汶上先锋贷的时间优势十分突出，推行比较顺利，部分贷款农户还在今年 3月接受了 29 家媒体的采访与报道。

2. 贷款原则

目前汶上先锋贷在农户贷款申请审核标准中设定了两个原则：

第一，长期合作原则。按照这个原则，汶上先锋贷主要选取与济宁大粮有多年合作关系的农户。采取这种做法的主要原因有两点，一是降低信息不对称性，长期客户有更多的信用信息积累，贷款人可以更清晰地了解其违约可能性；二是农户对供应链有较强的黏着力，在多次重复博弈的情境下，农户违约成本会过高，违约意愿下降，贷款人的违约损失压力相应下降。

第二，贷款农户中度规模控制原则。汶上先锋贷将种植规模在200亩的农户视为最佳规模贷款户。在初始试验期，汶上先锋贷的主要放贷农户是种植面积为500亩以上的大农户，但今后会将最佳规模缩小到200亩左右。按照济宁大粮负责人王总的观点，之所以这样做基于三点考虑：大农户种植面积太大，一旦管理不善会造成较大亏损，经营风险大，而200亩的农户，一般为家庭农场模式，经营稳健，风险更小；大农户的资金需求量大，目前最高额度10万元属于小额贷款，不能有效解决他们的资金需求；从农户黏着度看，太小的种植户，如种植规模50亩左右的农户买大粮公司种子的可能性不大，与公司形成长期稳定合作关系的可能性太低。不是理想的放款对象，而种植面积达到100亩以上的农户从济宁大粮买种子的意愿强，是济宁大粮的稳定的客户。

因此，为供应链提供金融服务的京农贷——先锋贷，将贷款农户最佳选择标准定位于种植面积200亩者，上下浮动区间在50～500亩。

3. 授信模式

汶上先锋贷授信特点是大粮公司为主，京东参与审核。

按照前面所述汶上先锋贷的流程，贷款授信采取的是大粮公司（种子经销商）主导的模式：大粮公司根据农户申请做初步审核，对认可者向京东提出授信建议，并将该农户所有相关资料录入京农贷商务后台，京东在对其录入数据进行审核的基础上，将其数据接入依托京东大数据的现有风控系统和服务于本项目的风控模型，从而对该名贷款农户做出最终授信判断（见图8-6）。在这个过程中，大粮公司根据其客户信息优势发挥了重要作用，京东处于相对被动的地位。随着数据信息积累和项目不断成熟，京东希望尽快提高授信中的主动性。

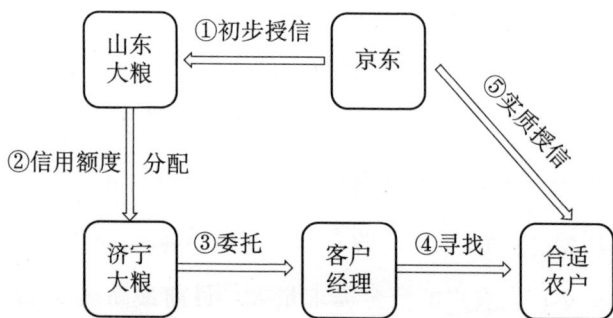

图 8-6　汶上先锋贷授信过程详解

4. 利率与还款情况

汶上先锋贷利率较低，还款状况良好。目前，月利率为 0.7%，比银行的 1% 低[①]。还款方式为每月还息、到期还本。还款期按农业生产周期来决定，一般小麦九个月，玉米四个月。

由于截至案例调查时间（2016 年 5 月 29 日），汶上先锋贷正式运行还不到一个经营周期（按照小麦生长周期九个月计），尚无法全面确认贷款回收的情况。但数据显示农户每月还息情况良好，且截至2016 年 5 月，第一批放款的 20 户农户中已有 1 户全部还款。

还款时，农户直接将钱交给济宁大粮，由大粮公司代理还款。京东通常会提前一周发短信提醒还款，同时贷款农户有微信群，方便公

---

① 信息来自济宁大粮。

司告知农户，催还款项。

5. 风险控制体系

风险控制是供应链金融的主题。在汶上先锋贷项目中，京东金融希望建立以京东大数据的互联网风控能力为基础，以山东大粮担保作为核心增信内容的风险控制体系。但是在项目试验期数据积累有限，谈依托大数据和风控模型控制供应链金融风险为时尚早，风控的核心是大粮公司提供的全额担保以及相应的其他保险措施。大粮公司的全额担保承诺意味着农户违约风险转移到大粮公司身上，为此，大粮公司需要采取一系列保障措施以分散风险。

目前，大粮公司分散风险的做法体现了多重保障的特点，即农户贷款获取必须有"三户联保"、客户经理担保以及购买保险（人身意外伤害保险的最终受益人为大粮公司）。具体工作流程是：济宁大粮公司收取客户资料，客户经理作为农户贷款担保人①；大粮公司要求农户提交三户联保资料；材料送交山东大粮公司，若山东大粮公司发现审批有问题，会告知济宁大粮公司；农户申请京农贷时，客户经理告知其需要购买农业保险和人身意外保险以避免农业生产中的风险，其中，人身意外保险的受益人是大粮公司；大粮公司在销售种子时与农户签订了卖粮协议，即农户产出的粮食未来将由公司收购，因此，此笔款项可以大粮对农户粮食收购的订单作为保障。

多环节的担保分散了大粮及京东的风险，但由于环节较多，存在是否能够有效落实的问题。例如，客户经理对贷款并不具有抵押偿还义务，只是协议上所说的负有一定责任，因此，所谓客户经理对债务

———————————

① 调研小组发现尽管规定企业销售代表承担担保责任，但也只是承担部分，且没有说明具体违约惩罚。

担保可能流于口头说法。又如，对农户"三户联保"操作简单，并没有像商业银行那样对联保用户提出很高的要求。因此多环节担保中客户经理担保、三户联保的保障性不实，可靠性也不高。对于大粮公司来说，更有实际意义的是农户购买的农业保险和人身意外险，对于京东来说，更有实际意义的是山东大粮的全额担保。

6. 试点效果评价

从汶上先锋贷产品推出到案例调研期结束总共八个月时间，虽然时间短，但也可明显体会到汶上先锋贷对农户贷款带来的便利和对粮食种植供应链的帮助。全面评价先锋贷的试点期的效果，可以总结出以下六个方面。

第一，明显改善了农户借款的方便程度。"方便"体现在三个方面：一是必须准备的贷款申请材料少了。农民需要提供的材料有：申请表、农民基本信息、资产信息、银行信贷信息（如果没有可以不提供）。相比较村镇银行和农村信用社10万元放款的一般手续简单了许多。而且，信贷业务介绍、准备申请材料、递送材料等事情一般是由济宁大粮客户经理提供上门服务，帮助办理，大大减轻了农户负担。二是审批时间短了。如前述，农户从递交申请到拿到贷款只需要一周左右，而当地传统的银行或农村信用合作社放款入账往往需要一个月左右。三是贷款审批程序简单透明。汶上先锋贷材料递交后的审批环节少，流程更加简便，农民不必为催促贷款审批做公关，省去请客送礼，拉关系走后门，这也是农民感到十分满意的一点。传统农村信贷中这个问题往往比较严重。

调研笔记"农户普遍反映贷款更加方便了"

汶上县的农户情况多种多样，不同的农户在种植面积、经营方式和风险偏好方面都有所不同，但他们使用京农贷基本都出于相同的原因：贷款方便。为进一步了解先锋贷的使用效果，我们分别采访了四个有代表性的农户，他们分别是张老板、胡老师、李昌贵和田宪才。

张老板是汶上县有名的家庭农场主。他的农场最近三年的发展速度很快，从2013年的583亩到2014年的1 300亩，再到现在的2 000亩，他的成功业绩与大粮公司提供的优质种子不无关系。他们已经合作四年有余，由于大粮公司能够收购其大部分小麦，并根据面粉厂需求和相关价格定价，一般高于市场价2角钱。张老板表示，选择使用汶上先锋贷，很大程度上是因为它简单的申请程序。贷款的申请时长，尤其对于农业这种注重时效性的产业尤为重要。张老板也曾接到过京东的回访电话，提出自己的一些建议。

胡老师是一名主讲葡萄种植的教师，本来勤恳老实的他由于在合作社的五户联保中被其他农户牵连，无法得到银行贷款。刚刚申请京农贷的他，津津有味地为我们讲起他贷款的故事。他最看重汶上先锋贷的手续简化，担保要求低，解决了他多年的贷款难问题。他也使用大粮公司代理的先锋优质麦种多年，十分信任他们。

李昌贵是退伍军人。上年复员归来，帮助父亲管理家里的农业生产。曾被多家媒体采访过的他提起汶上先锋贷，腼腆的表情中仍然闪烁着开心与激动。作为刚刚复员的年轻人，他熟悉网络也了解京东，知道这是一家值得信赖的大企业，于是也十分放心地用起了汶上先锋贷。他说，先锋的优质麦种可以让他每亩多赚200元，所以本来就大部分种植先锋种子的他在开通了汶上先锋贷以后，全部换成了大粮公司的种子。他还表示，现在最希望种子公司能提高他的贷款额度，让他能够更好地进行农业生产。

田宪才是一个十分保守的农民，不喜欢冒太大的风险。因为资金不足也不想贷款，他的 80 亩地三年未曾增长过，这在土地流转迅速的汶上县并不常见。使用京农贷，也是看中了它放款快、申请简单的优点，五天就放款下来，解决了他的燃眉之急。他也表示，即使提高额度，他也不想再多贷种子，农村人种地还是保险得好。

汶上先锋贷案例调研小组，2016.5.20.

第二，贷款周期与生产周期匹配，提高了农户贷款的使用效率。汶上先锋贷目前提供两种农资贷款——小麦与玉米种子贷款，二者的贷款周期分别为九个月与四个月，完全匹配小麦和玉米从播种到收获的生产周期。农业生产具有季节性与周期性，农民需要在前期投入种子、化肥等农资，在作物的生长期内还需要持续投入进行培育维护，对于大规模的种植区域，通常还需采用农机具进行播种，打药，收割，这一系列投入在作物收获并卖出后才能收回。京农贷实行每月还息、到期还本的还款方式，并在农业生产收益实现之后要求返还本金，既保证农民能以生产所得偿还贷款，减轻农民资金负担，又使农民不会因为借款周期大于生产周期形成闲置借款而付出额外的利息，降低利息成本。汶上先锋贷这种深入生产场景的供应链金融，真正将金融服务落实到生产中，将贷款固定在指定用途上，是过程可控、风险可测的专业化、集约化农村金融。

第三，通过当地农村客户经理开展信贷业务，可以在降低业务成本的同时有效降低信息不对称性。汶上先锋贷业务推广主要依托济宁大粮的客户经理，其职责是向农户推销种子等农资产品，并配合农户的借款需求提供相应的贷款申请帮助。按照济宁大粮公司的做法，客户经理必须是济宁汶上当地人，并且以往从事农业生产、农产品收购等相关工作,有丰富的农业生产经验,对当地的农户充分了解。客户经理长期生活在农村,常年与农民打交道,对于贷款申请人的个人信用、家庭状况、生产管理水平都有最直接的了解。作为农民信贷资格的第一环节审查人,客户经理可以有效降低大粮公司与农民之间的信息不对称,降低供应链金融的信用风险。由于客户经理是在种子推销的同时兼做"信贷员"的工作,京东以及大粮公司并没有因为农户贷款专门聘用信贷员,在能够更好保证信贷质量的前提下节约了运营成本,可谓一举多得。

第四,从"专款专用"和"收购承诺"两个方面帮助降低农户违约风险。首先,汶上先锋贷的操作流程可以保证农民贷款(农资形式)专用于农业生产,避免农民将借款挪作他用的违约风险;其次,大粮公司将收购农民收获的粮食的承诺作为贷款附加合同,意味着农民获得了实现粮食收入的保障,除非自然灾害导致粮食歉收,否则在大粮公司的粮食收购保障下,粮食市场波动的风险被规避掉了。经营风险的下降大大降低了农民的违约风险。

第五,大粮公司全产业链服务保证生产质量,降低农户因生产失败导致的违约风险。按照济宁大粮的负责人王总的介绍,济宁大粮的定位是一家"覆盖农业种植业的全产业链服务公司"。服务内容包括:生产前出售种子(优质麦种、先锋玉米种),生产中提供生产技术指导与维护服务,生产后可提供专人帮助农民收割粮食并提供销售渠道。在全产业链服务中,前期服务保证了种子的质量,中期服务确保农业生产的正常进行,后期服务使农民收入得以实现。济宁大粮作为粮食种植的全产业链服务公司,从农业生产的不同时期对农民生产提供帮助并进行全程质量控制,降低经营风险,从根本保证农民销售实现和偿还贷款的能力，降低农户违约风险。

7. 未来规划

到 5 月底为止，汶上先锋贷已开展的项目有 2015 年 10 月—2016 年 6 月的针对小麦生产的农资贷。汶上先锋贷初期产品符合当地农民的生产周期，基本实现了"满足农户扩大种植所需资金，帮助增产增收"的期望。2016 年 6 月开始，汶上先锋贷项目将开展针对玉米生产的为期四个月的农资贷款，并进一步推动土地贷项目，为有扩张土地承包需求的农民提供资金。

大粮公司尽管与电商巨头合作开展供应链金融项目，但目前并没有充分利用京东的电商平台。大粮公司大部分小麦与玉米还是通过自己的销售渠道销售。在大粮公司的玉米销售中，有 30％用于工业生产原料，60％制成饲料，仅有 10％的玉米会流向食用方向。收购小麦主要磨成面粉销售。但无论食用玉米面粉，还是小麦粉，目前通过京东电商平台进行销售的量不大。接下来，大粮公司与京东公司双方均有进一步发挥电商平台销售渠道作用的意向。

参考文献

[1] 刘强东提出农村电商"3F 战略". (2015 - 04 - 21) [2017 - 12 - 15].
    http：//news. xinhuanet. com/tech/2015 - 04/21/c_127715700. htm.

[2] 鲁其辉，利飞，周伟华. 供应链应收账款融资的决策分析与价值研究. 管理科学学报，2012，15（5）：10 - 18.

[3] 京东高管齐聚固安农村，刘强东提出农村电商"3F 战略". (2015 - 04 - 21) [2018 - 01 - 31]. http：//finance. ce. cn/rolling/201504/21/ t20150421_5170901. shtml.

案例点评

京东金融的汶上先锋贷在电商＋供应链金融模式的尝试中迈出了第一步。在跟随京东金融走访济宁大粮以及与大粮公司合作的汶上县粮食种植户的过程中，我们发现该模式令人兴奋的效果和闪光点，也发现还存在一些问题或者有待讨论之处。对相关问题与思考归纳如下：

1. 如何发挥电商在大田粮食种植供应链金融中的作用？

供应链金融并非创新，我国农村供应链金融自 2007 年以来已有快速的发展，不少从事农村金融业务的传统金融机构，如农业银行、国家开发银行、龙江银行等在此方面都颇有建树。电商加入农村供应链金融行列只是从 2015 年下半年，蚂蚁金服和京东金融推出具体项目开始的。尽管刚刚起步，还是期望电商的参与能够在农村供应链金融中掀起新一轮创新，创新点似应更多集中于电商平台为农村供应链带来的价值增值。但从这方面看，汶上先锋贷项目还处于探索过程中，电商平台对于汶上县粮食种植供应链的销售几乎没有发挥作用。这或许与粮食作为食品在电商平台上销售难度高有关，也或许与京东的销售渠道有关。不过从汶上先锋贷中各合作方对未来发展计划的一致看法中可以看出，挖掘电商对汶上粮食供应链的贡献价值，是一个努力发展的方向。

据了解，京东在 2015 年年底于四川仁寿县推出了枇杷供应链以及相应的金融服务京农贷——仁寿贷项目。该项目比较充分地发挥了京东电商的作用。在这个项目中，京东金融与四川仁寿福仁缘农业开发有限公司合作。由于福仁缘公司的枇杷汁等产品在京东商城中销量稳定，需求可控，京东将其纳入自营渠道，并在此基础上对供应链上游进行探索，寻找合作方，利用金融优势，以润滑供应链网络。在2016 年 5 月京东策划举办的枇杷节中，通过开展赠券购买活动、1 元理财活动、特色馆小吃活动等，将电商销售渠道作用发挥到极致。但是，如何充分发挥电商整合资源、协调组织、资源共享的优势，为粮食供应链金融提供电商的特有价值，促进粮食生产规模化，是摆在京东和其他电商面前的一个待解问题。期待京东的先锋贷试点对此能有所贡献。

2. 客户经理推荐制还有问题吗？

案例对汶上先锋贷采取客户经理推荐制作了正面评价，但依然有观点对这种做法存在疑问。一个最主要的说法是客户经理的权力太大了。汶上先锋贷试验期京东对大粮公司授信 2 000 万元，大粮公司将2 000 万授信额的农户借款推荐权交给客户经理。由于客户经理是整个供应链金融中最了解农户情况的人，大粮公司对他们充分放权。但是，权力过于集中也会产生寻租现象，比如客户经理利用贷款推荐权徇私舞弊，以个人利益作为交换，影响贷款质量。

大粮公司对客户经理的激励机制是将其薪酬收入与种子推销量挂钩，显然，贷款量会直接影响到种子推销量。因此，应该有大量农户被推荐贷款。但实际结果显示，贷款规模并没有迅速扩张，到 2016年 5 月底，大粮公司贷出 1 000 万元，这个现象说明有另一种力量制约客户经理的放贷冲动，使之小心从事。检查汶上先锋贷的制度，发现要求客户经理对贷款担保的规定可能是一个重要约束力量，这使得客户经理对每一笔贷款都要反复审查，避免出现纰漏而不得不承担损失。如果真是这样，倒证明客户经理担保制度是合理的。但事情都有两面性，客户经理对推荐的贷款提供担保，也许会对贷款推荐过于谨慎，使得一些信用不错且需要借款发展的农户失去机会。因此，如何设计好约束激励机制，尽可能在客户经理担保制度上扬长避短，是一个值得仔细推敲的问题。

汶上先锋贷的风控体系设计的根本是利用大粮公司积累的大量用户数据，以基于京东大数据的现有互联网风控能力建立风控模型，这意味着客户经理虽有推荐的权利但最终决定权完全归京东所有，这与大粮公司严格管理一起形成了预防权力寻租的双保险，未来随着京东基于数字信息技术和数据积累的风控体系越来越强大，类似的角色会越来越成为一个服务的角色，寻租空间将会从根源上杜绝。

3. 数字信息技术的优势？

在京农贷—先锋贷的风控模式中，比较多的是传统逐级审查方式，并且主要依赖核心企业——大粮公司——的审查和监控，京东金融没有同步参与和实时监测，这与京东金融的人力资源有限有关。但如果京东充分发挥数字信息技术的优势，应该可以做到全程同步参与。目前，数字技术在京农贷—先锋贷的应用中仅体现在优化申请流程（网络递交材料）与还款便捷上，对于农村大数据的挖掘与应用并不充分。相信随着项目的持续运行以及农户信息的积累，京东能够借助数字信息技术改变信贷过程的中的"边缘"性，更多介入过程中，不仅能实时监控，而且可以借助累积的农户行为信息参与到贷前审批环节。

据了解，京东金融正在逐步建立农村征信系统和农村互联网信息体系，通过数据信息处理实现线上风控。目前，京东金融与"土流网"及其他数据信息机构合作，通过服务商、产品供应商、京东商城的记录对农民信用、消费信息等进行挖掘和处理，整合整条产业链上的数据信息。以发挥电商平台运营供应链金融的优势。

4. 如何看先锋贷没有惠及小农户的现象？

在济宁大粮的粮食种植供应链上，汶上先锋贷选择的贷款对象是有一定种植规模的中型或中小型农户，对于 50 亩以下的种植户基本不考虑，一方面由于小农户资金需求不大，另一方面由于其不是大粮公司的稳定客户。因此，农村"小散户"不是这个供应链金融惠及对象。如何看待这个现象？如果这是一个普遍现象，是否可以认为农村供应链金融或者电商＋农村供应链金融不具备普惠性质？是否供应链金融对农村底层农民的扶持作用有限？

对此我认为，农村供应链金融如果直接对接农户，从规模经营的角度看主要的帮助对象的确是中型及中小型农户。这类农户的经营已具备一定规模，类似城镇的中小企业，对它们的金融支持当然也是普惠金融的一个重要内容。至于分散的小农户，可以通过组织生产合作社使供应链与之对接，这可能是农村供应链金融扶植小农户的最好渠道。在电商＋农村供应链金融模式下，通过电商帮助，特定产品的农村供应链规模会有快速扩张，对于带动越来越多的农户加入供应链应该有很大促进作用。因此，用发展的眼光看，电商＋农村供应链金融模式对于各层级农民的金融服务都会有不同程度惠及。

点评人：李焰

信用篇

信用，是维系人们社会活动和经济活动秩序的一个重要力量。金融交易尤其以交易者的信用质量作为能否成交的依据。金融交易者信用质量评价取决于评价者对其已有交易行为、现有经济、社交行为的了解，并据此估计其未来可能的表现。因此，掌握能够反映交易者信用状况的信息是最重要的，金融交易中几乎 2/3 的工作量放在对客户信息的收集、分析和评价上。专业征信机构可以帮助金融机构方便地获得相关客户信用信息。

由于普惠金融服务对象特征的缘故，普惠金融比传统金融对客户信用信息的依赖度更高，但同样也是服务对象特征的缘故，可用的客户信用信息更少。比如，由于小微企业、低收入群体较少的借贷行为，形成可观测的信用信息很少。显然，完善普惠金融客户群体的信用分析和评价体系，是普惠金融发展的重要基础建设目标之一。

本篇收入两个案例，这两个案例围绕如何借助数字技术推动社会信用体系建设问题，进行了深入讨论。

9

Financial Inclusion

"用信"与失信成本
——最高人民法院与芝麻信用合作
惩戒"老赖"的案例

李焰　王琳①　苏剑晓②　唐语勤③　王朴宁④

① 中国人民大学商学院财务与金融系博士，中国证监会博士后科研工作站博士后，联系邮箱：wanglin_rbs@ruc.edu.cn。

② 中国人民大学商学院硕士研究生，联系邮箱：rbswangpuning@163.com。

③ 中国人民大学商学院本科生，联系邮箱：tangyuqin1996@163.com。

④ 中国人民大学商学院本科生，联系邮箱：rbswangpuning@163.com。

摘要：足够大的惩罚力度是声誉机制发挥治理作用的一个重要条件。本文提出"用信"能够增加失信成本、促进声誉机制发挥有效作用的观点，并以最高人民法院与芝麻信用合作惩戒"老赖"的案例为背景进行分析检验。本案例发现：第一，失信成本对声誉机制作用效果有重要影响；第二，增加用信场景可以有效提高失信成本；第三，征信的市场化运作会大幅度提高社会"用信"的程度，增强声誉机制的作用效果；第四，声誉机制对于法律机制存在很强的支持作用。

一、"老赖"问题如何解决？

长期以来，法院判决裁定生效后，相当一部分债务人不仅不自觉履行义务，甚至采取各种手段对抗执行[1]，不仅损害了债权人的合法权益，还有损法律的尊严，产生所谓"执行难"的问题。

为了提高执行效率，最高人民法院于 2013 年出台了《关于公布失信被执行人名单信息的若干规定》[2]，规定将失信被执行人（俗称

---

[1]　据不完全统计，全国法院 2008—2012 年执结的被执行人有财产的案件中，70%以上的被执行人存在逃避、规避甚至暴力抗拒执行的行为，自动履行的不到 30%（宫云举，于向华，2015）。

[2]　被执行人具有履行能力而不履行生效法律文书确定的义务，并具有下列情形之一的：以伪造证据、暴力、威胁等方法妨碍、抗拒执行的；以虚假诉讼、虚假仲裁或者以隐匿、转移财产等方法规避执行的；违反财产报告制度的；违反限制高消费令的；被执行人无正当理由拒不履行执行和解协议的；其他有履行能力而拒不履行生效法律文书确定义务的，人民法院应当将其纳入失信被执行人名单。

"老赖")名单向全社会公布。据数据统计，截至 2016 年年底，全国约有 326 万名"老赖"；仅 2016 年平均每天新增的"老赖"就有 4 735 名，平均每天履约的"老赖"却只有 975 名[①]。"老赖"大量出现的根本原因在于"老赖"的失信成本不够高，不足以令其自觉规范自身行为。

增加"老赖"的失信成本，除了需要提高法律的执行力度，还需要社会征信体系形成"采信—评信—用信"的有效闭环，即在人们的社会生活中，不仅有对个人行为信息的记录、评价，而且有根据信用评价给予的奖惩。如此，才能使"老赖"一处失信，处处受限，放大其失信成本，促使其主动履约。而且，老赖失信后"受限"的场景越多，被限程度越大，其失信成本也越高。

在这方面，美国的征信体系给出了很好的示范。首先，在采信方面，美国的法律保障了司法公开以及政府信息公开，政府向征信机构有偿提供基础数据。正是因为政府的支持，征信机构才有了较为广泛的基础数据来源，提高了"采集信息"的效率和准确性，降低了信用交易成本（熊学萍，2011）。其次，在评信和用信方面，美国现有三大征信机构[②]在信息采集和数据标准化的基础上，一方面用自身的信用评价模型对用户进行信用评分，另一方面积极拓展信用报告的使用范围，为各类机构提供多种征信产品，最大化地发挥信用价值，形成"采信—评信—用信"的循环。在这个过程中，有越来越多的商业机构已经将信用报告看作评价客户的必备条件，政府也鼓励社会积极参与信用评级以及使用评级结果（邹浩，2006）。

目前，三家征信机构已经形成了"采信（以及数据标准化）—评

---

① 根据最高人民法院失信被执行人名单的数据分析得到的结果。
② 益百利公司（Experian）、全联公司（Trans Union）和艾可菲公司（Equifax）。

信—用信"的产业链，覆盖了美国 85% 的民众。除此之外，一些新的征信企业也在迅速发展，如 2009 年成立的 Zest Finance 就利用大数据技术对传统征信体系无法覆盖的余下 15% 的人群进行信用评估，有效弥补了传统征信体系的不足。在高度发达的征信体系下，美国的企业和个人都十分重视信用维护，信用档案被美国人看作"第二身份证"。失信的个人或企业在社会生活中将会寸步难行，很难获得银行贷款、信用卡服务甚至会影响个人求职、租赁、入学等各类活动，因此"执行难"在美国社会也就不会成为一个社会问题。

对比美国，我国的征信体系建设还处于初级阶段，不但没有形成"采信—评信—用信"的产业链，而且信用数据分散在社会各个角落，没有有效的联系和整合。

虽然中国人民银行早在 2006 年就建立了征信中心，但该系统数据变量和使用范围都十分有限（孙亚等，2008）。信息的孤立极大地抑制了征信系统本该发挥的巨大社会价值。不过，令人欣喜的是，这样的状况已经在社会征信机构的努力下逐渐改善。

2015 年，蚂蚁金服旗下的第三方征信机构芝麻信用和最高人民法院签署了《对失信被执行人信用惩戒的合作备忘录》，开始了有关联合惩戒"老赖"的探索性合作。最高人民法院向芝麻信用提供"老赖"的信息，芝麻信用在同步数据后，向"老赖"作负面信息提示，并通过降低其芝麻信用评分以及对其在芝麻信用各种合作伙伴服务场景下的限制，增加其失信成本，促使其履约。如此，芝麻信用通过从最高人民法院"老赖"数据库采信，对"老赖"评信，限制"老赖"用信，打通了"采信—评信—用信"的链条，放大了"老赖"的失信成本。截至 2016 年年底，芝麻信用已经覆盖了约 72 万名"老赖"，其中履约的老赖为 12.8 万，履约比为 17.74%，比未开通芝麻信用的老赖高出约 5 个百分点①，惩戒效果初步显现。

在社会经济生活中，为了降低行为人的机会主义行为，往往需要相应的契约治理机制来保障契约的有效执行。学者们一般将契约治理机制分为基于法律的公开治理机制和基于声誉的私人治理机制（Macaulay，1963；Grief，2003；Johnson et al.，1999；张维迎，2002），并进一步探讨两者之间的互动关系（Uzzi，1997；Ellickson，1991；杨柳，2007）。在本案例中，对"老赖"的法律判决可以看作使用法律机制对其进行的约束，而芝麻信用对"老赖"的采信、评信以及用信，发挥了声誉机制的治理作用。在法律判决使"老赖"承担一定失信成本的基础上，征信机构将"老赖"的信息传递到其社会生活的各个用信环境，限制其各项活动，放大了其失信成本，同时也有效提高了"老赖"的履约意愿。

因此，在这个案例中，我们观察到了声誉机制对法律机制的支持作用，即在法律机制对失信者惩戒的基础上，通过征信机构的信息传播，形成了声誉机制对失信成本的放大效应。对此现象的研究既具有理论意义也具有现实意义。一方面，已有研究多将法律机制和声誉机制对立起来，认为两者是相互替代或者是相互独立的关系（Ghoshal et al.，1996；Uzzi，1997；Bernheim et al.，1998），然而我们发现，现实中声誉机制能够对法律机制起到支持和补充作用；另一方面，从实践角度看，目前我国信用信息的数据孤岛现象较为严重②，如何进

---

① 根据芝麻信用提供的数据计算得出。
② 见多广.好金融，好社会——中国普惠金融发展报告（2015）.北京：经济管理出版社，2016.

一步发挥征信体系的社会价值，增强征信活动和其他治理机制的协同效应，放大失信者的失信成本，增加守信者的信用价值，是需要社会各方共同努力探讨的问题。因此，芝麻信用与最高人民法院合作惩戒"老赖"的案例既为我们提供了一个探索理论问题的研究素材，又为实践领域提供了一个可供借鉴的现实示范。

基于此，本案例首先在对比国内外征信体系建设的基础上，指出我国征信体系目前存在的问题，为案例研究提供背景信息；其次展开对芝麻征信与最高人民法院合作惩戒"老赖"案例的具体介绍和分析；最后是对本案例的总结。

二、我国征信行业发展现状

信用是共享经济的基础，一个完整的征信体系的建设需要形成采信、评信、用信的闭环，征信系统收集个人信用信息，进行加工评价，把信息传递到更多的场景。通过这一系列动作，放大失信成本，让失信者受到惩罚，督促其履行义务；也让守信者获得便利，形成良性循环。然而，与国外成熟的征信产业链相比，我国征信行业的发展和征信体系的建立还存在许多问题。

第一，没有形成健全的法律体系，但正在不断完善。征信行业的发展首先需要法律的支撑和规范。2012 年之前，我国与征信业务相关的法律分散在不同法律中，如《商业银行法》《民法通则》等，征信行业的发展杂乱无章（唐明琴，2010）。2012 年，为规范征信活动，保护当事人合法权益，引导、促进征信业健康发展，推进社会信用体系建设，国务院通过《征信业管理条例》，包括了总则、征信机构、征信业务规则等八个部分，解决了征信行业无法可依的问题，此后又出台了《征信机构管理办法》《社会信用体系建设规划纲要》等，显示出政府对于促进和规范征信行业发展的决心。但是，这些法律还不够细化和明确，许多地方由于市场发展的局限还相对模糊，如对于目前发展较为迅速的大数据征信，并没有对其数据采集、加工、处理等环节做明确安排，这些需要相关部门进一步细化和完善征信业务法律规范，为征信行业的健康发展提供保障。

第二，信息壁垒高，信息共享困难。数据是征信行业发展的基础。西方国家政府自上而下推动数据公开透明，但在我国，企业自下而上想要获取数据十分困难，因此数据获取成为征信行业发展的最大难题之一。虽然中国人民银行早在2006年就建立了征信中心，以银行信贷信息为核心，还包括社保、公积金、环保、欠税、民事裁决与执行等公共信息，截至2015年4月底，征信系统收录自然人8.6亿多，收录企业及其他组织近2 068万户。但是，该系统相对封闭，并不提供给征信行业使用。此外，我国有价值的信用信息多掌握在工商、海关、法院、公安、统计、质监等部门（王敬伟，2009）。这些部门之间层级平行，由于行政等多重原因，彼此之间信息封闭，更不会将数据提供给征信企业，形成"数据孤岛"。而需要信用记录的单位各自为营，分别建立自己的征信信息库，又产生了资源浪费和重复建设的问题。政府垄断信息，信息共享困难，严重阻碍了征信企业信息收集。

第三，社会诚信观念缺失，征信意识薄弱。我国市场信用交易不发达，社会信用观念淡薄。截至2016年年底，全国仍有326万老赖，在法院判决后拒绝履行判决命令。这不仅是对司法权威的藐视，也是社会诚信意识淡薄的体现。究其根本，还是在于我国缺乏失信惩罚机制，缺乏有力的制裁手段，失信成本低，使这些人心存侥幸。甚至有可能出现失信者从中获利，守信者遭受损失，从而使"劣币驱逐良币"，使信用环境进一步恶化。这也是因为中国征信体系的破碎，使失信者的信息无法传达到社会的各个方面，限制其社会和社交活动，放大失信成本。除此之外，征信体系不完善，公众对信用的理解不够深刻，就不会主动上传信用信息，积累信用记录，甚至使用信用报告，也极大地限制了征信行业的发展。

第四，信用评价需要进一步规范，用信场景匮乏。目前，征信行业没有形成相对权威的信用评分标准，各家企业通过自己的途经收集到的数据，其来源、准确性、客观性很难判断。而行业监管也不统一，人民银行、证监会、税务局等部门进行多头监管（孙建潮，2006）。各自的监管方式和监管标准不尽相同。此外，由于我国征信行业发展处在早期阶段，从征信企业来看，还没有像西方国家那样推出较多成熟的征信产品，收集起来的征信数据怎么用，用在哪里，都还是征信行业亟须解决的难题；而从信息使用者的角度，由于信用意识薄弱，个人和企业既不会主动积累信用，也很难主动去寻求和使用征信结果，因此目前这个市场规模很小，这就需要征信企业主动发现需求、创造需求。

综上所述，从征信体系"采信""评信""用信"的产业链来看，我国政府信息的封闭形成"数据孤岛"，阻碍了征信企业"采信"；多头监管和标准不统一，使"评信"结果难以保证其全面性和客观性；而社会信用意识的缺失，场景的匮乏又使"用信"困难重重。因此，失信人的信息无法被更多人知晓，也很少有场景利用该信息对这类人进行限制和惩罚，失信成本无法放大，诚信意识就会愈加薄弱。而征信企业可以起到"穿针引线"的作用，连接断裂的各个环节，将信息收集、加工、传递给需要的人，最后推动完整的产业链形成。

三、芝麻信用与最高人民法院的合作

为了有效治理"老赖"现象，2010 年出台了《最高人民法院关于限制被执行人高消费的若干规定》（以下简称《高消费规定》）。为适应信息社会发展的大趋势，进一步推动解决"执行难"问题，最高人民法院于 2013 年 7 月出台了《关于公布失信被执行人名单信息的若干规定》，建立了全国法院失信被执行人名单库，并于 2014 年 1 月对名单库中的所有失信被执行人发出限制高消费令。《高消费规定》列举了九种高消费行为，对于交通工具，明确为飞机、火车软卧和轮船二等以上舱位。2015 年 7 月 21 日发布了《最高人民法院关于修改〈最高人民法院关于限制被执行人高消费的若干规定〉的决定》，加大了限制消费力度，将乘坐 G 字头动车组列车全部座位、其他动车组列车一等以上座位纳入采取限制消费措施的范围。该司法解释已于 2015 年 7 月 22 日生效。2016 年 11 月，中共中央办公厅、国务院办公厅印发了《关于加快推进失信被执行人信用监督、警示和惩戒机制建设的意见》。

如前所述，在目前的法律体系尚不完善的情形下，尽管最高人民法院主动向社会公布了老赖信息，并意识到法律效力的发挥需要有生活场景的惩罚的辅助，但效果仍然不佳，由于触达点不多，因而对老赖的威慑力不够。为了在更广泛的生活场景中利用声誉机制约束老赖，最高人民法院期望与社会征信机构进行探索性的合作，借助征信以及社会用信的力量，增加老赖的失信成本。

随着中国经济社会经历前所未有的高速发展，从银行贷款、消费金融，到租车、租房、住宿、借书等生活日常事务，国内个人信用交易不断壮大，市场对征信产品和服务的需求也越来越多样化，信用不但影响个人在传统金融领域的金融活动，更逐渐开始影响社会生活的方方面面，央行征信中心提供的基础征信数据和服务已不能满足社会经济的需求，需要有活跃的力量参与其中。目前在多项国家政策引导下，中国个人征信商业化、市场化发展的大幕正在徐徐开启，有八家商业征信机构试水个人征信领域，它们借助数字技术和互联网经济生态，探索和创新征信模式。伴随着征信行业的快速发展，"君子之言，信而有征，故怨远于其身"，"信用"开始受到社会大众的重视。"征信"开始焕发出勃勃生机。

2015年1月，阿里巴巴旗下蚂蚁金融服务集团芝麻信用管理有限公司正式推出个人征信系统——芝麻信用，芝麻信用管理有限公司作为合法独立的信用评估及信用管理机构，推出了芝麻信用——一个面向社会的信用服务体系。芝麻信用在汇聚个人信用信息的基础上，运用大数据及云计算技术评价个人信用，通过连接信用卡、消费金融、租车等多个金融与生活类场景和各类服务平台，为用户、商户提供信用服务。芝麻信用的商业运作一方面让用户体验信用带来的价值，另一方面也建立了内容多样、覆盖广泛的信用触达点。

与信用单纯用于银行和金融类业务不同，芝麻信用期望以商业力量为推动力，在借鉴国外成功经验的基础上，打造出多场景下的"采信—评信—用信"的完整闭环和产业链。芝麻信用认为，采信、评信和用信是三个不可或缺又相互促进的过程，采信和评信的规范增加了用信的数量，评信和用信的频率增加了采信的需求，用信和采信的压力又对评信提出了更高的要求。采信—评信—用信的循环次数越多，征信的质量越好，守信的价值越高，社会的诚信观越强。因此，芝麻信用也希望能与最高人民法院院合作，通过采集老赖信息，连接数据孤岛，让这些信息在更多的生活场景下得到应用，推动用信，并实现"采信—评信—用信"的完整闭路循环。

在双方对于合作的共同诉求下，最高人民法院和芝麻信用一拍即合，很快确定了合作方案。2015年7月24日，最高人民法院执行局与芝麻信用签署备忘录，正式决定在失信被执行人联合惩戒方面进行合作。这项合作的实质就是芝麻信用利用声誉机制作为对法律机制的补充，通过"采信—评信—用信"对老赖进行惩戒，放大其失信成本。这次合作对于最高人民法院和芝麻信用来说，都是一次探索性合作。从最高人民法院的角度看，此次合作是最高人民法院与社会征信力量结合以提高惩戒力度的探索；从芝麻信用的角度看，此次合作不仅是连接数据孤岛、实现征信闭环的尝试，更是使征信活动发挥更大的社会治理作用的探索。如果合作效果较好，最高人民法院会将合作标准化，进一步扩大合作范围，芝麻信用也将扩大征信信息的采集面，与更多信息源头机构合作，进一步发挥社会征信机构在社会治理中的作用。

(一) 采信——大数据整合

"采信"即是对被征信者信息的采集、汇总。从采信的环节看，芝麻信用基于互联网的经济生态和数据信息技术进行数据采集，对中国传统征信体系形成有效的补充。

首先，芝麻信用拥有大量基于互联网/移动互联网的个人与小微企业信息。从总量上看，目前中国网民总数达 7.21 亿[①]，其中支付宝[②]实名用户已经高达 4.5 亿[③]，从信息内容上看，芝麻信用的数据类别更广泛，不仅有传统的线下的静态数据，更有线上的动态数据；不仅有基于阿里巴巴生态下的数据信息，而且有从其他部门（如税务、工商、银行等）整合的信息。形成数据量大、数据内容丰富、数据"新鲜"的特点。

芝麻信用的数据来源主要有四个渠道：一是阿里巴巴的电商数据，包括天猫、淘宝、菜鸟网络等，它们拥有超过三亿多的个人用户以及 3 700 多万户小微企业的交易信息。二是蚂蚁金服的互联网金融数据，大多来源于支付宝、余额宝、蚂蚁金服以及阿里云。三是芝麻信用众多合作公共机构及合作伙伴（包括公安、法院、工商等）的数据信息，例如最高人民法院给芝麻信用提供的老赖信息包括案号，失信被执行人姓名，失信被执行人证件号、性别、年龄，执行法院，执行依据文号，做出执行依据单位，法律生效文书确定的义务，被执行人的履行情况，失信被执行人具体情形、发布时间、立案时间、已履行部分、未履行部分。四是广大实名用户自主提交的信息。

我国传统征信的代表——人民银行征信系统——征集的信息内容较窄，采集的主要是个人信息和信贷记录，覆盖个人贷款、信用卡、担保等信贷信息，以及个人住房公积金缴存、社会保险缴存和发放、

---

① 数据来自国际电信联盟的报告。
② 支付宝与芝麻征信同为蚂蚁金服旗下产品。
③ 数据来自支付宝 2016 年全民账单。

车辆交易和抵押等八类公共信息，缺乏在线、实时交易信息以及可能反映人们信用水平的其他信息；覆盖面有限，自2006年开始运作以来，人民银行个人征信系统收录自然人8.99亿，其中有信贷数据的人只有4.12亿，超过一半的自然人没有信贷记录[①]。显然，芝麻信用通过对个人在网络上的行为进行数据挖掘和分析，用大数据的方法计算互联网上万个变量，将更多信用记录以外的信息纳入征信体系，有效弥补了传统征信数据的不足（见图9-1）。

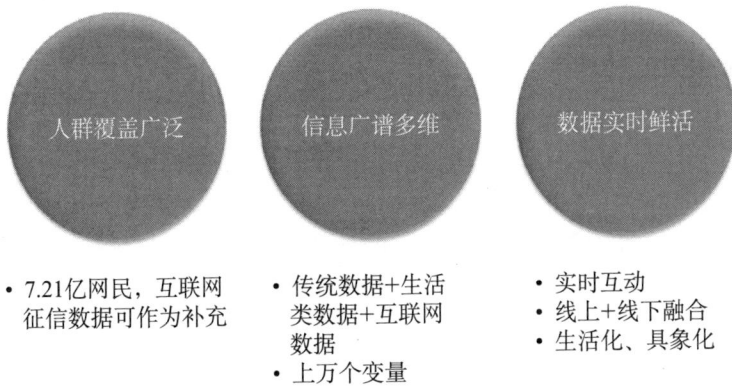

人群覆盖广泛　信息广谱多维　数据实时鲜活

- 7.21亿网民，互联网征信数据可作为补充
- 传统数据+生活类数据+互联网数据
- 上万个变量
- 实时互动
- 线上+线下融合
- 生活化、具象化

图9-1　广泛、多维、实时的大数据

其次，芝麻信用以商业方式推动数据整合，帮助打破数据孤岛。数据孤岛表现为各数据采集和拥有者之间缺乏数据共享，具体表现为"不知""不给""不用"，即不知道其他哪个部门拥有哪些数据信息；知道了也不愿意相互交换数据、互补数据余缺。中国目前最大的数据拥有者仍然是政府。数据孤岛主要体现在政府各主管部门之间。尽管政府近年来在打破数据孤岛方面做了很多努力，但问题依然没有大的改善。

---

① 中国社会信用体系发展报告2017.（2017-07-21）[2018-01-31].http://www.west960.com/p-155704.html.

数据孤岛导致：第一，跨部门的信息不对称，比如法院掌握老赖的违约信息，但其信息很少被其他部门知道并使用，即便是信息公开以后。或者工商管理部门掌握的失信、违约情况又很少为其他部门、企业所知。第二，跨地区的信息不对称，比如企业主在某省市区因为偷税漏税遭到了行政处罚，换一个省市区重新注册新公司可以从头再来，再下一次遭到处罚又可以再换地区。数据孤岛问题的形成与政府管理功能不完善、公民隐私法律不健全有关。尽管近年来政府采取措施，加大破除数据孤岛的力度，但改进速度依然无法满足中国经济快速发展产生的数据共享需求。芝麻信用等来自市场的征信力量加入，为加快冲破数据孤岛带来希望。

芝麻信用等一批民间征信机构通过积极寻求与公安、法院、工商、海关、税务等政府主管部门展开合作的方式，在现有法规允许的前提下，将分散于不同政府部门、不同地区的数据汇聚整合，形成有更多维度和更大覆盖面的数据库。大大提升了数据信息的价值。

（二）评信——大数据挖掘

"评信"即对采集的数据信息进行分析，形成信用评价的过程。芝麻信用的评信是使用构建的信用评分模型，对传统数据、互联网数据和生活类数据，从信用历史、履约能力、行为偏好、身份特征和人脉关系五大维度对个人经济信用行为进行综合评估。其中信用历史是指过往信用账户还款记录及信用账户历史。履约能力包括享用各类信用服务并确保及时履约的能力，例如根据租车是否按时归还，水电燃气是否按时缴费等过去的履约信息，以及消费稳定性、消费层次等其他信息来判断用户未来履约能力。行为偏好是指在购物、缴费、转账、理财等活动中的偏好及稳定性。身份特征是个人基本信息，包括从公安、学历学籍、工商、法院等公共部门获得的个人资料。人脉关系是指好友的身份特征。芝麻信用运用大数据及云计算技术，通过分析用户教育、职业、消费行为、资产状况等，对用户做更加客观全面的信用评估，同时积极尝试前沿的随机森林、神经网络算法，开发出独特的信用评分——芝麻信用分，其评估模型见图9-2。

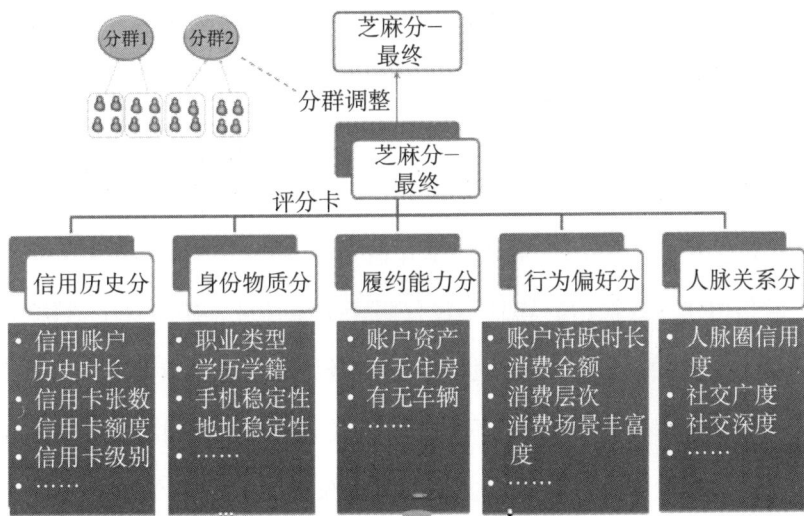

图9-2 基于大数据的芝麻信用分模型

芝麻信用分评分区间在350~950分，从低到高划分为五个等级，代表不同的信用状况。350~550分为最低等级，表示信用状况"极差"；550~600分，表示信用状况"中等"；600~650分，表示信用状况"良好"；650~700分，表示信用状况优秀；700~950分为最高等级，表示信用状况"极好"。失信记录在信用分模型中是很重要的影响因子。

（三）用信——多场景建立

"用信"即社会对征信结果的使用。用信看起来不属于征信中的任何一个环节，但却是征信体系建设中一个最关键的环节。如果没有用信，就没有对诚信者的奖励和失信者的惩罚。没有社会对失信者的惩戒，失信成本为零，声誉机制对失信者的违约行为没有任何约束，征信也失去了存在的意义。但是，我国征信体系建设多年来重征信（采信和评信），轻用信。以政府为主导的征信体系缺乏推动社会用信的动力和手段，导致用信乏力，征信也进展缓慢。

芝麻信用高度关注征信结果的使用，并通过建立多个场景推动社会使用信用分。信用分的场景应用不仅让芝麻信用的产品"芝麻信用分"产生商业价值，更重要的是让诚信有价，使失信者"失天下"。芝麻信用建立或触达的场景不仅仅限于金融领域，还包含生活领域，让信用直接触达人们的日常生活。在金融场景中，芝麻信用为用户提供信用查询和服务便利超过 5 亿人次，超过 2 000 万用户因此获得了金融机构的授信，其中消费金融授信总额超过 1 000 亿元①。基于芝麻信用分，"蚂蚁金服"发展了三款消费信贷产品，即花呗、借呗以及好期贷。这些产品可以根据用户的芝麻信用分来匹配相应消费信贷额度，用户可以将这些额度转到支付宝中使用。贷款金额为 1 000 元至 50 000 元不等，期限最长为 12 个月，贷款日利率是 0.045%，随借随还。在生活类场景中，包括租房、租车、婚恋、入住酒店等服务，以及其他生活、社交的针对性服务。基于芝麻信用分，客户可以

① 数据为芝麻信用提供。

免押金住酒店，入住手续办理时间由平均十几分钟下降到 45 秒，退房手续办理时间由平均四五分钟下降到 18 秒；可以免押金租车，并且将租车申请时间缩短了 60%～80%；可以免押金租房，大大减少了刚毕业大学生、蓝领等的现金压力。根据芝麻信用提供的数据，到目前为止，基于芝麻信用分的各类免押服务，免除押金总额已经超过130 亿元①。芝麻信用对日常生活的影响可见图 9-3。

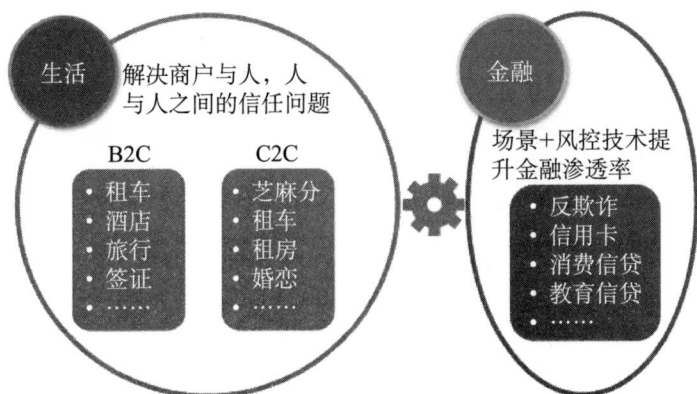

图 9-3　芝麻信用渗透到生活的方方面面

芝麻信用将合作场景分为三大类：金融类、生活场景类和政府服务类。在选择场景合作伙伴时，芝麻信用会从对方角度出发，考虑在其业务流程中嵌入信用的环节，评估自身的数据来源和数据模型的分析结果是否能给对方带来价值，这种价值是否能在对方的业务流程中体现，是否能提升工作效率和帮助风险控制，若是，则说明该场景对信用有所需求。如果自然人用户在该场景下也有此痛点和需求，芝麻信用就会积极寻求和对方合作，切入该场景，推动场景落地。

芝麻信用的应用场景主要是内在于阿里巴巴系统的内部场景和与

① 数据为芝麻信用提供。

合作商户建立的外部场景。在阿里集团和蚂蚁金服集团内部，对失信被执行人的限制和惩戒从内部全生态下的采购、招聘、商家准入、众筹、征信、保险、信贷等多个业务场景全方位执行。在合作商户外部场景下，芝麻信用与传统银行金融机构贷款、互联网金融消费和贷款、互联网场景下的租车、租房、婚恋、社交等数百家商户达成业务合作，对老赖进行联合惩戒。

案例1

在与神州租车等几家大型租车企业的合作中，芝麻信用对申请租车的个人进行信用评价，并将相应结果输出给租车企业。信用良好的个人可以获得免押金租车服务，甚至违章押金也可以免去；而信用不佳的个人（如失信被执行人）则无法获得免押金优惠，甚至被拒绝服务。北京市海淀区某失信被执行人王某某在通过互联网下单时被神州租车拒绝下单和租用车辆，经询问，被告知由于调用到其在芝麻信用有负面记录，故神州租车不能提供服务，其出游计划也因此取消。当王某某致电芝麻信用，意识到成为失信被执行人的严重后果后，积极联系法院进行处理和履行还款义务，约2个月后履行完毕，被从失信名单中移出，其芝麻信用分也逐步恢复。王某某履行完毕后，再次来电询问芝麻信用对其信用评价何时才能恢复，表现出了日后信用恢复机制的高度关注。

案例2

在与网络租房平台"自如"的合作中，用户可以申请利用信用租住心仪的房屋并在网络上挑选下单。江西省进贤县某失信被执行人刘某在进行申请时，被告知由于从芝麻信用处同步过来的信息显示其是失信被执行人，所以自如平台拒绝对其提供服务。无法租到心仪的房屋使精心安排的租房计划无法实现，生活质量受到严重影响。刘某致电芝麻信用，被告知芝麻信用和最高人民法院已经进行了数据同步，不仅将其芝麻信用分降到了 456 分，还将依照相关法律规定和最高人民法院要求对其进行信用惩戒。刘某一时间找不到住处，只能借住在朋友家，并谎称太忙没时间找房子。经过这次狼狈不堪的教训，刘某充分认识到失信行为对自身生活的巨大影响，联系执行法院于 2015 年 12 月完成偿债履约。之后，刘某多次致电芝麻信用询问："我的信用分什么时候可以恢复？我的执行案件已经履行完毕了，这条记录什么时候可以消除影响？"

案例 3

在与来电科技的合作中，从技术角度看，芝麻信用作为接入平台，可以提供用户的信用状况数据。用户的 ID 信息、信用分信息、准入信息、信用记录等一系列信息通过接口接入，帮助来电科技准确识别失信被执行人，使其无法免除押金借用充电宝，限制了使用充电服务的便利性。另外，用户在借用充电宝过程中产生的违约行为信息和数据也会从各个网点通过 API 的方式直接传递到芝麻信用体系里去，对用户的信用分造成影响，约束其将来的用信行为，借此降低使用门槛、降低坏账率、并与此同时培育信用文化。

案例 4

在与中国移动等各大通信运营商的合作中，芝麻信用与运营商合作开展信用套餐和信用租机活动。对于芝麻信用分较高的、信用良好的个人，只要承诺每个月办理某种套餐，就能以很低的价格拿走如iPhone 7等新型机，当违约等意外情况发生时，此项违约记录会进入到芝麻信用的信用名单，影响其芝麻信用分，同时也会有相应的追缴措施来解决问题。而对于失信被执行人来说，显然无法享受到此项套餐优惠。

案例5

在与浦发银行、北京银行等各个银行的合作中，芝麻信用会在第一时间将失信被执行人名单以及相应的风险控制能力信息输送给银行。银行在发放贷款前会查询相应的失信被执行人名单库，根据其信用信息以决定是否发放贷款以及发放贷款的数量，这就降低了"老赖"的借款可得性。

案例6

在与一些政府机构的合作中，以往政府工作人员可能只有一两个或者少数信息对接单位的信用来源，他们没有精力、没有能力或者没有渠道去查询申请人或办理人的更多信用信息，无法辨别失信被执行人。芝麻信用将其通过广征信和大数据计算得到的芝麻信用分与从多个部门或单位获取的包括失信被执行人名单在内的信用名单传送给这些政府机构，解决了信息不对称的问题。这样，失信被执行人去政府部门办理一些政务审批、政务服务以及其他事项时，在办理过程和办理结果上就会受到其失信被执行人身份的影响。

从以上案例中可以看出，芝麻信用通过场景建设推动用信，主要借助于互联网环境。基于互联网生态的"采信—评信—用信"，可以充分运用大数据、云计算等数据信息技术，以较低的人力、时间、资金成本解决失信者信息传播问题，提高失信者的失信成本，达到惩戒目的。此外，在与最高人民法院合作中，芝麻信用专门设定了一个与最高人民法院的信息传递联络渠道，将执行结果，包括老赖姓名、身份证号、惩戒时间、惩戒结果等实时传回给最高人民法院指挥中心，以便时时掌握信用惩戒的效果。这个效果唯有借助数据信息技术才可以实现。借助于芝麻信用在"用信"场景建设方面的全力推动，老赖的失信成本大幅度提高，使越来越多拒不执行法院判决的失信者，在生活、工作中处处掣肘，在失信成本高昂的环境下，主动履约、改正错误。

当然，任何创新都会遇到传统习惯的阻碍。当芝麻信用全力推动外部场景合作时，也遇到了一些问题和挑战。譬如合作方对提供数据反馈存在疑惑与顾虑，影响信用体系闭环运转。其一就如前文所述，芝麻信用希望从合作伙伴那里得到数据反馈和支持，以便更好地改进其征信体系，但是有一部分合作伙伴对此仍有顾虑，这个问题还需要去努力解决；又如如何能够在场景建设的模式设计中，寻求合作双方的共赢点，保证合作过程中，双方利益始终均衡，并不是一件很简单的事情，需要巧妙地深入到场景之中，用个性化的方案解决难点，并找到行业性的解决方案。这些都是对芝麻信用的挑战。

但对于芝麻信用这类极具创新力的企业来说，其强大的创新力，以及外部激烈的市场竞争环境，必然会推动建设越来越多的用信场景，使信用体系建设中的"采信—评信—用信"形成完美的闭环。

四、芝麻信用惩戒老赖的效果

最高人民法院给芝麻信用提供的老赖信息包括案号、失信被执行人姓名，失信被执行人证件号、性别、年龄，执行法院、地区，执行依据文号，做出执行依据单位，法律生效文书确定的义务，被执行人的履行情况，失信被执行人具体情形、发布时间、立案时间，已履行部分和未履行部分。芝麻信用依此对开通芝麻信用的老赖进行惩戒，包括降低芝麻信用分，限制老赖在相关场景使用消费产品和服务，并通过支付宝告知被惩戒人。将包含最高人民法院执行信息的芝麻信用分与多场景对接后，对于提高失信成本惩戒老赖究竟效果如何？以下部分将从总量角度进行分析，并在总体效果的分析基础上，对老赖履约与场景的关系做进一步分析。

（一）芝麻信用分覆盖率

芝麻信用与最高人民法院合作惩戒老赖的前提是老赖拥有芝麻信用分，只有进入芝麻信用分系统的老赖才能纳入芝麻惩戒范围，因此老赖的芝麻信用分覆盖率是决定惩戒效果的前提。老赖的芝麻信用分覆盖率是指有芝麻信用分的老赖与总体老赖的比率。

如前述，芝麻信用的征信闭环目前主要以互联网生态为基础，芝麻信用分的覆盖群体主要是阿里巴巴用户群体和阿里系以外的其他依存于互联网生态的用户。截至 2016 年 12 月底，阿里系下支付宝实名用户已达 4.5 亿，这些用户会在授权后获得芝麻信用分。从 2016 年 4 月至 12 月，尽管老赖的数量每天增长，平均每天新增 5 000 名左右，但芝麻信用分对老赖的覆盖率也从 14％增长至 22％，且增长速度稳定。虽然这个覆盖率相比较支付宝用户占全国人口的比例 32％偏低，考虑到芝麻信用上线时间较晚（2015 年 1 月上线），正处于发展时期，相对支付宝略低的覆盖率也属正常。图 9 - 4 显示出芝麻信用对老赖覆盖率稳定增长的态势。

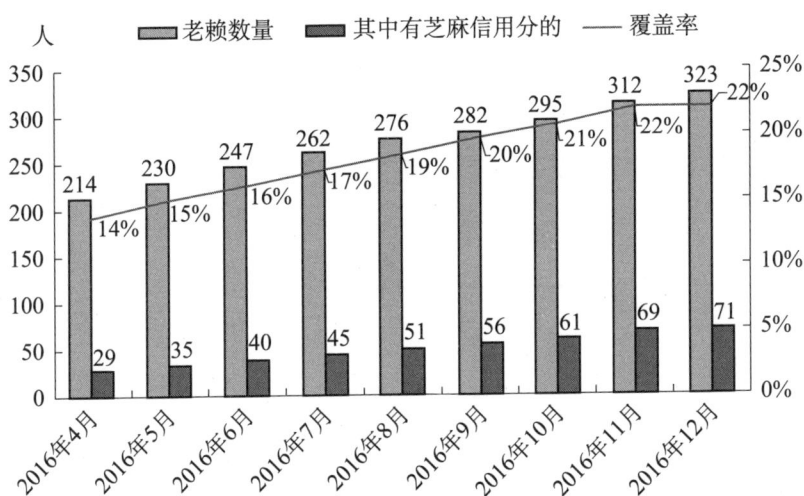

图 9 - 4　老赖芝麻信用分覆盖情况

资料来源：芝麻信用。

（二）芝麻信用惩戒老赖的总体效果

为了从总量上考察芝麻信用对老赖的惩治效果，我们设计了老赖履约比和老赖履约时长两个指标，通过对比履约比以及履约时长在是否开通芝麻信用下的差异，看芝麻信用的效果。

1. 开通芝麻信用与不开通芝麻信用的老赖履约情况对比

我们将"老赖履约比"定义为某个范围内履约老赖的人数占该范围内全部老赖人数的比例。截至 2016 年 12 月底，全国共有老赖约

326 万名，其中有 43.6 万名已履约，而开通芝麻信用并履约的为 12.8 万名，具体情况见表 9－1。从表 9－1 可以看到，全国范围内的老赖履约比为 13.35％，未开通芝麻信用的老赖履约比为 12.11％，低于全国范围内的履约比；而开通芝麻信用的老赖履约比为 17.74％，比未开通芝麻信用的老赖履约比提高了 5 个百分点。这个数据可以从总体上反映芝麻信用对老赖履约的确存在一定约束力，通过加强用信力度，发挥声誉机制的力量惩戒老赖是有效的。

表 9－1　　　　　　　　　老赖履约总体情况

是否开通芝麻	履约（人）	未履约（人）	总计（人）	履约比
开通芝麻	127 883	592 960	720 843	17.74％
未开通芝麻	307 870	2 234 689	2 542 559	12.11％
总计	435 753	2 827 649	3 263 402	13.35％

资料来源：芝麻信用。

2. 履约老赖失信时长

已经履约的老赖，其失信时长也不一样。失信时长是指从他们被最高人民法院确定为"老赖"到履行还款义务所经历的时间，失信时长可以反映老赖履约的效率，失信时长越短，老赖履约越快。图 9－5 是开通芝麻信用的履约老赖失信时长人数分布，图 9－6 是未开通芝麻信用的履约老赖失信时长人数分布，总体上来看，开通芝麻信用的履约老赖平均失信时长为 9.35 个月，未开通芝麻信用的履约老赖平均失信时长为 10.04 个月。对比两图可以发现，在 0～3 个月和 4～6 个月两个区间内，开通芝麻信用的履约老赖人数占比都比未开通芝麻信用的要高，其中前者两个区间共占比 40.67％，后者为 35.71％；而在 6 个月以上的区间，开通芝麻信用的履约老赖人数占比则都比未开通芝麻信用的要低。以上数据说明芝麻信用的惩戒能够在一定程度上促使老赖尽快履约，整体上使老赖失信时长缩短。

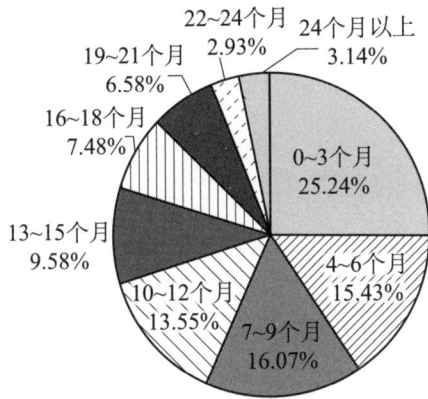

图9-5 开通芝麻的履约老赖失信时长

资料来源：芝麻信用。

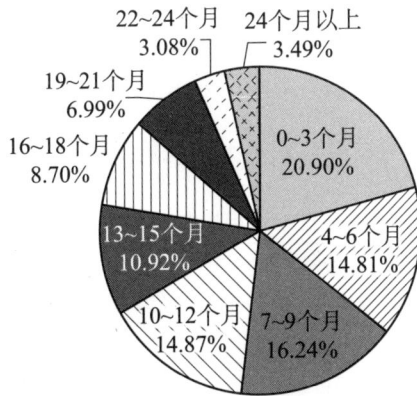

图9-6 未开通芝麻的履约老赖失信时长

资料来源：芝麻信用。

（三）场景的作用

按照声誉机制理论，社会惩罚的力度会影响声誉机制的效果。在芝麻信用案例中，社会惩罚力度表现为失信成本的大小，是通过用信场景体现的。用信场景的多少，失信者对场景的依赖程度（重要性）

决定了失信成本的大小。通过对场景分析，可以进一步了解芝麻信用在信用惩戒中的作用效果。

1. 场景的数量

只有进入芝麻信用系统的老赖才会受到场景的限制。因此我们以下对于场景的讨论都是在芝麻信用这个系统里面的老赖数据。目前芝麻信用已经建立的场景有 30 个，大致涵盖了金融、生活服务、信息服务和公共服务四个大的类别，四大类别中包含的场景内容见表 9 - 2 所示。建立的场景越多，征信机制的触达点就越多，老赖的生活就会在这些场景下受到很大的限制，难以逃避失信带来的成本。有芝麻信用分的老赖人数为 720 843 人，芝麻信用的所有场景总共覆盖老赖 278 782 人，占有芝麻信用分的老赖人数的 39.16%。尽管目前场景限制的覆盖还没有达到一半，但随着建立更多的场景，将各个触达点织成一张越来越大的网，可有效扩大约束惩治老赖的范围。

表 9 - 2　　　　　　　　　芝麻信用的应用场景

金融类	生活服务类	信息服务类	公共服务类
借贷消费平台	出行服务	分类信息平台	公安
金融其他	电商/导购	资讯/娱乐	医疗服务
互联网贷款平台	旅游服务	招聘	教育服务
消费金融公司	住宿服务	互联网基础服务	政府其他
银行信用卡中心	上门服务	兼职信息平台	
P2P公司	婚恋服务	运营商	
支付机构	社区/社交		
银行个人信贷	生活其他		
融资担保公司			
保险			
小贷公司			
融资租赁公司			

2. 场景发挥的效果

为了观察哪些场景对老赖履约发挥的效果最大，我们从总量上统计了老赖在履约之前被限制行为的那一个特定场景。在履约之前被限制频率越高的场景，说明老赖们对这类场景的依赖度越大，该场景促使老赖履约的可能性越大。按照我们的统计，被限制频率最高的前五个场景是出行服务、借贷消费平台、旅游服务、电商/导购和银行信用卡中心（见图9-7）。说明这些场景重要性更大，发挥的效果也更强。

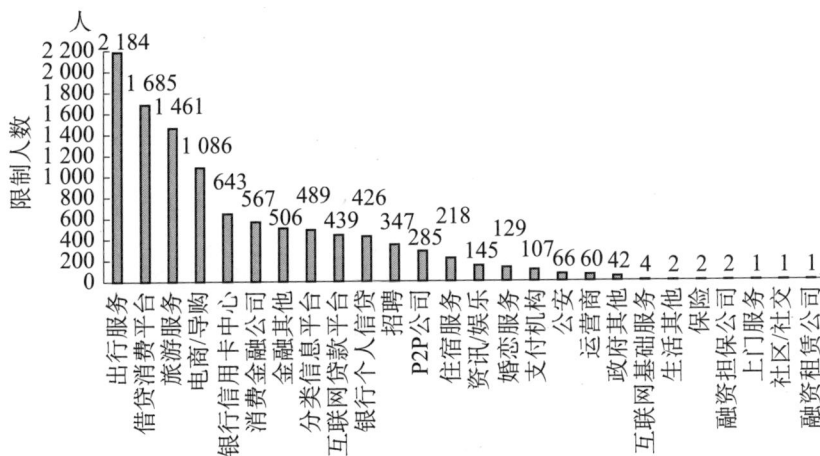

图9-7 老赖履约之前被限制场景的分布

资料来源：芝麻信用。

3. 履约与场景的关系

为了进一步考察老赖履约与用信场景限制其消费（交易）行为的关系，我们统计老赖使用的场景关于限制人数和限制次数两个指标，限制人数是指某个场景一共限制老赖的人数，限制次数是某个场景一共限制老赖的次数（每个人可能被限制多次），人均限制次数＝限制次数/限制人数。我们按限制人数对老赖使用的场景进行排名，因为前十名以外的场景限制人数与前十名的相差很大，所以此处只对前十名的场景进行讨论，以方便比较。履约老赖限制人数前十名的场景分别为：出行服务、借贷消费平台、旅游服务、消费金融公司、银行信用卡中心、电商/导购、金融其他、互联网贷款平台、P2P公司和银行个人信贷（见图9-8）。限制人数的多少从触达广度上反映该场景的重要性。限制人数越多，说明该场景横向触达范围越广，征信信息越能广泛传递，在提高失信成本方面的作用越大。同样，人均限制次数的多少也反映老赖对该场景的依赖程度以及该场景对老赖的影响程度，人均限制次数越多，该场景对老赖形成的失信成本越高。

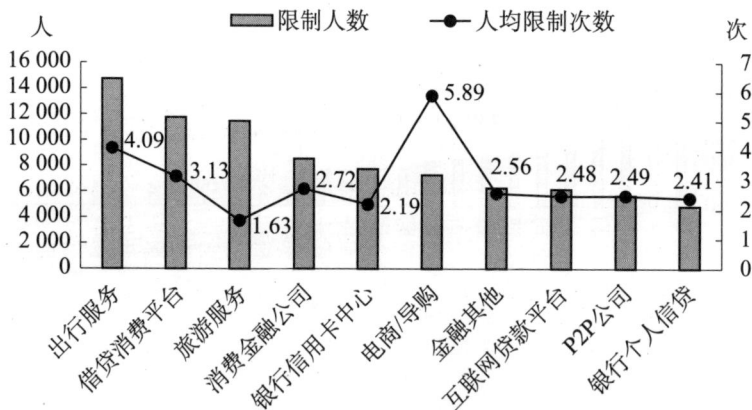

图9-8　履约老赖限制人数排名前十的场景
资料来源：芝麻信用。

为了比较履约老赖与未履约老赖在场景限制上的区别，我们也统计了未履约老赖限制人数排名前十的场景及其人均限制次数（见图9-9）。未履约老赖限制人数排名前十的场景和履约老赖的一样，只是排序有所不同，其具体分别是：出行服务、借贷消费平台、旅游服务、金融其他、电商/导购、消费金融公司、互联网贷款平台、P2P公司、银行信用卡中心和银行个人信贷。其中变化最大的是银行信用卡中心，其在履约老赖场景中排名第五，人均限制次数是2.19；在未履约老赖场景中排名第九，人均限制次数是 1.97。这个现象说明银行信用卡中心在履约与未履约老赖之间形成了差异，这个场景对老赖履约起着比较重要的作用。另外还发现，除了银行个人信贷，其他九个场景对应的人均限制次数，履约老赖的都比未履约老赖的次数要高，说明场景限制的次数越多，就越能促使老赖履约。

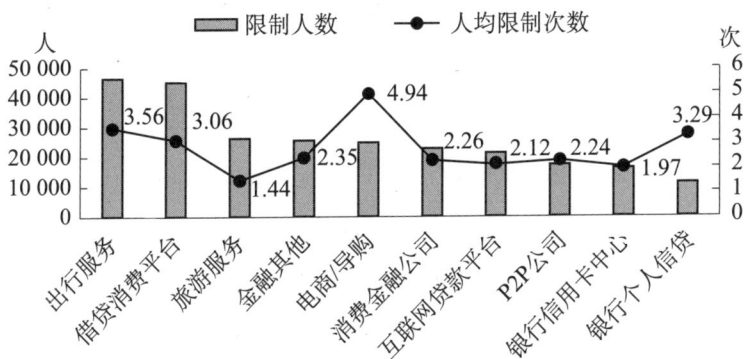

图 9-9 未履约老赖限制人数排名前十的场景
资料来源：芝麻信用。

五、唯"用信"才能"守信"

声誉是与法律并存的社会契约治理机制，并且二者存在相互补充和支持的关系。本文通过对芝麻信用关于最高人民法院合作惩戒"老赖"案例的分析，进一步证实声誉机制对于法律机制的支持，并形成两个重要发现：第一，提出通过征信体系使声誉机制发挥作用的一个关键环节是"用信"。只有通过用信，才能够通过社会惩戒提高失信成本，使声誉机制有效。也只有用信，才能使包含"采信"与"评信"的征信行为有意义。因此，在我国征信体系建设中，必须强调

"采信—评信—用信"的闭环运行，如此，才能对诚信者奖，对失信者罚，形成人人重视信用的诚信社会。第二，借助商业征信机构的力量，可以有效推动用信场景的建设，用信场景越多，失信者成本越高。在这方面，蚂蚁金服旗下的芝麻信用发挥了开创性的作用。

参考文献

［1］BERNHEIM B D，WHINSTON M D. Incomplete Contracts and Strategic Ambiguity. American Economic Review，1998，88（4）：902-932.

［2］ELLICKSON R C. Order without Law：How Neighbors Settle Disputes. Boston：Harvard University Press，1991：86.

［3］GHOSHAL S，MORAN P. Bad for Practice：A Critique of the Transaction Cost Theory，1996，21（1）：13-47.

［4］GREIF A. Institutions and Impersonal Exchange：The European Experience. Stanford University，Working Paper，2003.

［5］JOHNSON S，MCMILLAN J，WOODRUFF C. Contract Enforcement in Transition. CEPR Discussion Paper Series Number 2081，1999.

［6］MACAULAY S. Non-Contractual Relations in Business：A Preliminary Study. American Sociological Review，1963，28（1）：55-67.

［7］UZZI B. Social Structure and Competition in Interfirm Networks：The Paradox of Embeddedness. Administrative Science Quarterly，1997，42（1）：35-67.

［8］贝多广，李焰. 好金融，好社会——中国普惠金融发展报告（2015）. 北京：经济管理出版社，2016.

[9] 宫云举，于向华．"执行难"的司法自救——以统一无财产可供执行案件标准为视角．山东审判，2015，2.

[10] 孙建潮．关于完善我国征信业监管体系的探讨．中共成都市委党校学报，2006，4.

[11] 孙亚，唐友伟．我国征信体系建设中存在的问题及完善建议．投资研究，2008，12.

[12] 唐明琴．比较视野下论我国征信体系的发展与完善问题．征信，2010，2.

[13] 王敬伟．我国征信体系建设理论及现实分析．征信，2009，2.

[14] 熊学萍．美欧征信的制度框架与我国个人征信制度的选择．华中农业大学学报：社会科学版，2011，3.

[15] 杨柳．法律、管制与声誉约束［博士学位论文］．复旦大学，2014：148.

[16] 张维迎．法律制度的信誉基础．经济研究，2002，1.

[17] 邹浩．美国消费信用体系初探．北京：中国政法大学出版社，2006.

案例点评

声誉与法律一样，是维系人们社会活动秩序和经济活动秩序的约束机制。法律，是通过国家司法机构的强制力量约束人们遵守法定规则；声誉，则是通过社会舆论的谴责（褒扬），以非直接强制的方式约束人们遵守社会道德以及规则。人们通常认为与声誉机制相比，法律应该是最强有力的约束力量。但是如果细心观察的话，会发现法律也不是万能的，比如法庭判决后当事人拒不执行判决，比如本案例中说的"老赖"问题。这个时候，可能在法律机制基础上辅之以声誉机制，才能有效解决问题。

在芝麻信用配合最高人民法院解决债务纠纷中的"老赖"问题的案例中，充分体现了声誉机制的作用，说明声誉机制和法律机制在维护社会秩序的作用上，具有相互补充的效果。不仅如此，此案例还说明声誉机制有效发挥作用还取决于有一个良好运转的征信体系。

说到征信体系建设，一般以为主要是对人们行为的信用信息采集（记录）和评价，也就是说要有征信机构能够及时、准确记录人们的信用信息，并给予正确评价，即本案例中所说的"采信"和"评信"。但是，从这个案例中我们深切感受到，仅仅"采信"和"用信"是不够的，不足以依靠声誉的力量构成强大威慑力，还必须有"用信"。用信意味着人们依据采信和评信的结果，对守信者给予奖励，给失信者给予惩罚。没有用信，声誉就没有价值，人们就不会在意声誉，声誉机制也就失去了约束力量。此案例强调了这样一个道理，即"采信""评信""用信"是社会征信体系建设中缺一不可的三个重要环节，只有三者并举，才能形成社会征信体系的良性循环，才能推动中国向诚信社会快速发展。

如何才能加强社会对评信结果的采纳，即"用信"？显然，单纯依靠政府的力量是不够的。本案例说明，借助市场的力量，通过以商业利益驱动的企业行为，不仅可以快速将评信结果送达到社会各类需要用信的节点，而且可以挖掘潜在的用信节点，使采信和评信的结果最大限度发挥作用。因此，社会征信体系建设必须要依赖市场的力量。

但需要指出的是，芝麻信用能够触达的用信网点毕竟有限，如果最高人民法院在试点成功的基础上在更大范围内推广，与更多征信机构合作，会取得更好的效果。但是在正式推广时，需要对参与合作的信用评价机构有公开、公平的选择标准，以保证征信领域的公平竞争。同时，应该尽可能发挥"国家主力"——人民银行征信中心——在征信行业尤其是用信中的作用。

点评人：王君①

---

① 中欧国际工商学院金融学兼职教授、中欧—世界银行普惠金融中心主任。

10

Financial Inclusion

百融至信

——大数据与信用体系建设[①]

孙宝[②]

————————————

① 参加本案例调研的有孙宝、李珍妮、高月霞、曹锐。本报告根据现场收集资料、访谈记录等整理而成，经百融（北京）金融信息服务股份有限公司审定。感谢百融公司的鼎力协助。

② 中国人民大学商学院财务与金融系博士生，联系邮箱：sunbao111@126.com。

摘要：一方面，金融业尤其小微金融，对于有公信力的第三方信用评估服务有极大需求，另一方面，我国社会信用体系的落后远远不能满足需求。互联网、电子商务和大数据等新型技术为征信业快速发展提供了契机。百融至信依托自身大数据技术及来自零售、社交、媒体、航空、教育、运营商、品牌商等线上线下多维数据源，形成有效的风险评价模型。百融至信的案例证明，大数据信用评估技术能够以其特有的"动态信息"机制改善传统信用风险评价的效果，迅速扩大覆盖人群的范围，缓解金融活动中的信息不对称程度。大数据技术在信用评级行业的应用是对该行业的创新与推动，对于加快我国社会信用体系建设具有极其重要的作用。

正如第一次工业革命蒸汽机带动了交通运输变革，第二次工业革命电话电报创造了新的通信方式，20世纪60年代计算机技术开启了信息时代，每次技术革命都使得信息的传送速度得到大幅提升、传送区域向更广的范围扩展。随着21世纪初互联网/移动互联网、电子商务和社交网络的逐步成熟和广泛使用，互联网用户数量大幅增加，用户在网络上发生的购物、社交、浏览网页、搜索等行为产生了海量的数据，大数据技术应运而生，信用评估（即征信）技术也正在发生新的变革。

但是，大数据技术怎样应用到信用分析与评价领域？与传统信用评估相比较具有哪些优势？还存在哪些需要克服的问题？我们希望通过对百融至信案例的深入分析，对以上问题给出答案。

一、百融至信的起步

百融（北京）金融信息服务股份有限公司（以下简称"百融金服"）旗下的百融至信（北京）征信股份有限公司（以下简称"百融至信"），是在国务院推进社会信用体系建设，以及互联网/移动互联网和大数据技术快速发展的背景下，严格依照国家管理要求及信息系统安全等级测评报备制度设立的大数据信用分析与评价服务公司。该公司作为一家专业提供大数据金融信息服务的公司，其信用分析业务发端于百分点科技有限责任公司（以下简称"百分点"）从事互联网营销业务积累的海量数据基础，包括用户线上线下的行为、消费、阅读、偏好、社交、汽车、房产信息及黑名单数据等。自 2013 年开展信用分析业务以来，百融至信已经积累了 5 亿左右的实名用户数据和 7 亿左右的匿名用户数据，并且与多家商业银行、互联网金融公司达成合作协议，其中处于测试及前期沟通阶段的金融机构超过 100 家。

（一）第一阶段：互联网精准营销（2009 年 7 月—2014 年 3 月）

2008 年以来，中国电子商务进入高速发展阶段。为获取更多的流量、改善用户体验、提高转化率，各电商企业对个性化用户推荐的需求逐步变得迫切。在此背景下，百分点于 2009 年 7 月在北京成立，以互联网精准营销起步，为电子商务企业与互联网媒体企业提供站内流量转化和商业智能分析的相关产品与整体优化解决方案，同时也为传统行业提供大数据基础技术、大数据管理和应用的云平台和整体解决方案。

2010 年，百分点完成推荐引擎的研发、测试。该推荐引擎通过深入整合用户的行为记录，构建用户偏好统一视图——用户"画像"，打通网页、移动 App、微信和邮件等界面，实现整个购物过程中的个性化推荐，达到智能导购的效果，提升网站用户体验。2012 年，百分点推出专为电商企业研发的智能商业分析引擎，用于为电商平台增加流量和销售额、优化运营决策。

目前，百分点已经和包括凡客诚品、1 号店、聚美优品、银泰网、麦包包、第一财经周刊、财新网、西祠胡同等在内的近 1 500 多家知名电子商务企业和资讯类网站成为合作伙伴，每天为 8 200 多万名用户提供 2.5 亿次个性化精准推荐以及商业智能分析服务，并已开始涉猎在线教育、在线旅游、金融、证券、制造业等多个领域。针对不同行业的特点，百分点成立了相应的行业事业部开展业务，其中金融行业事业部覆盖了银行、证券、保险、P2P 借贷等金融业态。

（二）第二阶段：金融营销与风控服务（2014 年 3 月—12 月）

金融业产业链从前端业务到后端风控都是基于数据的，与基于实物商品的其他业态相比更易于与互联网技术相结合，尤其是金融企业的核心功能——以信用分析与评价为核心的风险管理与控制技术。伴随着技术进步和商业模式创新，互联网、大数据等新型技术逐步向传统金融行业渗透。

百分点经过 5 年多的积累和发展后已经形成了包括 5 亿左右的实名用户数据和 7 亿左右的匿名用户数据的大数据底层平台。在对实名或匿名用户进行"画像"的精准营销过程中，百分点发现了这些数据的另一个重要用途——信用分析与评价，于是专门开展相关业务，并将其纳入金融行业事业部。2013 年以来，随着国家《征信业管理条例》《征信机构管理办法》《社会信用体系建设规划纲要（2014—2020年)》等一系列法律和政策陆续推出，我国个人征信市场开始进入快速发展阶段。为适应监管需求，保证信用分析与评价业务健康发展，百分点公司于 2014 年 3 月将原金融行业事业部分拆，注册成立百融至信（北京）征信股份有限公司，原存量业务整体迁移至百融至信，并获得了央行授权的企业征信牌照。

百融至信依托大数据技术及来自互联网、线下零售、社交、媒体、航空、教育、运营商、品牌商等多维数据源，为金融业客户提供精准营销、贷前信审、贷后管理服务，帮助客户降低风险率、提升核准率，为客户提升整体运营管理水平给予支撑。2014 年 12 月，在多元金融信息服务业务的架构基础上，百融至信再次更名，成为百融金服，下设金融征信、金融营销、金融不良资产管理等分/子公司，实现集团化运作。目前，百融金服已经与 70 多家金融企业建立合作关系，其中包括多家银行、保险、证券等传统金融机构，以及 P2P 网贷等互联网金融公司。

百融至信、百融金服和百分点之间的关系如图 10－1 所示。

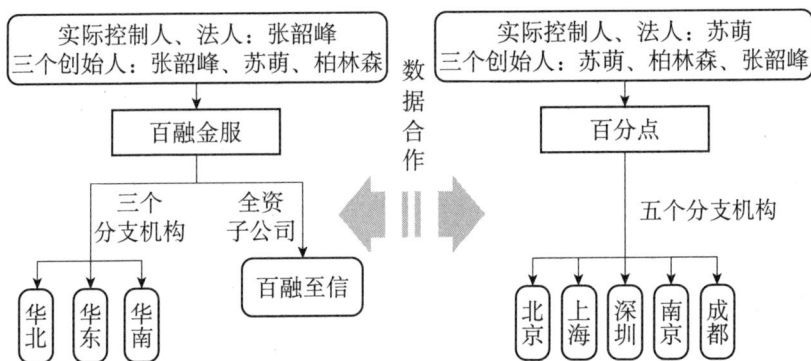

图 10－1 百融至信、百融金服和百分点之间的关系
资料来源：百融金服、中国人民大学小微金融研究中心。

（三）第三阶段：百融至信——专注个人信息分析与评价（2015 年 1 月至今）

为进一步适应监管要求，建立信息系统安全等级测评报备制度，支持个人征信业务的发展，2015 年 1 月，百融金服旗下单独设立了全资子公司——百融至信，与百分点科技和百融金服共享平台和信息资源，专注于个人信息分析与评价领域。百融至信已经与多家商业银行、互联网金融公司达成合作协议，处于测试及前期沟通阶段的金融机构也超过 100 家。目前，百融至信正在积极申请个人征信牌照。

二、搭建大数据平台

搭建大数据平台是实现大数据信用评估的基础。所谓大数据平台是指对于数据进行"采集、整理、保存、加工、提供"的完整过程。

百融至信依据《征信业管理条例》中征信业务的定义，从以上五个层次开展信用分析和评价业务，实现了从数据采集到数据整合与利用（整理、保存、加工），再到向客户输出产品（提供）的全过程（见图 10-2）。搭建了完整的大数据平台。百融至信的大数据平台拥有两大优势：一是综合线上线下多维度数据进行数据采集，二是基于"五大引擎"和"十一系统"进行数据整合与利用。

（一）线上线下多维度数据采集

数据采集是大数据信用评估中最为重要的环节，如何在合法合规

数据采集	数据整合与利用	征信产品输出	下游用户
线上	五大引擎、十一系统	评估报告产品	银行、P2P
电商网站	计算 / 采集		信用审核
移动App	存储 / 内控结算支付	评估分值产品	
媒体网站			贷后管理
模型 客服			
线下	风险评估 / 监控营销产品企业数据个人	营销服务产品	保险、证券
零售商			营销服务
金融机构	价值评估	订阅服务产品	客户服务
公共记录			

互联网用户 零售消费者 金融用户

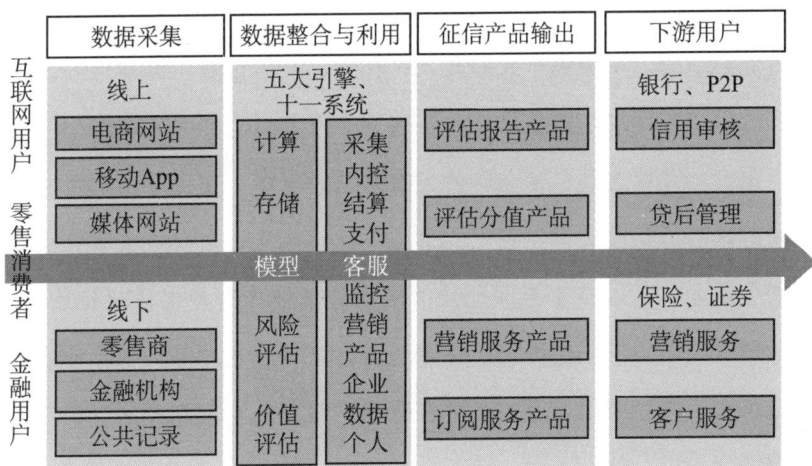

图 10-2 百融数据采集、处理、输出总体框架
资料来源：百融金服、中国人民大学小微金融研究中心。

的前提下获取真实、全面、及时的信息，是百融至信工作的一个核心点。为此，百融至信制定了数据采集原则：坚持客观、独立、公允的第三方立场，遵守法律法规和相关的监管规定，确保数据信息采集的真实性、全面性、及时性、持续性。

在数据采集原则指导下，百融至信经过努力，形成了其多维度数据采集特色（包括线上线下数据），并且做到了数据全面，更新及时，动态性描述，弥补了传统征信模式数据维度少，不够及时，无法动态描述信用变化等缺陷。

1. 采集原则

百融至信数据采集原则的具体内容是：

第一，坚持信息采集的依法合规，不触碰监管红线。为此严格做到：采集个人信息经信息主体本人同意，未经本人同意不进行采集；坚决不采集个人的宗教信仰、基因、指纹、血型、疾病和病史信息以及法律、行政法规规定禁止采集的其他个人信息；未经严格授权及告知负面影响时，不采集个人的收入、存款、有价证券、商业保险、不动产的信息和纳税数额信息等。

第二，坚持客观、独立、公允的第三方立场。艾可菲、益百利和全联等国际征信巨头都是独立的第三方征信机构，自身或关联方没有开展金融业务，这样才能保证征信机构公平地为客户提供征信服务，才能避免与客户的利益冲突。百融至信无论是股东还是关联企业均没有金融及类金融背景，避免了存在既当"裁判员"又当"运动员"的利益博弈。

第三，坚持数据信息采集的真实性、全面性、及时性、持续性。百融至信的数据来源能够反映被采集对象在线上线下真实轨迹的记录，能最大限度减少一些数据采集对象功利性的粉饰目的，并且，百融至信还通过技术方法匹配和核实各种数据资料的真实性。

2. 采集渠道

百融至信数据采集具有多渠道、多维度特点。其数据信息采集渠道包括：信息主体自主提供；开展推荐引擎服务的 1 500 多家线上电商、媒体、社区提供；开展大数据技术服务和 O2O 服务的线下零售商、品牌商提供；建立战略合作关系的第三方数据源；由公共部门包括政府部门、司法部门在依法履职过程中产生的公开信息（包括法人和公民的资质、奖励、表彰、屏蔽、纪律处分、行政处罚、法院、欠税等信息）；其他数据来源。数据类型包括人口统计学数据如性别、年龄、电话号码、住址、工作地址、学历、职业等；线上行为数据包括消费、航空、旅游、社交、阅读、娱乐、新闻、资讯、视频、音乐、游戏等；线下数据包括零售商消费、金融机构借贷、公检法等。

百融至信的数据 60％左右来自线上，同时百融也在进一步拓展线下市场和数据来源，与很多知名大型零售商展开了合作，如兴隆大家庭、朝阳大悦城、万达集团、王府井百货、银泰百货等。深入开展与线上线下客户的合作，进一步拓宽合作领域和行业，可以使百融实时取得更加优质和完整的交易数据，在确保公民隐私权益的情况下初步实现对公民基本信息的广覆盖。

（二）数据整合与利用

准确、全面、及时的数据是信用评估服务的血液，精准、高效、稳定的模型是信用评估服务的灵魂。除了海量数据采集的基础之外，大数据平台的搭建还需要对原始数据进行清洗、整理，实现对数据的整合与利用。

百融至信的母公司百分点作为一家国内有影响力的数据运营服务型企业，在以数据为核心的信用信息系统建设方面具备先天优势，这为百融至信在数据采集、数据计算、数据挖掘、数据服务等方面的业务展开提供了坚实的技术基础。百融至信在原技术基础之上，按照系统稳定性、数据安全性、应用高、可扩展性的原则，又设计推出了包括"五大引擎"和"十一系统"的百融至信信息系统（见图 10-3），并进一步提炼出适合信用评估行业的数据特征及算法引擎，以支撑百融至信的产品及业务发展。

1. 五大引擎

"五大引擎"是百融至信信息系统的核心，也是百分点多年来大数据处理技术、数据挖掘技术以及全网海量积累数据优势的集中体

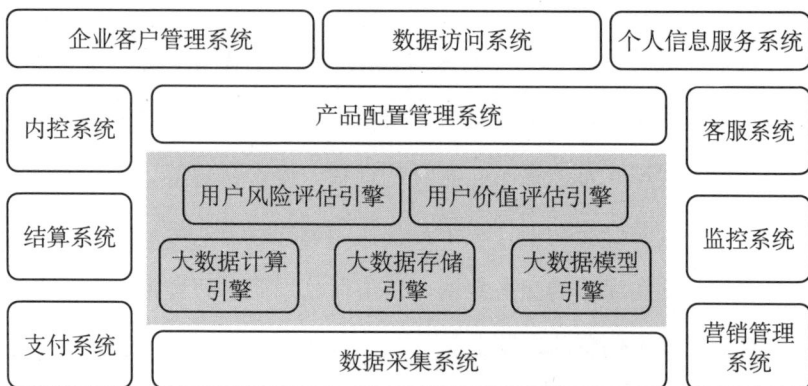

图 10 - 3　五大引擎和十一系统

资料来源：百融金服。

现，分别是"大数据存储引擎""大数据计算引擎""大数据模型引擎""用户风险评估引擎"和"用户价值评估引擎"。

"五大引擎"中，大数据存储引擎中积累了国内最大的跨网站消费偏好数据，拥有 5 亿左右终端网络用户的消费与兴趣偏好，是提供第三方企业征信服务的数据基础；大数据计算引擎、大数据模型引擎负责百融至信信息系统中来自上千个渠道的数十亿原始数据的清洗、标准化、整合、分析、建模，用以形成百融至信用户画像以及提供高附加值信用信息服务的模型算法基础；用户风险评估引擎以用户阅读行为数据、消费行为数据、稳定性数据、品牌偏好数据等为基础，使用四个算法模型评估用户风险。这些算法模型分别是：用户风险逻辑回归模型，一种基于逻辑回归算法建立的百融至信用户风险评估模型；用户风险 SVM 模型，一种基于 SVM 算法建立的百融至信用户风险评估模型；用户风险神经网络模型，一种基于神经网络算法建立的百融至信用户风险评估模型；用户风险集成算法模型，一种基于以上各类算法建立的百融至信用户风险集成评估模型。

百融至信通过"五大引擎"，建立了针对每一个用户的风险评估机制和评估模型，形成了该公司对外提供信用分析产品和服务的核心优势。

2. 十一系统

"十一系统"包括数据采集系统、内控系统、结算系统、支付系统、客服系统、监控系统、营销管理系统、产品配置管理系统、企业客户管理系统、数据访问系统、个人信息服务系统。"十一系统"是百融至信信息系统的基础，也是有效支撑百融至信业务、产品设计、开发、应用以及客户服务的保证。

三、构建风险模型

信用信息分析与评价的目的主要是识别外部欺诈风险和信用风险。根据巴塞尔委员会的定义，外部欺诈风险是指第三方故意骗取、盗用财产或逃避法律导致的损失；信用风险是指借款者不能履行信贷契约中还本付息责任的可能性。百融至信线上线下融合的大数据信用评估模式通过对同一个人的多种 ID 表现出的行为、特殊名单库和量化建模等方法进行欺诈风险识别；基于 5C 法则①和线上线下多维度数据，应用多种模型进行信用风险识别和风险评估。

百融至信的建模思路主要是借鉴 Zest Finance 模型，使用线上、线下融合的海量非金融与金融数据进行信用风险建模，共包含消费、

---

① 品行（Character）、偿还能力（Capacity）、资本（Capital）、抵押（Collateral）与环境（Condition）。

阅读、社交、旅游、娱乐、金融、公共记录等在内的大约 50 万个弱变量。

Zest Finance 模型综合了人口统计数据、网站行为数据、社交网络数据等结构化以及非结构化大数据，共使用约 70 000 个变量进行建模，是大数据风险建模的基础。Zest Finance 模型原理如下：首先，对收集来的海量弱变量进行处理生成各种更加有效的衍生变量；其次，在关联性的基础上将这些变量重新组合成一些比较强的变量；再次，将这些比较强的变量放入采用数十个独立的、采用不同的机器学习算法建立的模型中进行处理，每一个独立的数据模型给出一个独立的评分；最后，将这些评分进行加权组合，整合成最终的信用评分。

（一）欺诈风险识别

百融的欺诈风控体系主要以用 5 亿人的消费、阅读、社交、房产、汽车、借贷、理财和账户变动等真实线上线下行为数据构成的反欺诈数据库为基础。其主要特点有：一是真实性强，用户在进行消费、阅读、社交时基本上没有信贷目的，没有进行身份造假、行为造假的意图；二是交互验证识别用户身份，通过跨屏、跨终端、跨浏览器等技术手段将同一个人的多种 ID 打通，并将同一个人在多种 ID 上表现出的行为进行贯穿，以准确识别用户身份；三是实时性强，用户在发生潜在欺诈行为并被捕捉到数据库中后，系统能够以毫秒量级的速度识别出风险。百融至信欺诈风险识别方法与传统方法的区别主要在于数据的多维度交互验证和模型的动态监控。传统方法主要基于身份证号、地址核查、电话确认等手段，这种方式能在一定程度上识别欺诈风险，但是仍然会有伪造、伪装等欺诈行为无法被识别出，在真实性、交互验证、实时性方面效果均不甚理想。

百融至信的欺诈风险识别方法主要包含三个组成部分：身份信息与行为异常核查、特殊名单库核查和量化的欺诈风险模型对潜在的欺诈风险进行打分。

1. 身份信息与行为异常核查

身份信息与行为异常核查是指通过验证信用申请者所提交的信息与百融数据库中申请者的信息匹配度，以确定申请用户身份的真实性。其中涉及的数据基础主要是个体用户的 PII 图①关系数据，包括身份证、手机号、邮箱、姓名、座机、地址、Cookie②、IMEI③。身份核查策略涉及的欺诈场景包括：同一台设备利用多个不同的身份多次申请信用卡或者贷款；同一台设备多次申请多家金融机构的信用卡或者贷款；冒用他人身份申请（身份信息与联系方式不一致）；申请地址与日常生活地址不一致；从来没有网上行为的用户突然进行网络申请信用卡等。

2. 特殊名单库核查

特殊名单库核查主要是针对个体欺诈风险进行敏感信息核查。个体风险敏感信息核查通过与特殊名单进行匹配查询，判断用户的信贷真实性。

---

① 个人可识别信息（Personal Identifiable Information，PII），即用户信息，包括姓名、身份证、手机号、邮箱等可以在现实世界中对应到一个具体的人的信息。

② Cookie，指某些网站为了辨别用户身份、进行会话跟踪而储存在用户本地终端上的数据（通常经过加密）。

③ IMEI（International Mobile Equipment Identity），即移动设备国际识别码，是手机的唯一识别号码。手机在生产时，会被赋予一个 IMEI。

百融至信有一个特殊名单数据库，该名单库是基于百融大数据分析平台建立起来的。特殊名单库的使用策略分为两类，一是新申请用户查询特殊名单库，如果查询命中，那么返回特殊名单类型；二是新申请用户查询 PII 图关系数据库，针对扩展的用户身份信息再次查询特殊名单库，如果查询命中，那么返回 PII 图关系层级和特殊名单类型。百融特殊名单库的功能在于利用个体用户的 PII 图关系数据及特殊名单数据，通过与特殊名单进行匹配查询，判断用户的信贷资质。

3. 量化的欺诈风险模型

百融反欺诈模型是基于决策树算法和专家经验判断的混合型评分模型，使用定量的方法反映客户的欺诈风险，弥补人工审核盲区，缩短欺诈审核时间。模型结合反欺诈方面的专家经验，通过数据整合、抽样、变量分析、交叉验证、预测力检验、欺诈专家筛选变量、创建欺诈评分模型、模型评估和模型检测的工作程序，实现用分值来预测客户的欺诈可能性。一旦模型开始使用，就需要持续监控模型应用效果，并跟踪市场欺诈行为的变动，对模型变量和分值进行调整。

（二）信用风险建模

信用风险建模一般是应用 5C 法则对用户行为信息进行信用评估。建模的类型可以很多，目的是依据现有数据，尽可能准确地评价用户风险。百融的数据特点是多维度，包含人口统计学数据、行为数据、资产数据等，数据维度多达几千种。为从海量信息中得到对用户的风险评价，百融需要使用的风险评估模型就要相对传统征信复杂。但总体上可以分为分类模型和算法模型两类。目前，百融至信使用的分类模型主要有：评分卡模型、信用风险策略模型、信用评级模型、大数据集成模型；使用的算法模型主要有：逻辑回归、决策树、KNN 法（K-Nearest Neighbor）、SVM 法、Bayes 法、神经网络等。如果以传统的评分卡模型为例，我们可以看到这些模型在大数据背景下的基本工作原理。

评分卡模型是一种基于逻辑回归算法定量评估用户信用风险的模型。使用该模型作信用评估时首先需要确定数据来源并选取样本。百融至信针对包括消费数据、媒体浏览数据、资产数据、商旅数据、匹配方式信息，以及银行申请表数据、逾期/不良数据等大量数据，先进行探索性数据分析，即考察弱变量当中哪些变量可以用于信用评估①；在找到可用于评价信用的弱变量之后，再根据弱变量的预测能力，以及其对应的坏账率和业务含义，对弱变量分组，将其转化成较强的变量，强变量即为预测变量。预测变量的取值将作为违约变量（二值变量）预测能力的度量指标（见图 10-4）。根据分组产生的最新数据集合，就可以应用逻辑回归运算建立初始回归模型了。在回归模型的基础上，用概率与分数之间的转换算法把概率转换成分数，进而得到评分卡。评分卡对所有申请贷款的群体作信用评估，包括信用质量较好、通过审批的客户信用，以及历史上没有通过审批的客户，以保证样本空间不会出现系统性扭曲。

最后的工作是检验、监控和调整模型。模型的预测能力、稳定性

---

① 探索性数据分析包括单变量分析、双变量分析、相关性分析、交叉验证和异常值分析。单变量分析中涉及的连续变量的统计量包括：观测数、均值、标准差、偏度、缺失数、众数等；分类变量包括：各分类的频数、频率、累积频数、累积频率。双变量分析用于预测变量与坏账率的趋势分析。相关性分析，计算连续变量之间的 Pearson 相关系数作为衡量连续变量相关性的指标。对这些弱变量进行交叉验证，以确定其是否能够评价信用风险。最后进行异常值分析，并剔除异常值。

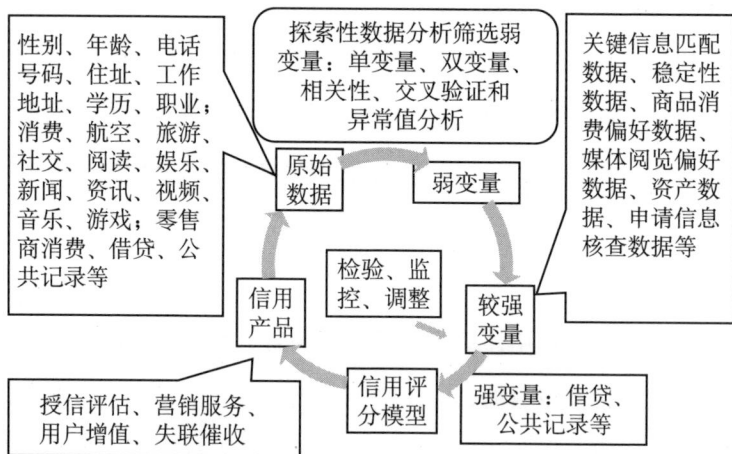

图 10 - 4 大数据信用风险建模流程图
资料来源：百融金服、中国人民大学小微金融研究中心。

必须通过检验才可以实际运用。例如模型建立之后，需要做稳定性监测报表，比较新申请人与开发样本客户的分数分布，对模型的有效性进行监控；需要做特征分析报表，比较目前和模型建立期间的所有评分卡特征的分布，对模型的有效性进行监控；需要做不良贷款数据分析报表，评估不同分值区间的不良贷款，与模型建立阶段的预测进行比较，监控客户贷款质量。一般一段时间后，随经济环境、市场环境变化以及用户结构不断变化，信用评分卡的预测能力会逐渐减弱，百融至信需要根据变化调整评分模型。所以，信用评分卡在建立后要进行持续的监控，在应用一段时间要进行适当调整或重建。

四、多样的信用分析和评价产品

从国内外征信业务发展来看，信用分析与评价产品有三个特征：

一是征信结果（报告）的标准化，目前各国普遍采纳的是源于美国征信局协会（CDIA）征信报告的标准；二是征信体系融合，个人征信与企业征信呈融合趋势，在评价企业风险的同时会考量其高管、董事会成员的个人信用状况；三是信用服务产品不断细化，风险评估种类不断细化，从单一信用风险评价到资产预测、破产预测、偿债预测、收入预测等，从简单评分产品到定制化的数据应用与工具对接服务。评分产品仅仅是一个初级筛选的结果，在此基础上还可以作为模型输入对接定制化的客户应用。

百融至信目前主要的信用分析与评价产品是关于欺诈和信用风险识别的授信评估系列产品，包括企业征信、个人信用风险分析，比较适合中国征信市场。公司正在努力将征信服务拓展到金融营销和一些增值服务领域，实现覆盖金融客户业务全流程的服务，例如在贷前模块，提供营销引流服务、反欺诈服务、授信评估服务；在贷后模块提供用户增值、风险预警及追债委托服务（见图 10 - 5）。

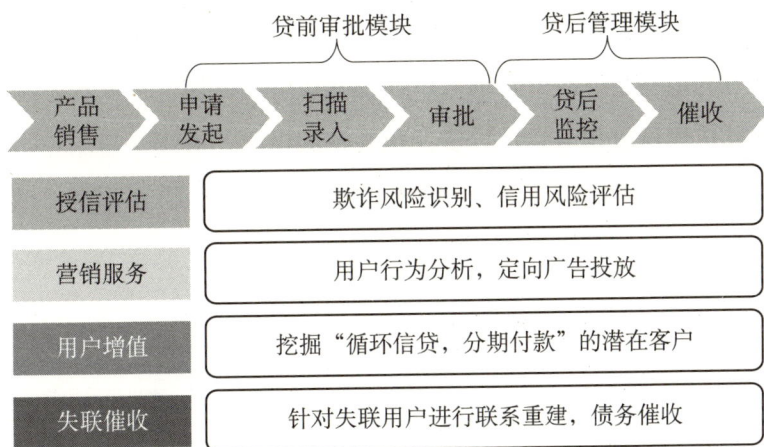

图 10 - 5 百融至信全流程信用分析与评价产品体系
资料来源：百融金服、中国人民大学小微金融研究中心。

1. 反欺诈服务

反欺诈是信贷业务贷前审查的初始和必要步骤。传统银行业务中，欺诈风险主要集中在信用卡业务领域。而在以 P2P 为主的互联网金融等业务中，由于互联网的虚拟性使得造假的难度和成本大幅下降，欺诈风险更为严重。百融金服反欺诈服务利用身份信息与行为异常核查、特殊名单库核查和量化的欺诈风险模型等手段，在海量数据挖掘的基础上实施反欺诈服务。其核心流程包括：特殊名单库核查比对拒绝、规则量化拒绝、设备反欺诈拒绝、高风险客户预警四部分内容。反欺诈业务是百融金服目前重点发展的一个业务。

2. 个人信用分析与评价报告

百融至信的个人信用分析产品体系包括个人真实性评估报告、风险评估报告、价值评估报告、兴趣评估报告等（见表 10 - 1）。公司还计划进一步拓展个人信用分析产品服务，用于求职招聘、婚恋交友、房屋租赁、汽车租赁、贸易来往等领域。

目前，百融至信个人信用信息分析业务的服务对象主要有金融机构和普通客户。对于金融机构，主要提供互联网征信服务来满足其降低信用风险的需求，以及挖掘客户的需求；对于普通用户，主要是以便捷的方式帮助他们建立和增加信用记录，以获得更多的金融服务。

表 10 - 1　　　　　百融至信个人信用信息分析报告

报告名称	模块名称	释义
真实性评估报告	身份信息核查	用户身份证、手机号、邮箱、姓名、座机号等用户身份信息的一致性核查
	上网信息核查	用户设备上网城市的信息，需要部署百融代码后才可以提供
	位置信息核查	用户详细地址信息的一致性核查

续前表

报告名称	模块名称	释义
风险评估报告	稳定性评估	用户手机、邮箱、姓名、地址等变更次数的评估
	商品消费评估（类目名加密）	用户商品消费行为的统计评估（类目名称加密后输出，细分到一级类目，如：母婴用品）
	申请信息核查	用户身份证号、手机号和设备（需要部署百融代码）的信贷申请及使用情况统计核查
	线上行为评估	用户设备上网的操作系统、上网类型等信息，需要部署百融代码后可以提供
	商品消费评估	用户商品消费行为的统计评估（类目名称实名输出）
	学历背景评估	用户学历背景的评估
	风险评估模型	用户信用风险评分值或者策略规则
	初始额度模型	用户初始信用额度的评分值或规则
价值评估报告	小微企业主/企业高管标志	用户是否是小微企业主/企业高管的标志
	商旅消费评估	用户航空旅行的消费情况统计评估
	支付消费评估	用户一般消费情况统计评估
兴趣评估报告	阅读兴趣评估（类目名加密）	用户媒体阅读偏好统计评估（类目名称加密后输出，细分到一级类目，如：财经）
	品牌兴趣评估	用户品牌消费的统计评估
	阅读兴趣评估	用户媒体阅读偏好统计评估（类目名称实名输出）
	商品兴趣评估	用户商品消费偏好统计评估（细分到三级类目，如：汽车用品/内饰精品/颈枕/头枕）

资料来源：百融金服。

3. 百融信用评分

百融至信信用风险建模的最重要结果是生成百融个人信用评分。百融信用评分的分值为300～1 000分，分数越高代表信用风险越低，违约的可能性越小。据了解，百融至信计划在百融信用评分的基础上做进一步拓展，形成百融评分体系，该体系包括信用申请分、信用行为分、欺诈评分、催收评分等。

百融信用评分不同评分区间与信用风险等级的对应关系为：[300，400)为极高风险；[400，500)为高风险；[500，550)为中风险；[550，650)为低风险；[650，1 000]为极低风险。例如，对某商业银行某借款者的做信用评分，得到百融信用分653分，属于极低风险类别。从评分内容可以看出，该借款者在游戏、娱乐类活动上花费的时间费用较多，因而信用评分较低（36分）；相反，在教育、科学类活动上花费的时间费用较多，因而信用评分较高（56分），这些线上行为变量可以在一定程度上帮助识别借贷申请人信用风险。

表10-2列出了一个借款人评分卡的例子。

表10-2　　　　　　　　　　　某借款人评分卡示例

入选变量	变量取值	信用分值
发生交易次数最多的项目类别	娱乐、游戏、动漫 3C数码 餐饮食品、出差旅行 穿衣打扮、居家生活	36 46 64 51
发生访问次数最多的项目类别	时政新闻、文学/艺术、财经、生活/地方类社区、历史/社会/人文 科学/教育、财经/管理、汽车、旅游/交通、健康/医药、母婴育儿 知识/问答、游戏/动漫	48 56 40
匹配类型	只有ID或者邮箱匹配 ID和邮箱匹配或只有手机匹配 ID和手机匹配 手机和邮箱匹配或ID、手机和邮箱都匹配	35 39 45 49
用户3C数据类目的消费金额	只有ID或邮箱匹配 ID和邮箱匹配或只有手机匹配 ID和手机匹配	39 51 54
百融信用分		653

资料来源：百融金服。

4. 百融至信信用分析助手

信用分析助手是百融至信一款直接面向贷款用户的产品，涵盖7亿用户的消费、阅读、社交、资产和运营商数据。信用分析助手的使用者主要是个人或企业借款者和金融机构。对于个人或企业借款者，当有资金需求时，在P2P借贷平台或者与信用分析助手有合作关系的机构的手机 App 上申请贷款，通过链接进入信用分析助手的界面，填写基本信息和授权相关账号，系统经运算后会显示借款者的信用评估结果、可提供的借款额度、期限和利率等。对于金融机构，在收到客户的申请信息后，金融机构登录信用分析助手后可以查看或下载信用分析助手为该用户出具的评估报告，并对借款方进行审核并完成后续借贷流程。

信用分析助手的功能包括前台功能、后台功能和其他功能。其中，前台功能主要体现在注册、登录、基本资料查询（包括姓名、身份证号、手机号和电子邮箱等）、网络账号授权（包括手机号、淘宝账号和京东账号等）、更新资料（包括手机号、淘宝账号和京东账号等）和分享（包括微信朋友圈、QQ 空间和新浪微博）上。后台功能主要体现在机构后台和管理后台两方面，机构后台可以查看和下载用户评估报告，管理后台可以进行账号（角色）管理、借款方查询和数据统计查询（按时间、机构和地域等维度）。其他功能主要是数据接口功能（见图 10-6）。

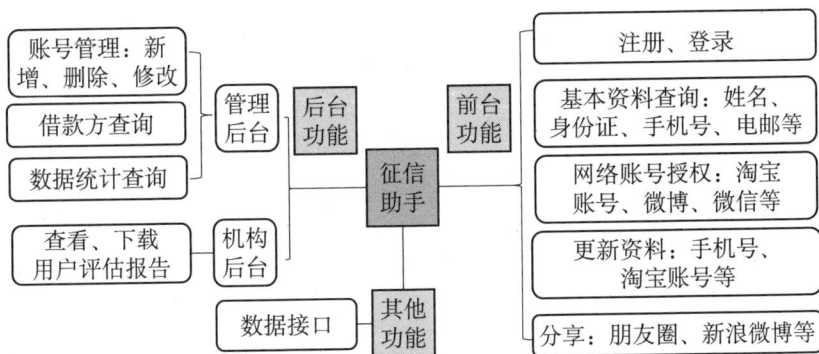

图 10-6 信用分析助手产品功能

资料来源：百融金服、中国人民大学小微金融研究中心。

五、大数据信用分析与评价效果如何?

我国征信体系经过 20 多年的发展已经取得了明显的进步,但是仍然存在一些问题导致总体征信效果不理想,如信用信息不足、覆盖人群窄等。大数据信用评估技术的出现,以其特有的"动态信息"机制提供实时、动态的信用评估与监控,提高了信用评估的效果、扩大了覆盖人群的范围,以迂回的方式解决了"信息孤岛"问题,缓解了信息不对称程度。通过百融至信公司线上线下大数据信用建模的方法和应用案例能够发现,大数据信用评估能取得非常好的评价效果。

第一,扩大了信用覆盖人群。截至 2013 年 11 月底,中国人民银行征信中心征信系统收录自然人 8.3 亿多,但其数据维度相对单一,并且其中只有 3 亿左右的数据包含信贷记录,大部分自然人只有简单的身份信息记录,因此其实际的信用覆盖人数为 3 亿多人。在央行征信体系之外,很多个人没有信用记录,导致无法向借款者提供信贷、放贷数额低于(或高于)借款者客观的信用额度等问题。百融至信目前拥有 5 亿左右的实名用户数据和 7 亿左右的匿名用户数据,通过百融至信的大数据信用评估方法,可以为央行征信体系外的借款者做出适当的信用评估,扩大了信用覆盖人群,特别是在大多数申请者都不具备央行信用报告的互联网金融领域。

第二,有助于改善中国人民银行征信中心的信用评估效果。针对在央行有信用记录的借款者,百融至信可以从中筛选出央行评价为信用好,但实际并没有那么好的借款者,即识别出粉饰信用的借款者;也可以筛选出央行评价为信用差,但实际并没有那么差的借款者。

第三，有助于降低金融机构的不良率。信用评估的根本目的是识别、评估欺诈风险和信用风险，以帮助改善不良率。根据百融至信与银行、小额贷款公司、P2P等上百家金融机构合作进行大数据信用评估业务的结果看，已经取得了良好的效果。我们将对此做展开分析。

（一）帮助降低银行信用卡业务的不良率

在百融金服的客户群体中，银行是很重要的一部分。近年来银行零售业务急速增长，各家银行在数据分析、数据存储、系统扩展等方面面临巨大的压力，在有效利用客户数据进行创新服务方面也面临重重挑战。随着银行的客户群规模越来越大，银行需要对不同类别客户进行识别，给不同的消费者发放不同的卡片，评估信用卡用户的风险与价值。百融金服通过调阅银行用户评估报告并结合线上线下数据进行信用建模，实现对银行用户的特征和价值识别，以解决一些银行信用卡中心和其他金融机构所面临的问题。

通过百融金服与国内排名前十的三家全国性股份制商业银行分别开展的多轮实测结果来看，利用百融至信的评估报告进行贷款风控，能将银行信用卡业务的不良率降低一半左右，效果良好。例如：

对 A 银行的个人风险评估效果是，经过 2 轮共 50 万真实用户的测试，基于用户评估报告，可以帮助该行将线下发展的个人用户的不良率降低至之前的 1/2，将线上发展的个人用户的不良率降低至之前的 1/3。

对 B 银行的个人风险评估效果是，经过 1 轮共 30 万真实用户的测试，基于用户评估报告，可以将该行线下发展的个人用户的不良率降低至之前的 5/8。

对 C 银行的个人风险评估效果是，经过 2 轮共 20 万真实用户的测试，基于用户评估报告，可以将该行线下发展的个人用户的不良率降低至原来的 5/7；对于没有人民银行征信报告的用户，可以将风险评估模型的 KS 值[1]从之前的 0.28 提高到 0.49[2]（见图 10-7）。

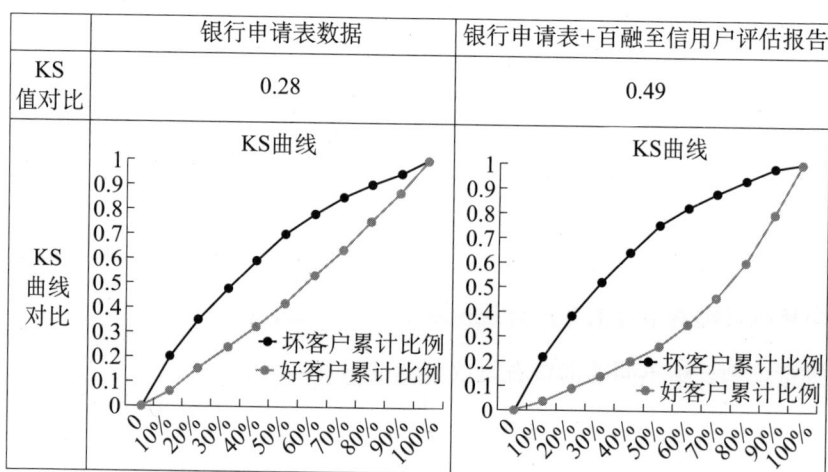

KS 值对比	银行申请表数据	银行申请表+百融至信用户评估报告
	0.28	0.49
KS 曲线对比	KS曲线 坏客户累计比例 好客户累计比例	KS曲线 坏客户累计比例 好客户累计比例

图 10-7　KS 值与 KS 曲线对比

资料来源：百融金服。

（二）帮助降低小额贷款公司的不良率

小贷业务是小微金融最重要的领域，但由于其授信额度小，且主

---

① KS 检验是统计学中在对一组数据进行统计分析时所用到的一种方法。它是将需要做统计分析的数据和另一组标准数据进行对比，求得它和标准数据之间的偏差的方法。一般在 KS 检验中，先计算需要做比较的两组观察数据的累积分布函数，然后求这两个累积分布函数的差的绝对值中的最大值 D。最后通过查表以确定 D 值是否落在所要求对应的置信区间内。若 D 值落在了对应的置信区间内，说明被检测的数据满足要求。反之亦然。在百融至信模型中，KS 值的定义为，将样本所有申请者按评分由低到高排序，KS 值为对应的累计"坏"客户百分比与累计"好"客户百分比之差的最大值。

② 银行界统一使用 KS 值来评判模型区分好坏客户的效果，KS 值越大模型区分效果越好。

要面向小微企业和个人，其开展业务的薄弱环节主要在风控环节上，尤其是贷前信用风险评估。百融至信可以通过对小贷公司线上、线下用户建立模型评估授信，以降低其贷款不良率。特别对于利用手机端App展开小额授信的小贷公司，百融至信更是有一套独特的风险识别方法：第一，手机App能够获取手机的硬件编号，如果模型发现该编号的手机在一段时间内变换申请人身份信息，在本机构或数家机构之间多次申请贷款，则该手机对应的申请者存在较高的欺诈嫌疑；第二，手机App能够获取申请者的地理位置，如果模型发现申请者在申请时的位置与他在申请表上填写的地址距离较大，那么认定该申请者风险较高。

某小贷公司通过手机端App开展小额授信，同时在线下和线上接受贷款申请，授信额度为 500～5000 元。客户主要在三四线以下城市。百融至信在与该小贷公司合作中对其小贷业务做评估授信，使其在采用百融至信模型后，对线上线下客户的贷款不良率分别降至7.57％和5.32％，较之前下降 5.36％和4.26％（见表10-3）。

表 10-3 　　　　　　某小贷公司客户不良率对比

客户分类		该公司之前的不良率	百融至信模型推荐用户的不良率
按获客渠道区分	线上用户	12.93％	7.57％
	线下用户	9.58％	5.32％

资料来源：百融金服。

（三）帮助金融机构识别 POS 商户贷款的真实性

不少金融机构通过分析商户的 POS 机刷卡流水数据给商户授信，将 POS 流水数据看作商户的收入数据。然而，不诚信的小微企业主可能会通过故意做大刷卡流水数据的方法进行"刷信用"，从而达到骗贷目的。

根据台湾征信中心的量化建模经验，小微企业的企业信用40％的权重取决于小微企业主个人信用，20％的权重取决于与该小微企业有合作关系的上下游企业企业主的个人信用。百融至信的分析结果发现小微企业信用与小微企业主的个人行为有较强的关联，如表10-4所示。因此，百融至信通过"POS流水数据＋商户户主个人数据"两类数据联合建模来预估商户的套现风险以及POS贷款违约风险，均发现百融至信的模型具有较强的指示作用，主要体现在信息的真实性和商户行为特征上，可以用来帮助金融机构识别POS商户贷款的真实性。

表 10-4 小微企业主的个人行为的风险程度

小微企业主的个人行为	风险程度
商户身份证号和电话号在数据中显示是一致的	风险较低
商户的个人信用和企业信用分值较高	风险较低
商户匹配的 profile 中有多个身份证号	风险较高
商户在游戏、动漫、娱乐等类目上消费级别高	风险很高
商户在经管、科技等类目上活跃度较低	风险较低
商户关键刷卡人有多个身份证号、手机号	风险较高
商户关键刷卡人与商户有共同的地址信息	风险较高

资料来源：百融金服、中国人民大学小微金融研究中心。

（四）帮助提高 P2P 公司的风控能力，降低其不良率

P2P 借贷是互联网金融的主要形式，但是由于其风控能力的短板导致 P2P 公司的实际不良率较高，其征信手段的欠缺引致的高信用风险使得融资成本居高不下。百融至信通过与国内排名前三甲的某大型 P2P 公司合作，将百融大数据信用评估模式应用到该公司的风控环节，取得了较好的效果。

　　该公司客户来源有线上和线下两个大类渠道，借款的客户可分为工薪类和经营类。总体来看，百融评估的客户不良率大幅低于非百融评估的不良率。其中，分渠道评估效果是，线上数据整体匹配率[①]为66.77%，百融评估的客户不良率为7.57%，低于非百融评估客户不良率（12.93%）5.36个百分点；线下数据整体匹配率43.50%，百融评估的客户不良率为5.32%，低于非百融评估客户不良率（9.58%）4.26个百分点。分客户类型评估的效果是，工薪类整体匹配率为60.48%，百融评估的客户不良率为5.56%，低于非百融评估客户不良率（13.45%）7.89个百分点；经营类整体匹配率71.69%，百融评估的客户不良率为6.53%，低于非百融评估客户不良率（11.68%）5.15个百分点（见表10-5）。

表10-5　　　　　　　P2P公司客户分渠道不良率评估效果

客户分类		总数据量匹配率	百融评估客户不良率	非百融评估客户不良率
按客户来源渠道	线上	66.77%	7.57%	12.93%
	线下	43.50%	5.32%	9.58%
按客户类别	工薪类型	60.48%	5.56%	13.45%
	经营类型	71.69%	6.53%	11.68%

　　资料来源：百融金服、中国人民大学小微金融研究中心。

　　上述实例说明百融至信使用大数据信用评估技术，的确有助于更准确识别借款人的信用风险，有助于降低贷款不良率。特别对于小额贷款公司、P2P网络借贷平台等小微金融业务，以及银行信用卡业务，有十分显著的帮助。

---

　　① 整体匹配率是指，在P2P平台登记的客户资料中证件号、手机号、邮件地址三项数据中至少有一项（重复匹配算一次）与百融金服数据库中的数据相匹配的客户数量占平台客户总数的比例。

六、保证数据安全与保护个人隐私

大数据信用评估在给降低信息不对称、控制信用风险方面带来巨大好处的同时，也形成一些潜在的隐患，首当其冲的就是信息安全问题，即个人隐私保护。大数据信用评估获取的数据来源非常广泛，不仅包括线下的金融数据、公共记录信息，也包括线上的购物消费、阅读习惯、社交轨迹、在线旅游、娱乐爱好等数据信息，最终可达几万甚至几十万个变量。这些数据涉及个人敏感资料，如果稍有不慎造成信息外泄，对信息拥有者本人以及信用评估行业本身都会带来伤害。因此，在进行大数据信用评估过程中，如何保护数据安全，不仅是公众最为关注的事情，也是从事这项业务的信用评估公司最为关注的事情。

从百融至信的实践看，在外部监管环境既定的情况下，主要从数据安全管理和加强内部控制两条主线入手，严格比照国家信息系统安全等级保护三级要求执行。通过设计严格的管理制度以及对制度的认真执行，确保数据安全。

（一）建立严格的数据安全管理制度

百融至信作为独立第三方的新型征信机构，基于自身长期利益的考虑，十分重视数据安全的管理。为此，它设计了严格的数据保护措施，该措施体现了全流程控制的特点：从原始数据进入处理流程后即开始，分别经过数据脱敏、数据分块、数据和应用程序安全分级、对数据处理过程各环节实行加密和隔离等环节，直到流程结束。通过数据脱敏，对敏感数据［如个人可识别信息（即 PII 信息）］隐去关键信息并用随机字符串代替；通过对脱敏的数据分块，将同一人的信息分成不同的部分并由不同的员工管理；通过对分块后的数据和应用程序进行安全分级，加大数据对应的具体个人的识别难度；通过在数据处理过程中的传输、存储、备份和清理等环节进行加密和隔离，降低数据泄露的可能性。

1. 数据脱敏

百融至信数据库中敏感的数据是 PII 信息，当一批含有 PII 信息的数据进入百融至信数据库时，这批数据面临的第一道自动处理工序就是"PII 脱敏"。假设一位姓名叫"张三"、手机号是"13000000000"、身份证号是"517087198703180917"的用户的数据进入到了数据库中，那么通过"PII 脱敏"，该人的姓名、手机号、身份证号等实名联系方式会被转换为类似于"f4&＊Gx（8@3Y"的匿名用户编号。"PII 脱敏"工序通过计算机程序自动实现，不需要人工参与，因此员工无法接触到用户 PII 信息。以后"张三"这名用户在百融至信数据库中的代号就变为"f4&＊Gx（8@3Y"，对该用户相关信息的一切加工处理都将围绕着"f4&＊Gx（8@3Y"这个代号来进行。由于这样的信息无法对应到现实世界中的一个具体的人，因此即使被泄露，危害也非常有限。

用户的真实 PII 信息与匿名用户编号的对应关系在百融至信内部独立存放，在全公司范围内受到最高级别的监管。任何人员或应用要访问用户 PII 信息，都需要经过以下流程：

第一，申请者向公司数据管理委员会申报，审批通过后还需要输入 3 道授权密码才能进入 PII 查询系统。这 3 道密码由数据管理委员会的 3 位成员分别管理，但这 3 位成员并不固定，而是定期轮换。数据管理委员会之外的人并不知道当前这一刻是哪 3 位成员在掌管这 3 道密码。

第二，数据管理委员会中的 3 位成员亲自连续输入这 3 道授权密码。每当有人开始输入第 1 道密码，那么 PII 查询系统就认为一次"密码输入过程"开始了。整个"密码输入过程"必须在 3 分钟内完成，否则程序会出现超时并报警，超时后必须从第 1 道密码开始输入。如果有人顺利地在 3 分钟之内正确地连续输入了 3 道密码，那么 PII 查询系统认为本次"密码输入过程"是一次"正确的密码输入过程"，反之就是一次"错误的密码输入过程"。

PII 查询系统每天最多接受 3 次"密码输入过程"。不论这几次"密码输入过程"是否有错误，一旦某一天发生了 3 次"密码输入过程"，PII 查询就将自动锁闭从而不再接受密码输入。不论"密码输入过程"是否有错误，每次"密码输入过程"都会被自动记录在 PII 查询系统的访问日志中，以备以后分析查询。每出现一次"错误的密码输入过程"，PII 查询系统的报警模块都会发出"普通级"的报警。如果某一天连续出现 3 次"错误的密码输入过程"，那么 PII 查询系统会发出"严重级"的报警。PII 查询系统有专人 7×24 小时值守，实现人工监控每一次报警。"普通级"的报警将会被报警模块自动以短信＋E-mail 的形式通知到数据管理委员会的 5 位成员。而一旦出现"严重级"的报警，值守专员会人工联系到数据管理委员会的 5 位成员，向他们通报当前状态并调查原因，并启动应急流程。

2. 数据分块

实名用户信息经过 PII 信息脱敏后，不易被外部人识别，已经提高了安全性。但这还不够，百融至信对这些脱敏信息还会做进一步安全处理，即通过将数据进行分块，使得每位员工都只能看到一部分匿名用户的一部分属性信息。例如：

假设百融至信数据库中一共有4个用户，每个用户有4个属性，那么这4个用户的完整描述可以用下面这个4×6的表格来表示（见表10-6）。百融至信的系统将行号为1和2，属性编号为1和2的数据交给1号员工管理；将行号为1和2，属性编号为3和4的数据交给2号员工管理；将行号为3和4，属性编号为1和2的数据交给3号员工管理；将行号为3和4，属性编号为3和4的数据交给4号员工管理。这种数据分块方法能保证每一位员工都只能看到部分用户的部分属性信息，从而进一步降低数据泄露所带来的危害。

表 10-6　　　　　　　　　百融数据分块原理

行号	匿名用户编号	属性1	属性2	属性3	属性4
1	f4&＊Gx（8@3Y	员工1	员工1	员工2	员工2
2	g4&＊Gx（8@3Y	员工1	员工1	员工2	员工2
3	h4&＊Gx（8@3Y	员工3	员工3	员工4	员工4
4	i4&＊Gx（8@3Y	员工3	员工3	员工4	员工4

资料来源：百融金服。

3. 数据和应用程序分级

除了数据脱敏、数据分块以外，百融至信还对数据和应用程序按照保密等级进行划分，并对不同安全级别的数据及应用程序做出相应的安全管理规定。

百融至信对数据库中的数据按照保密度分为：第一，用户匿名唯一编号，该编号是类似于"f4&＊Gx（8@3Y"这种无意义的字符串，该编号无法对应到现实世界中一个具体的人。第二，用户的人口统计信息，包括年龄、性别、职业、受教育程度等。第三，用户行为信息，包括消费、阅读等行为。第四，用户 PII 信息，即用户个人身份信息或者联系方式，包括姓名、身份证、手机号、邮箱等，可以在现实世界中对应到一个具体的人的信息。其中"用户匿名唯一编号"类数据已经不具备安全敏感性了，因为"f4&＊Gx（8@3Y"无法对应到一个具体的人。但后三类数据较敏感，尤其是最后一类数据。

根据使用数据的保密等级，百融至信将所有（内部或外部）应用程序分为：第一，A 级应用——涉及用户 PII 信息的应用，包括用户多重标志匹配，用户唯一编号和 PII 信息映射，用户个人信息挖掘等。此类应用仅在内部使用，其唯一目的用于打通隶属于同一个用户的多种数据，使得多种数据可以与同一个用户相关联。A 级应用只在内部使用，不对外提供服务。第二，B 级应用，涉及用户行为和人口统计信息的外部应用。这类应用是针对金融机构的具体需求对数据进行加工或脱敏后输出给外部的。第三，C 级应用，涉及用户匿名唯一编号的应用，包括用户匹配、个性化商品与内容推荐等。这类应用对内对外都能使用，它们输出的是用户匿名唯一编号（比如"f4&＊Gx（8@3Y"）以及不含敏感信息的模型结果（比如该用户是否喜欢商旅型信用卡），输出匿名唯一编号是为了与金融机构匹配用户，输出不含敏感信息的模型结果是为了方便金融机构做出更加科学的决策。

4. 数据处理安控流程

（1）数据信息的安全使用要求

数据使用是指在非生产环境内利用生产数据开展各项活动的过程。百融至信的数据使用部门为严格控制数据在非生产环境中的使用，采取了一系列措施。主要是针对不同安全等级的数据设立相应的数据使用权限，并控制数据的使用范围，明确数据使用的时间周期，严格控制在使用周期内使用数据，保障数据不对外泄露。外包人员及其他非百融至信人员使用数据时，也要求按照公司相关要求执行，保证数据的安全性。

（2）数据信息的安全传输要求

在对数据信息进行传输时，应该在风险评估的基础上采用合理的加密技术，特别是机密和绝密信息在存储和传输时必须加密。百融至信在选择和应用加密技术时，按照以下规范操作：符合国家有关加密技术的法律法规；根据风险评估确定保护级别，并以此确定加密算法的类型、属性，以及所用密钥的长度；听取专家的建议，确定合适的保护级别，选择能够提供所需保护的合适的工具。

（3）数据信息的安全存储要求

数据信息主要存储介质包括：硬盘、U 盘、磁带、光存储介质。

百融至信在进行存储介质管理时，按照以下规定操作：包含重要、敏感或关键数据信息的移动式存储介质安排专人值守；删除可重复使用存储介质上的机密及绝密数据时，为避免在可移动介质上遗留信息，对介质进行消磁或彻底的格式化，或者使用专用的工具在存储区域填入无用的信息进行覆盖；任何存储媒介入库或出库经过授权，并保留相应记录，方便审计跟踪。

此外，公司要求内部员工只能在特定的、带有严密安全防护措施的计算机终端上编写数据处理程序。数据存储在远程机房的服务器上。员工直接操作的计算机终端没有数据存储功能，也不能连接公众网，因此计算机终端的操作者无法将数据导出或者发送至公共计算机网络，从而杜绝了数据被导出的风险。

（4）数据信息的备份与清理要求

百融至信在对数据信息备份时努力做到：数据信息备份采用性能可靠、不宜损坏的介质，如磁带、光盘等。备份数据信息的物理介质注明数据信息的来源、备份日期、恢复步骤等信息，并置于安全环境保管。一般情况下对服务器和网络安全设备的配置数据信息每月进行一次的备份，进行配置修改、系统版本升级、补丁安装等操作前也进行备份；网络设备配置文件在进行版本升级前和配置修改后进行备份。运维操作员确保对核心业务数据每日进行增量备份，每周做一次包括数据信息的全备份。业务系统将进行重大系统变更时，对核心业务数据进行数据信息的全备份。

百融至信在对备份恢复与清理时努力做到：运维操作员根据不同业务系统实际拟定需要测试的备份数据信息以及测试的周期；对于因设备故障、操作失误等造成的一般故障，需要恢复部分设备上的备份数据信息，遵循异常事件处理流程，由运维操作员负责恢复；尽可能地定期检查和测试备份介质和备份信息，保持其可用性和完整性，并确保在规定的时间内恢复系统；确定重要业务信息的保存期以及其他需要永久保存的归档拷贝的保存期；恢复程序定期接受检查及测试，以确保在恢复操作程序所预定的时间内完成；恢复策略根据数据信息的重要程度和引入新数据信息的频率设定备份的频率（如每日或每周、增量或整体）。

（二）内部控制

上述数据安全管理是业务流程方面的具体措施，要确保流程严格执行还需要有完善的公司内控制度，来监督数据安全管理规则的执行。否则，再详尽、完善的数据安全管理规则也没有意义。

为此，百融至信构造了严谨的组织架构进行内部控制，能接触到核心信息的人屈指可数，并且相互牵制。百融至信共有三个委员会和七个职能部门，其中信息安全管理委员会、数据管理委员会和信用合规委员会共同构成了内部控制的核心机构（见图 10-8）。

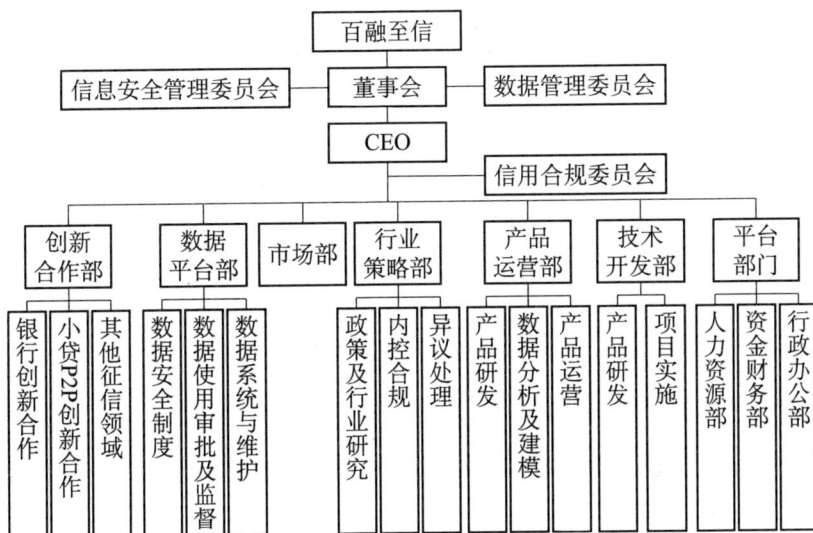

图 10-8 百融至信组织架构

资料来源：百融金服。

信息安全管理委员会的职责是指导业务拓展部、内控部和客服部等相关业务部门，制定相关征信内控制度，对公司财务、合规、风险评价、投资决策等报告内容及程序进行审核质询，直接对董事会汇报公司全面风险管理情况，提请改进和审议公司风险控制流程并监督公司管理层执行改进。该委员会设立的征信内控制度包括：信息报送管理制度、系统用户管理制度、信息系统操作流程、合作方数据安控办法、数据质量与异议维护管理办法、岗位风险管理制度、内部风险审计制度、信息系统安全管理办法等。

数据管理委员会是数据质量工作的最高决策管理组织,具体职责包括对重大数据质量事项进行决策,监督数据质量整改工作执行情况,审批公司数据质量考评方案并监督考评结果,定期报告公司数据质量工作情况。

信用合规委员会负责定期开展信用合规自查,自查结果制成信用合规报告报送公司最高管理层及外部监管部门,并根据政府政策、法规实时制定或更新信用合规管理制度,审核公司信用业务合规水平,防控风险并及时纠错。该委员会还对每个项目进行立项审查,防止出现洗钱、贿赂、不当竞争等违反国家法律与公司制度的行为。

参考文献

[1] 安建,刘士余,潘功胜. 征信业管理条例释义. 北京:中国民主法制出版社,2013.

[2] 张韶峰. 线上线下融合的大数据风险建模. 中国征信,2014,11.

案例点评

随着我国经济发展和市场化程度加深,征信体系的不完善已经成为制约我国经济发展和诚信社会建设的一个瓶颈。互联网/移动互联网、大数据等技术的逐步成熟,为我国征信业发展提供了有力的技术支持。充分有效利用大数据信用评估技术,有助于迅速改善我国征信业落后的局面,甚至形成弯道超车的效果。

百融至信的案例为我们展示了民营的大数据公司如何利用大数据

信用评估技术，为金融机构提供个人和企业的信用风险评估服务。百融至信的实践证明，大数据信用评估能够更好地弥补传统征信技术的不足，为金融机构信用风险控制提供更加有效的工具，也能够弥补政府主导下社会征信服务不足的缺陷，以其先进的技术和高效率的市场化运作模式填补征信市场空白。事实上，有相当一批类似百融至信的信用信息分析与评价机构在追求自身发展的同时，也为促进社会信用体系建设做出了贡献。

百融至信是我国大数据信用信息分析与评价的先行者，它在开拓大数据信用评估业务的征程中，遇到的更多问题是创新者的开拓速度与法规制度建设速度的严重不匹配。这也许是一个普遍问题，但也是一个必须引起重视的问题，否则，即便"先进的生产力"，也会在"落后的生产制度"下变成无用之力。如果说大数据信用评估是信用体系建设中的"先进生产力"，那么，完善征信法规制度建设，明确监管部门和监管职责，形成有效率的征信业发展模式，就是保证先进生产力发挥作用的生产制度。

我国大数据信用评估尚处于起步阶段，监管部门虽然对这一新兴事物的了解并不深入，但是对其发展持积极支持的态度，并采取了相应的监管措施。目前的行业监管主要由中国人民银行牵头，在制度设计、法律法规还不完善的前提下，基本采取"早请示，晚汇报"的模式，即由信用信息服务机构定期或不定期地向监管部门报备业务开展情况。但即便如此，对于实业部门来说，依然存在政策不确定的风险，不利于社会信用体系健康发展，需要尽快改善。

为此，政府需要从以下两方面加快工作进度：

第一，尽快建立并完善配套的征信法律制度和业务规则。从美国、欧洲国家征信立法和征信行业发展的经验中可以发现，在个人信息安全得到充分法律保护的前提下，为征信行业单独立法，将更有利于解决征信行业的发展问题。我国征信业的法律法规出台较晚，当前的征信业务规则落后于大数据信用评估技术，而且监管对象主要是传统征信机构，难以满足互联网、大数据等新技术背景下征信业发展的制度和法律需求。在征信业务开展过程中，大数据的收集和使用可能涉及国家信息安全、企业商业秘密、公民隐私等，为了给大数据条件下征信业发展提供制度保障，需要从征信立法层面完善信息安全和数据管理的法律制度，明确大数据背景下数据采集、整理、加工、分析、使用的规则，确保大数据时代征信业发展有法可依。应当制定个人信息保护的专门法规，对征信机构应尽量放宽对于个人敏感资料使用的限制，在不威胁重要的、基本的个人隐私或社会观念的前提下，以提高预测个人信用状况的准确性为首要前提。

第二，提升征信监督管理水平。大数据信用评估涉及互联网/移动互联网、数据技术等新技术手段，需要监管部门加强自身学习，与时俱进。首先，监管部门只有熟练掌握大数据信用评估的相关技术和业务流程，才能制定出符合大数据的征信业务规则，推动征信业尽快适应大数据时代的发展要求；其次，要制定并实施符合大数据时代征信业的监管措施，建立跨部门合作监管机制，譬如与互联网信息办公室、工信部等多部门协作；最后，通过建立全国性的征信行业协会，引导和推动行业自律，以行业自律促进大数据时代下征信业的有序发展。

2015年8月19日，国务院常务会议通过了《关于促进大数据发展的行动纲要》，纲要认为开发应用好大数据这一基础性战略资源，有利于推动大众创业、万众创新，改造升级传统产业，培育经济发展新引擎和国际竞争新优势。并且强调：第一，推动政府信息系统和公共数据互联共享，消除信息孤岛，增强政府公信力，促进社会信用体系建设；第二，顺应潮流引导支持大数据产业发展，以企业为主体，以市场为导向，加大政策支持，着力营造宽松公平的环境，建立市场化应用机制，深化大数据在各行业的创新应用，催生新业态、新模式，形成与需求紧密结合的大数据产品体系，使开放的大数据成为促进创业创新的新动力；第三，强化信息安全保障，完善产业标准体系，依法依规打击数据滥用、侵犯隐私等行为。让各类主体公平分享大数据带来的技术、制度和创新红利。

这些政策导向如此令人鼓舞！我们相信，大数据信用评估代表了征信业的先进技术，只要有先进技术的引领以及相应法规制度的保障，有政府的大力支持，大数据信用评估一定会推动中国征信事业快速发展，并达到国际领先水平，真正实现弯道超车的效果。

点评人：毛基业[1]

---

[1] 中国人民大学商学院院长，管理科学与工程系教授，博士生导师。

图书在版编目（CIP）数据

致广大而尽精微：普惠金融中国实践案例/李焰，王琳主编.—北京：中国人民大学出版社，2018.3
ISBN 978-7-300-25510-1

Ⅰ.①致… Ⅱ.①李… ②王… Ⅲ.①金融体系－案例－中国 Ⅳ.①F832.1

中国版本图书馆 CIP 数据核字（2018）第 026939 号

致广大而尽精微：普惠金融中国实践案例

李焰　王琳　主编

Zhi Guangda er Jin Jingwei

出版发行	中国人民大学出版社			
社　址	北京中关村大街 31 号		**邮政编码**	100080
电　话	010 - 62511242（总编室）		010 - 62511770（质管部）	
	010 - 82501766（邮购部）		010 - 62514148（门市部）	
	010 - 62515195（发行公司）		010 - 62515275（盗版举报）	
网　址	http://www.crup.com.cn			
	http://www.ttrnet.com（人大教研网）			
经　销	新华书店			
印　刷	北京联兴盛业印刷股份有限公司			
规　格	170mm×240mm　16 开本		**版　次**	2018 年 3 月第 1 版
印　张	23.25 插页 2		**印　次**	2018 年 3 月第 1 次印刷
字　数	255 000		**定　价**	78.00 元